SOPHIE & ÉRIC EDELMANN

DITES-LEUR DE VISER HAUT !

PROMESSES ET DÉFIS DE LA VOIE SPIRITUELLE

le Relié

27, rue des Grands Augustins. 75006 Paris

ISBN : 978-2-354902-22-3

Site internet des éditions du Relié :
http://www.editions-du-relie.com

Pour l'homme ordinaire, le monde est un champ de bataille,
Pour le pratiquant, le monde est une école,
Pour le sage, le monde est un terrain de jeu.

CHANDRA SWÂMI

Préface de Gilles Farcet

« Quand l'amour vient en ville… »

Le livre que vous avez entre les mains est un objet improbable, rare, et par conséquent précieux.

Plusieurs raisons à cela. La première, dont les autres découlent, est qu'il s'agit d'un livre de spiritualité, l'exposé d'une perspective autre, ouvrant sur un ordre de réalité radicalement différent.

Ces pages ne relèvent pas d'un « partage » d'expérience se voulant fulgurant. C'est bien de leur vécu que les auteurs témoignent ; mais le vécu en question ne procède pas d'une expérience qui aurait un beau jour fondu sur eux. L'expérience ici partagée participe d'une lente et patiente maturation, d'une intégration plutôt que d'une sidération. Ce dont les auteurs nous parlent avant tout, c'est de leur pratique, autrement dit d'un travail structuré, certes à mettre en acte ici et maintenant, mais dont les fruits se récoltent avec le temps, comme le veut la loi de la nature. Ce livre expose avec soin et précision ce que, dans le bouddhisme ou l'hindouisme, on nomme un dharma, mot que l'on pourrait traduire par « doctrine » si ce mot n'en était pas venu à suggérer un système poussiéreux et rigide. On optera donc, faute de mieux, pour le terme « enseignement », lui-même quelque peu suspect dans le contexte ambiant.

Quoique limpide, cet enseignement n'a rien de simpliste. Il ne repose pas sur une poignée de concepts « choc », mais relève plutôt d'une science subtile, déploie une riche palette aux multiples facettes qu'on ne peut appréhender sans un minimum d'effort et de rigueur. Il ne brosse pas l'humain à gros traits, mais l'aborde au contraire dans toute sa complexité, ses tours et détours, ses contradictions, sa merveille et sa tragédie. On n'a donc pas là un ouvrage « facile », même s'il est tout à fait abordable. Ce livre n'entre pas dans le registre des recettes instantanées. Les auteurs ne font pas de rabais.

La spiritualité ici présentée a cela de désormais inhabituel qu'elle est d'ordre traditionnel. Cet enseignement ne participe pas d'une génération spontanée. Il ne se revendique pas « sauvage », ne récuse pas fièrement toute référence, ne balaie pas d'un trait de plume l'héritage du passé. Il est transmis dans le cadre d'une lignée de maîtres et de disciples parfaitement identifiée et régulièrement évoquée. Les auteurs ne se présentent pas comme des phénomènes jaillis de nulle part, mais se veulent maillons d'une chaîne. Par-delà les références à leur lignée spécifique, ils émaillent leur propos de citations puisées dans maintes époques et courants, inscrivant ainsi leur démarche dans une aspiration immémoriale de l'humain, manifestée en tout temps et sous toutes les latitudes.

Et pourtant, quoique traditionnelle en cela qu'elle procède d'enseignements millénaires, la spiritualité ici partagée est une spiritualité vivante. Vivante, c'est-à-dire vécue et vivable aujourd'hui, ici et maintenant, dans le contexte qui est le nôtre. S'il rend hommage à une lignée, ce livre ne témoigne pas d'un passé. Son propos n'est pas de susciter la nostalgie d'un monde révolu, peuplé de maîtres et de disciples aussi grands que morts.

La force de ce livre, ce en quoi il constitue une si bonne nouvelle, c'est qu'il présente une démarche contemporaine, vécue et transmise au jour le jour par des enseignants en pleine activité à l'heure où j'écris ces lignes, dans un contexte qui n'a rien d'exotique : en Amérique du Nord, dans un lieu facilement accessible, à une heure et demie de Montréal.

Sa lecture me reconnecte à des impressions éprouvées il y a près de quarante ans. Dans sa chambre, au tout début des années quatre-vingt, un jeune homme dévore l'un après l'autre les livres d'un certain Arnaud Desjardins (1925-2011).

D'abord réalisateur à la télévision française, Arnaud Desjardins s'est fait connaître d'un large public francophone par ses émissions diffusées à heure de grande écoute sur les spiritualités vivantes de l'Inde, du soufisme, du bouddhisme tibétain, du zen japonais… Explorateur fervent parti pour des expéditions de plusieurs mois à la rencontre de grands représentants de chacune de ces traditions, il a gagné leur confiance, puis les a filmés dans des conditions de proximité exceptionnelles. Les documentaires ainsi réalisés constituent aujourd'hui des trésors spirituels et historiques. Certaines de ses images, notamment celles prises en Afghanistan au sein de confréries soufies, demeureront à jamais uniques.

À travers ses émissions, ses livres (notamment les trois tomes des *Chemins de la Sagesse)* et conférences, Arnaud Desjardins a fait découvrir à toute une génération (dont Matthieu Ricard, pour qui ces films furent une révélation et le déclencheur d'un changement de vie) diverses traditions, notamment le bouddhisme tibétain et sa figure de proue, le Dalaï-Lama, à l'époque seulement connu d'une poignée d'orientalistes.

Engagé à titre intime auprès de Swâmi Prajnânpad[1] (1891-1974), un maître bengali quasi inconnu de son vivant et qu'il n'a jamais filmé, Arnaud abandonne sa carrière télévisuelle au début des années soixante-dix et, en accord avec son maître, fonde en Auvergne un ashram au départ destiné à demeurer confidentiel. Il commence en 1977 à publier des livres dans lesquels il expose l'enseignement qu'il transmet, dans la lignée de Swâmi Prajnânpad mais selon son style propre. Ces ouvrages atteindront un lectorat conséquent et susciteront beaucoup de demandes. Aussi Arnaud ouvrira-t-il peu à peu les portes de son lieu sans pour autant édulcorer l'enseignement qu'il y dispense. Ayant guidé de plus ou moins près quelques centaines d'élèves et inspiré des milliers de personnes, il demeure l'une des références spirituelles majeures du monde francophone contemporain.

Au début des années 80, donc, le jeune garçon que je suis alors dévore les livres de cet Arnaud Desjardins. Mais il n'entend pas se contenter de lire. Car la bonne, l'incroyable nouvelle, c'est que si Swâmi Prajnânpad, auquel l'auteur se réfère et dont il divulgue les éblouissantes formules, n'est plus de ce monde, de même que la plupart des sages dont il parle, Arnaud Desjardins, lui, vit et enseigne en France. Avec un peu de motivation et de persévérance, il doit être possible de l'approcher ! L'approcher pour non plus seulement lire, assimiler tant bien que

1. Grâce aux livres d'Arnaud, puis surtout à l'immense travail accompli par un autre de ses élèves français, Daniel Roumanoff, Swâmi Prajnânpad est aujourd'hui une référence spirituelle et philosophique dans le monde francophone. Bien qu'il n'ait jamais publié un seul livre de son vivant, ses lettres et entretiens retranscrits constituent un impressionnant corpus. Une biographie et plusieurs témoignages lui ont été consacrés, ainsi que plusieurs ouvrages d'universitaires et de philosophes.

mal, pourquoi pas s'essayer à la pratique de l'enseignement exposé, mais commencer un réel travail, pouvoir poser des questions qui m'impliquent, peut-être même être personnellement guidé dans ma démarche…

Car Arnaud Desjardins se montre très clair sur ce point : le chemin spirituel, sauf exception rarissime, nécessite d'être guidé par un « ami spirituel ». Il ne se fait pas à distance mais demande que l'on s'expose. Ce n'est pas l'affaire de quelques stages ou échanges lors d'un séminaire, mais de toute une existence. Cette vision n'est d'ailleurs pas une conception propre à Arnaud Desjardins : c'est celle que véhiculent tous les enseignements de sagesse, par-delà les époques et les cultures (ainsi que l'illustrent encore une fois les nombreuses références qui jalonnent le présent livre).

Pourquoi ce « flash-back » sur mes enthousiasmes de jeunesse ? Parce que, avançant dans ma lecture du livre d'Éric et Sophie, je renoue avec l'émerveillement éprouvé par le chercheur à la découverte d'un enseignement vivant, complet et accessible. Je me réjouis pour ces lecteurs, jeunes ou moins jeunes, peu importe, qui, éprouvant des impressions du même ordre, vont se sentir appelés à aller plus loin et, qui plus est, vont pouvoir le faire, s'ils le veulent vraiment.

Arnaud Desjardins était élève de Swâmi Prajnânpad, Éric et Sophie Edelmann sont élèves d'Arnaud Desjardins par qui ils ont été personnellement guidés et qu'ils ont côtoyé de très près (pendant près de quarante ans en ce qui concerne Éric et une trentaine d'années pour ce qui est de Sophie). Arnaud Desjardins, en accord et selon les instructions précises de Swâmi Prajnânpad, a fondé un ashram en France ; Éric, à la demande d'Arnaud et en lien constant avec lui, a fondé un ashram (baptisé Mangalam par Arnaud) au Québec, où Sophie devait le rejoindre quelques années plus tard.

Je reviendrai un peu plus tard sur ce lieu mais je veux pour l'instant insister encore sur l'actualité et la possibilité de la démarche, pour vous !

Si les « éveillés » et témoins plus ou moins autoproclamés d'une « néo-spiritualité » paraissent pousser comme des champignons en Europe et en Amérique du Nord, les « amis spirituels » dignes de ce nom, dûment formés par une sérieuse ascèse (par « ascèse », il ne faut pas entendre la pratique d'austérités et autres mortifications, mais une *sadhana*, un travail structuré mené dans le temps sous la conduite d'un guide disposant de « moyens habiles »), se font de plus en plus rares. Peut-être parce que c'est une chose de donner quelques conférences et séminaires pour un auditoire vis-à-vis duquel aucun engagement n'est pris, et que c'en est une autre, une tout autre, que de devenir l'associé intime d'une personne dans son combat contre l'illusion sous toutes ses formes, à travers les vicissitudes de l'existence concrète abordée comme l'ashram par excellence.

C'est une chose que de dispenser la bonne parole, c'en est une autre, une tout autre, que de consentir à accompagner, et de ce fait à inévitablement servir de nourriture aux projections, attentes, résistances et manœuvres inconscientes de personnes investies dans ce que le poète René Daumal voyait comme la vraie guerre sainte.

Les amis spirituels sont rares, que dire alors d'un couple d'amis spirituels ! Car Éric et Sophie, à maints égards très différents l'un de l'autre, sont un couple, partenaires dans la vie et sur la voie, parents de deux enfants, ce qui confère une puissance et une pertinence supplémentaires à leur témoignage.

Philosophe de formation (il est titulaire d'un doctorat dispensé par la Sorbonne), un temps journaliste et enseignant, Éric, tout jeune, dès le début des années 70, a rencontré Arnaud et s'est engagé auprès de lui à l'ashram du Bost[2]. Poussé par son maître à accompagner des personnes dans la forme de travail sur l'inconscient spécifique à cette voie (la démarche appelée *lyings* et dont il est parfois question dans le présent livre), Éric a exercé cette activité à Paris pendant une dizaine d'années avant que, à sa très grande surprise, Arnaud ne lui demande d'émigrer au Québec pour y fonder un ashram.

Parmi les quelques élèves proches clairement investis par Arnaud d'une responsabilité de transmission de la voie, Éric est celui qui, quelques années avant le décès de son maître, s'est vu, là encore à sa grande surprise, investi d'un rôle tout particulier, celui de « détenteur de la lignée ». Non pas cerbère d'une ombrageuse orthodoxie, mais plutôt dernier en date dans la chaîne de la lignée, figure d'aîné parmi ses pairs.

Sophie était aussi au début de sa vie d'adulte lorsqu'elle a découvert Arnaud et son enseignement. Professionnelle très engagée dans le domaine de l'écologie, cadre à la Fondation de France à Paris, jusqu'à sa rencontre avec Éric et son subséquent départ au Québec, Sophie est à la fois une intellectuelle et une terrienne.

Les chapitres du présent livre, où alternent la parole de Sophie et celle d'Éric, reflètent bien la complémentarité de leurs deux styles.

2. Éric a retracé son parcours dans un livre intitulé *Mangalam, un parcours auprès d'Arnaud Desjardins,* Éditions du Relié, Paris, 2007.

Exposant hors pair des subtilités de l'enseignement, Éric en aborde les fondements avec beaucoup de finesse, de rigueur et d'acuité pédagogique. Il s'appuie sur sa vaste culture pour, au fil des nombreuses citations dont il illustre son propos, nous faire toucher l'universalité des lois qui régissent le chemin spirituel, par-delà les époques et civilisations.

Sophie n'est pas en reste en matière de clarté pédagogique. Ses développements sur les pensées et les émotions, notamment, nous emmènent dans les arcanes des fonctionnements humains et donnent à pressentir très concrètement le travail possible à partir de cette matière. Mais Sophie fait aussi preuve d'un art consommé de l'anecdote : elle s'y entend à partager des échantillons de sa vie de mère et d'épouse, ainsi que des souvenirs de sa fréquentation d'Arnaud pour en extraire des pépites spirituelles.

On se trouve donc en présence d'une « voie à deux voix », d'un alliage qui est plus que la somme des deux parties.

Fidélité n'est pas servilité, enseignement vivant n'est pas reproduction.

Aussi, ce livre n'est-il pas une synthèse par Éric et Sophie Edelmann de l'enseignement d'Arnaud Desjardins, mais une transmission par Éric et Sophie, dans leur style propre, d'une part de ce qu'ils ont assimilé de l'enseignement reçu à travers Arnaud Desjardins.

Reste que ce livre véhicule à mon sens l'essentiel de cet enseignement. Le lecteur touché par cet ouvrage aura naturellement à cœur de se tourner vers ceux d'Arnaud et certainement vers ceux élaborés par Daniel Roumanoff pour restituer la parole de Swâmi Prajnânpad…

Cependant, j'ose dire que le livre d'Éric et Sophie pourrait en lui-même suffire à un aspirant sur la voie réellement déterminé, en tant que matière première de travail, tant il me paraît exhaustif dans son approche des thèmes fondamentaux.

La nature des émotions et leur possible disparition, la manière de travailler avec elles plutôt que contre elles, la pratique sur les pensées, l'écueil de la culpabilité, l'importance de la compassion, la culture de la réceptivité, la place de la dimension dévotionnelle bien comprise, l'importance de la vigilance… Tous les piliers de la pratique sont ici abordés de manière limpide et toujours exigeante.

Il y a largement là de quoi travailler. J'y ai moi-même trouvé une nourriture pour mes pratiques, et parfois entrevu de nouvelles dimensions dans l'exigence de la démarche, en particulier pour ce qui touche aux émotions et à la communion.

Le remarquable chapitre qu'Éric consacre, nombreuses citations à l'appui, à la proximité de la « Quatrième voie » transmise par Monsieur Gurdjieff avec celle issue de Swâmi Prajnânpad est important. Il montre comment, par-delà les cultures et continents, le XXe siècle a vu émerger ce qui lui était nécessaire, à savoir la voie vécue dans le monde dit profane, partant de l'implacable constat de la toute-puissance de la « mécanicité » chez l'être humain.

Enfin, à travers quelques souvenirs et paroles d'Arnaud glanées dans la proximité vécue avec lui à Mangalam, ce livre donne à entrevoir des facettes moins publiquement connues du maître qu'il était, au-delà de l'inlassable pédagogue et exposant de la voie que beaucoup ont eu la possibilité d'approcher, en particulier à Hauteville. Certains passages donnent un aperçu vertigineux de son exigence et de la tout autre perspective qui l'habitait. Il n'avait pas son pareil pour, alors qu'on ne s'y attendait pas, dans des contextes informels et pour ainsi dire « entre deux portes », laisser tomber au bénéfice des proches qui se trouvaient là une remarque inoubliable qui résonnait de manière stridente dans le sommeil ambiant. On trouvera ici quelques exemples de ces « chocs » infligés, l'air de rien.

Éric et Sophie, il convient de le préciser, ne se revendiquent pas « sages » ; ils ne se comparent pas à leur maître, lequel, d'ailleurs, ne se comparait pas non plus au sien ! S'ils prétendent quoi que ce soit, c'est d'être, au mieux de leurs capacités, consacrés au service de la transmission.

C'est la profondeur et l'intensité de cette consécration qui cimente ces pages et fait la valeur de ce qu'Éric et Sophie ont à donner bien au-delà de leurs personnes.

Je veux maintenant dire quelques mots du lieu où ils transmettent et, par là même, du lien particulier d'Arnaud Desjardins et de son enseignement avec le Québec. Je vais là encore m'autoriser un flash-back.

En mai 1984, venant d'achever mes études, je m'apprête à partir travailler pour plus d'une année à Montréal. En séjour juste avant mon départ à Fond-d'Isière, l'ashram que vient d'ouvrir Arnaud dans le sud de la France après la fermeture de son premier lieu, le Bost, j'ai la bonne surprise d'apprendre qu'il prévoit de se rendre en fin d'année au Québec à l'invitation d'un petit groupe d'élèves.

C'est donc en compagnie d'Arnaud que j'ai la joie de terminer l'année, en séjour avec une trentaine de personnes, dans un lieu loué pour l'occasion aux abords de Montréal. Parmi les participantes, effectuant son premier séjour auprès d'Arnaud, se trouve Édith Charest dont il fera plus tard l'une de ses collaboratrices investies d'une responsabilité de transmission.

La générosité de Maya (l'élève alors organisatrice des venues d'Arnaud, à l'origine, bien des années plus tard, de l'épisode marquant du tigre raconté par Sophie) me vaut d'être invité à passer la soirée de Noël en compagnie de mon maître et je me souviens avoir ressenti son amour naissant pour ce pays dans lequel il venait pour la troisième fois. Je le revois à l'issue de la soirée tandis que nous prenons congé de nos hôtes, contemplant de ses yeux pétillants les maisons de bois dans la nuit enneigée…

D'année en année, son lien avec cette terre et ce peuple ne cessera de s'approfondir, si bien qu'il accédera à la demande de ses élèves québécois de leur envoyer un « ancien » pour fonder sur place un ashram. Avec son épouse Véronique, laquelle continue encore aujourd'hui à s'y rendre et à y transmettre, il passera de plus en plus de temps à Mangalam, y séjournant plusieurs semaines, parfois plusieurs mois par an, séjours qui donneront à Éric et à Sophie l'occasion exceptionnelle de vivre avec leur ami spirituel dans de rares conditions de proximité prolongée, source de bien des « leçons » dont certaines ici relatées.

Je le revois dans les dernières années de son existence, ne boudant pas son plaisir à la perspective de bientôt s'envoler pour Mangalam. « Ah, nous partons demain au Québec ! », s'écrie-t-il avec un sourire de contentement tandis que nous échangeons quelques mots dans un couloir de son ashram de Hauteville… Il n'hésitait pas à dire qu'outre la France, il avait deux pays de cœur : l'Inde, bien sûr, qu'il avait tant aimée et qui lui avait tant donné, et le Québec qui marquera la dernière partie de son existence durant laquelle, à l'exception d'une brève visite à Chandra Swâmi, il ne retournera plus en Inde.

Du Québec, Arnaud aimait les paysages, la nature et ses habitants dont la spontanéité, l'approche directe de l'enseignement, lui étaient un baume rafraîchissant. Sans compter qu'à Mangalam, lieu dont il était la source mais dont il n'était pas responsable au jour le jour, il se retrouvait libre de se consacrer essentiellement et quasi exclusivement à son rôle d'ami spirituel. Porté par les soins d'Éric et Sophie et de leur petite équipe, il laissait momentanément derrière lui la lourde charge de Hauteville, laissée à la garde de ses collaborateurs, pour investir toute son énergie dans les séjours qu'il animait avec Véronique et l'accompagnement sur place de ses proches élèves. Le Québec était donc pour lui à la fois un lieu de ressourcement et de déploiement optimal de ses « moyens habiles ».

Comme d'autres lieux où a vécu un être de grande dimension spirituelle, Mangalam est aujourd'hui un sanctuaire imprégné d'une présence. Tout comme à Hauteville, le dernier ashram fondé par Arnaud en France et où il passa les seize dernières années de son existence – quand il n'était pas au Québec – le visiteur réceptif s'y sent nourri d'un climat bien particulier, d'une densité à couper au couteau en certains endroits.

Mais si cette dimension pourrait à elle seule justifier un passage à Mangalam, elle n'est pas sa raison d'être. Mangalam n'est pas avant tout un lieu de pèlerinage, c'est un foyer spirituel vivant, porté par son passé, rayonnant dans le présent et tourné vers l'avenir.

Je voudrais donc terminer cette préface par une réflexion participant de l'évidence : le temps passe vite et tout en ce monde est soumis à la loi du changement. Si bien que les « fenêtres d'opportunité » ne demeurent pas indéfiniment ouvertes.

Quand j'ai rencontré Arnaud pour la première fois au Bost, il était de dix ans plus jeune que ne l'est Éric à l'heure où j'écris ces lignes. J'étais trop immature pour avoir réellement conscience de la nature fugace des lieux, des personnes et des contextes, y compris les plus précieux. Et cependant, je m'en félicite, assez déterminé pour ne pas tergiverser et m'investir autant que je le pouvais, même si je n'avais évidemment pas réellement conscience de l'aventure en laquelle je m'embarquais.

À celles et ceux qui, à travers ce livre, vont découvrir cet enseignement et se sentir appelés à aller plus loin que la lecture, je citerai la belle chanson de U2, *When Love comes to town* :

When love comes to town I'm gonna jump that train
When love comes to town I'm gonna catch that flame.
« Quand l'amour viendra en ville, je vais sauter dans ce train
Quand l'amour viendra en ville, je vais attraper cette flamme. »

Ne laissez pas se refermer cette fenêtre d'opportunité.

Et à celles et ceux qui connaissent déjà cet enseignement, voire se sont déjà rendus à Mangalam, je dirai... la même chose ! Nourrissez-vous, ouvrez-vous à l'aide aujourd'hui disponible.

Parce que quand l'amour passe par chez nous, c'est toujours la première fois.

De l'impuissance au lâcher-prise

■

SOPHIE

Mulla Nasrudin, perdu dans le désert, tombe dans un précipice, mais parvient à s'agripper à l'extrémité d'une branche. Suspendu au-dessus du vide, il appelle au secours et implore Dieu quand, soudain, une voix venant de nulle part se fait entendre et lui dit : « Lâche prise ! » Et Nasrudin s'écrie : « Y'aurait pas quelqu'un d'autre ? »

« Lâche prise ! », c'est bien la dernière instruction qu'on a envie d'entendre : quand l'heure est venue de lâcher, nous sommes dans cette attente désespérée de percevoir une autre voix dans le désert, une autre issue qui maintiendrait notre impression de contrôler la situation, au moins un petit peu…

On m'a rapporté récemment l'anecdote suivante. Une enfant de trois ans argumente avec son père pour qu'il lui concède un énième morceau de chocolat. C'est non, le père est clair. La fillette s'obstine : elle veut son morceau de chocolat et personne ne saurait l'empêcher de l'obtenir. Son père finit par invoquer l'argument censé clore tout débat :

« Qui est-ce qui commande ici ? »

— C'est moi !

— Non, c'est moi !

— Non, c'est moi ! »…

Après un long échange de ping-pong pour définir qui des deux est le chef, la fillette concède enfin :

« D'accord, alors c'est toi qui commandes, mais c'est moi qui ai raison ! » Le comportement des petits enfants illustre de façon magistrale la manière dont on se structure autour de la résistance : l'ego commençant tout juste à s'édifier, le bambin n'a pas encore appris à se cacher derrière des constructions psychologiques complexes, des masques superposés les uns aux autres ou des discours sophistiqués. Son désespoir devant ce qui ne fonctionne pas comme il le souhaite est entier et criant, et ses tentatives de manipuler la vérité ou l'entourage pour paraître en contrôle sont aussi discrètes qu'un éléphant au milieu d'un couloir.

Je jouais avec mon petit garçon à un jeu dont j'ai presque tout oublié sauf que nous avions chacun un petit cheval qui devait franchir un parcours et la règle voulait que le gagnant soit celui dont le cheval arriverait en premier, évidemment… Considérant à quel point il était crucial pour lui de gagner et heureuse de lui faire plaisir, je me débrouillais pour perdre, laissant son cheval me doubler pour qu'il remporte plusieurs parties d'affilée. Il exultait. Considérant que ce n'était pas tout à fait juste de le laisser sur cette fausse impression qu'on peut ainsi accumuler autant de victoires sans jamais de défaite, et voulant lui donner un aperçu un peu plus complet de la vraie vie, je me suis dit que je ne le laisserais pas gagner la partie suivante. Mon cheval l'emporta nettement.

« J'ai gagné, dis-je.

— Non, tu n'as pas gagné !

— Si ! Regarde, mon cheval est arrivé en premier.

— Non, il n'est pas arrivé en premier…

— Si !

— Non !

— Si !

— Non ! »

Et puis enfin, la reddition :

« D'accord, c'est toi qui as gagné, mais c'est mon cheval qui est le plus rapide ! »

Ce qui d'ailleurs n'était pas tout à fait faux si l'on considérait d'un point de vue statistique les scores respectifs de nos petits chevaux dans les dix dernières parties – cela dit truquées par un arbitre complaisant… Mais je doute qu'il ait raisonné alors à l'aide de concepts statistiques. Il était et serait toujours le plus fort.

La vérité est dure à avaler. Voilà tout. On ne gagne pas toujours la partie. On ne peut pas obtenir tout le chocolat qu'on désire. On doit partager maman avec un petit frère ou une petite sœur. La femme dont on est amoureux a préféré un autre homme. Le magnifique pull en laine a rétréci au lavage… Et, plutôt que de reconnaître notre impuissance devant la réalité qui s'obstine à nous résister, de la vivre en restant ouverts et vulnérables jusqu'à ce que nous lâchions le morceau pour passer à autre chose, nous voilà partis à créer un monde imaginaire où nous aurions raison de toute façon et où notre cheval resterait le plus rapide de tous, bien qu'il n'ait pas gagné la course.

Le mental humain se crée ainsi dès la petite enfance, comme une machine de plus en plus sophistiquée destinée à camoufler les refus et la souffrance dans la brume de ses arguments douteux. Il crée un scénario alternatif de son cru, dans lequel les choses se passeraient selon son bon vouloir. Comme, malgré tout, nous continuons de percevoir la vérité, nous voilà condamnés à vivre dans cette inconfortable posture, assis entre deux chaises : le monde d'un côté et « mon » monde de l'autre. Avec l'âge, les fourberies du mental humain qui affirment et justifient « mon » monde deviennent de moins en moins charmantes et attendrissantes... Mais la réalité qu'elles défendent est en revanche toujours bouleversante lorsqu'elle se laisse approcher : c'est celle d'un cœur d'enfant blessé où a cristallisé un jour la décision : « Plus jamais ça ! Plus jamais ressentir. Plus jamais souffrir comme ça. » L'être humain est prêt à bien des acrobaties intérieures et bien des compromis pour éviter de ressentir la tristesse en toute vulnérabilité. Il se prive alors du grand soulagement qui suit inévitablement un véritable lâcher-prise. Mais son sentiment d'impuissance à changer ce qui ne dépend pas de lui est interprété comme une menace propre à le plonger dans un terrifiant abîme de désespoir.

Aussi, la voie spirituelle peut être vue comme un long et lent parcours d'éducation, ou plutôt de rééducation au nom de la vérité, pour se départir de ce que M. Gurdjieff appelait en anglais les *buffers* (les tampons, les amortisseurs qui agissent comme des couches protectrices). Il s'agit de désapprendre et de déconstruire tous ces réflexes défensifs qui, pour nous couper de notre tristesse, nous privent malheureusement tout autant de la spontanéité et de la joie, de notre capacité à jouir avec légèreté de l'existence. Arriver à reconnaître sans tricher que ce n'est pas moi qui commande, c'est s'incliner comme adulte devant cette évidence : « Ce qui est, est », selon la formule de Swâmi Prajnânpad. Ce n'est pas une humiliation, mais l'humilité de lâcher les armes pour s'en remettre au fait que, juste ici et juste maintenant, le réel échappe au contrôle du moi, de l'ego. La réalité est toujours plus forte que tous les « j'ai raison » que l'enfant intérieur proclame pour camoufler ce constat qui lui déplaît. Le réel ne nous demande pas notre avis pour être comme il est. Je consulte souvent la météo, mais je dois dire que la météo, quant à elle, ne m'a jamais consultée pour connaître mes projets et s'y ajuster.

La célèbre prière : « Mon Dieu, donne-moi le courage de changer les choses que je peux changer, la sérénité d'accepter ce que je ne peux pas changer et la sagesse de distinguer entre les deux » a traversé les siècles[1] et elle éclaire l'existence de bien des personnes qui ne se réclament pas nécessairement de la spiritualité[2]. Elle implore Dieu de nous aider à réaliser que nous ne sommes ni la victime de l'univers ni son maître. Elle vise à dissiper la confusion entretenue par un ego qui justifie autant sa lâcheté que sa frustration et qui veut maintenir coûte que coûte son rêve enfantin de toute-puissance.

La liste des choses qu'on ne peut pas changer est malheureusement beaucoup plus longue qu'on aimerait le croire. Car tout ce que nous rangeons dans la catégorie de ce nous pourrions éventuellement changer (l'attitude de nos enfants, l'atmosphère au travail, notre santé, notre situation financière…) nécessite du temps, des efforts soutenus et, bien souvent, la coopération des autres qui ne nous est pas toujours acquise. Toutes les résistances et les forces d'inertie qui s'opposeront de l'extérieur à chaque étape de nos projets tombent à leur tour

1. Elle est généralement attribuée à l'empereur et philosophe antique Marc Aurèle, mais son origine est contestée.
2. Cette prière est un point d'appui fondamental au cœur du processus en douze étapes proposé par les Alcooliques Anonymes et les Narcotiques Anonymes.

dans la catégorie de ce que nous aurons à accepter pas à pas. La patience est cet art subtil qui consiste à lâcher prise sans se décourager. Cela aussi n'est pas facile. Voyez la perspective d'un bambin : le temps est un concept qui lui est étranger, l'attente est insupportable, il veut obtenir ce qu'il souhaite tout de suite, il ne revendique rien de moins que la magie : qu'il y ait dans l'instant même autre chose se substituant à ce qui est. Nos refus d'adultes paraissent plus raisonnables, mais, en essence, c'est toujours ce décalage entre le scénario idéal et la réalité qui demeure LA cause de nos souffrances.

Même si nous agissions habilement et vigoureusement pour changer les choses, dans l'instant le réel proclame : « Non, pas tout de suite. Peut-être tout à l'heure. Peut-être dans deux ans. Peut-être jamais. » Nous n'avons pas la garantie que nos actions porteront leurs fruits, ni dans quels délais elles les porteront. Voilà encore une chose difficile à accepter : « L'homme a droit à l'action, mais pas aux fruits de l'action[3]. » L'homme peut agir, espérer des résultats, prier, agir à nouveau, encore et toujours, espérer encore, mais il ne peut rien exiger quant au résultat qui dépend de bien d'autres choses que de sa seule volonté.

Swâmi Prajnânpad – et tout le Vedanta avec lui – nous exhorte à aller encore plus loin et à considérer l'extrême radicalité de cette prière en la ramenant à la fine pointe de l'instant. Le champ de ce qui ne peut pas être changé, et qui appelle donc l'acceptation, inclut non seulement le passé : « tout ce qui a été », mais aussi l'intégralité de « tout ce qui est », au présent, et ce, sans la moindre exception ! Sur ce qui a été, nous n'avons aucun

3. *Bhagavad Gita* 2, 47.

pouvoir : cela nous paraît parfois regrettable, mais c'est évident. Sur ce qui est, nous sommes réduits à la même impuissance, mais nous n'en sommes pas complètement convaincus, en tout cas pas jusqu'aux tréfonds de notre être, comme si la nouvelle s'était perdue en chemin, entre notre cerveau et nos viscères, qu'elle n'avait pas encore atteint le niveau cellulaire. Même si nous avons le devoir d'agir, et parfois même vigoureusement, pour infléchir le cours des choses dans une direction qui nous semble meilleure, plus juste ou plus favorable, nous n'avons pas le pouvoir d'effacer le présent, mais seulement celui de proposer ce que pourraient être la prochaine seconde, la prochaine heure ou la prochaine année. Ce qui sera dans dix secondes, je peux – et parfois même je dois – m'y investir par l'action, y mettre toutes les forces nécessaires pour me donner les meilleures chances de réussite. Mais pour ce qui est du présent, il n'y a aucune exception à la règle : « Ce qui est, est », c'est sans appel. Irréfutable. Cela implique donc que toute la négativité, toutes les récriminations et ruminations qui occupent notre cerveau au sujet non seulement du passé d'il y a dix ans ou dix secondes, mais aussi du présent instantané, ne sont que pur gaspillage de notre énergie mentale et émotionnelle : la touche *rewind* n'existe pas.

J'admets qu'il est radical et provocateur de sous-entendre que nous pourrions nous priver ainsi de ce que l'on considère généralement comme le droit sacro-saint de l'être humain, et même son plus grand privilège : celui de refuser. Or la seule possibilité d'être heureux réside dans la folie du oui. « Folie », car il ne suffit pas de « dire » oui, mais bien plus radicalement d'« être » oui, de façon totale, face à tous les « non » que l'existence nous réserve, des plus petits et anodins aux plus cruels. « Dites “oui” et la vie elle-même fera disparaître ce qui vous empêche d'être, pour autant que votre “oui” soit complet et sincère », rappelle Arnaud Desjardins.

Mais comment arriver à ce que ce « oui » soit complet et sincère ? Comment peut-il nous impliquer totalement, puisque c'est la condition pour que se révèle la promesse du chemin spirituel ? Quelle est la voie pour que ce « oui » ne reste pas à la surface, juste prononcé du bout des lèvres en n'engageant que l'intellect ? La réponse n'est pas si simple. La voie transmise par Arnaud Desjardins à la suite de son maître Swâmi Prajnânpad propose toute une méthode précise et rigoureuse qui permet cette intégration en tenant grand compte de deux données essentielles : l'inconscient et les désirs.

D'autres voies atteignent le même but en empruntant d'autres moyens de se transformer. Certains s'engagent sérieusement sur la voie de la méditation zen qu'ils pratiquent des heures par jour pendant des années. D'autres, sous la guidance d'un maître du bouddhisme tibétain, s'engagent dans une ascèse prenant pour support des visualisations tantriques ou des mantras. D'autres encore ont une nature qui les prédispose à la contemplation et rejoignent la voie monastique, faisant – à l'instar du grand saint François d'Assise – vœux de célibat, d'obéissance et de pauvreté.

Quant à moi, je ne peux témoigner que d'une ascèse pratiquée « dans le monde » et dans laquelle le fait d'être mère a joué un grand rôle, m'enseignant sur le vif une bonne partie des vérités essentielles que j'avais entendues des centaines de fois de la bouche de mon maître. Élever des enfants aura été un constant défi à la cohérence et, donc, à la nécessité de m'exercer plus sérieusement sur la voie que je prétendais suivre, pour que je puisse commencer à intégrer peu à peu au niveau du cœur et des actions ce que, jusqu'alors, seule la tête savait ou croyait savoir. Quelle est en effet la valeur d'un savoir tant qu'il ne vous a pas changé ?

Swâmi Prajnânpad définissait ainsi le rôle des parents : « L'éducation d'un enfant, c'est l'éduquer au “non”, qui permet la croissance. Grandir, c'est accepter le “non”[4] ». Il s'agit donc de lui enseigner à recevoir de façon de plus en plus mature les inévitables refus qu'il aura à essuyer au cours de son existence. L'éduquer, c'est d'une main le confronter fermement au non quand, de l'autre, on lui procure un soutien et un amour inconditionnels. Simultanément.

J'avoue que cette définition de l'éducation ne m'avait pas immédiatement transportée d'allégresse... Je lui aurais préféré une perspective apparemment plus positive, plus enthousiaste ou plus romantique... où il serait question de révéler l'enfant à sa propre dimension humaine et spirituelle, de lui donner confiance en ses propres capacités. Cependant, cela m'amena à considérer parfois le visage angélique d'un bébé avec cette gravité à l'arrière-plan : quelles seront ses grandes déceptions amoureuses ? Quels seront ses espoirs sans lendemain, ses échecs douloureux, ses épreuves de toutes sortes ? L'existence qui l'attend dira « non » bien plus souvent que « oui » à l'enfant qui vient de naître. Devenu grand, il verra combien rarement la réalité obéit parfaitement, exactement, à ses désirs. Même si la

4. Daniel Roumanoff, *Swâmi Prajnânpad, un maître contemporain,* La Table Ronde, Paris, 2002, p.148.

vie lui réserve de belles réussites, elles seront tissées de certains compromis qui sont autant de sacrifices de l'idéal.

Maintenant que mes deux enfants ont presque atteint l'âge adulte, je comprends toute la profondeur et la puissance de cette phrase de Swâmiji et pourquoi j'y résistais. Elle remettait directement en cause ma propre relation à la souffrance, ma relation aux « non » que la vie me présentait. Le lâcher-prise n'était pas ma tasse de thé. J'avais plutôt construit mon tempérament sur une forme d'entêtement à faire en sorte que les choses marchent comme je le souhaite et cela m'avait d'ailleurs plutôt réussi à bien des égards. Je n'étais pas en cela si originale, mais plutôt un pur produit de notre société qui glorifie les valeurs du faire au détriment des valeurs de l'être. Même si c'était un faire au nom du « bien » – de l'écologie, de la justice, de l'amour du prochain –, j'étais mentalement prisonnière de la sphère de la lutte, de l'efficacité, de l'utilité et de la réussite. Je ne quittais pas la table des négociations tant que l'existence n'avait pas minimalement satisfait ma vision du bien. Attitude positive qui n'est pas dépourvue de valeur du point de vue de l'efficacité, mais qui finit aussi par se payer cher : au prix d'une perpétuelle tension intérieure et d'un exil de soi.

Lâcher notre illusion de tout contrôler pour vivre intérieurement ce que, en anglais, on nomme le *surrender* (soumission dans le sens de lâcher-prise) soulève une peur viscérale que nos parents et la société tout entière ne nous ont pas appris à apprivoiser et, si nous n'y prenons pas garde, c'est cela que nous perpétuons à notre tour pour la prochaine génération.

La culture prédominante dans laquelle nous vivons nous a coupés de notre instinct. Ce faisant, elle nous a fait oublier la sagesse et l'intelligence du processus même de la souffrance et de celui des larmes en particulier. Jusqu'à récemment, dans nos sociétés, il était fréquent que des éducateurs disent à un garçon que pleurer faisait de lui une fille, et à une fille que pleurer la rendait laide. La vulnérabilité que véhiculent les pleurs – et peut-être surtout ceux des petits enfants – nous plonge dans un tel inconfort que nous ferions n'importe quoi pour écourter cette expérience pénible, autant la leur que la nôtre en tant que témoins. Il est pourtant regrettable que nous ayons peu à peu tenu pour acquis que l'endurcissement des enfants est une marque de leur maturité.

Avec les années, je me suis rendue à l'évidence qu'à ma façon – et comme bien d'autres parents intéressés par la spiritualité et la psychologie – j'avais accepté l'idée qu'il fallait fuir les larmes, jugées à la fois cruelles et inutiles : j'optais pour des moyens « psychologiquement acceptables ». Je cherchais à écourter la frustration de mes enfants et à assécher leurs larmes au plus vite par toute une palette de procédés plus ou moins habiles : essayer de les raisonner, aménager des compromis ou encore leur changer les idées, aller même jusqu'à les faire rire... À ma façon, je tentais, moi aussi, de manipuler les choses pour faire l'économie de ce supplice : le spectacle de mon enfant en pleurs. Je ne dis pas que tous ces moyens ne soient pas adaptés ou pertinents de temps à autre, que c'était une erreur en soi : pas du tout ! Mais l'aspect systématique et compulsif de mon attitude m'est apparu comme très suspect... Sans le vouloir, je contribuais à renforcer chez mes propres enfants ce présupposé voulant que souffrir et pleurer est non seulement terrible, mais inutile ; et qu'être intelligent, c'est tout faire pour écourter cette mauvaise passe. Cette « mauvaise passe » est en réalité un processus naturel qui a tout simplement besoin d'un peu de temps et de bienveillance.

Comme tous les parents, j'étais persuadée que ma façon de faire était la plus susceptible de rendre mes enfants heureux. J'étais une mère « parfaite »… avant d'avoir des enfants ! Peu à peu, en m'observant moi-même avec honnêteté, j'ai pressenti ce qui était véritablement en jeu dans les coulisses, non seulement dans mon foyer, mais dans la grande majorité des familles. En dépit parfois des plus grandes attentions de leurs parents, beaucoup d'enfants, d'adolescents ou même de jeunes adultes démontrent une difficulté à faire face à la frustration en général et manifestent de plus en plus jeunes des symptômes d'un endurcissement devenu si banal aujourd'hui qu'on le considère comme allant de soi.

Sur le conseil d'un ami élève du maître américain Lee Lozowick, nous nous sommes procuré le livre du psychologue canadien, le docteur Gordon Neufeld, *Hold on to your kids,* dont il nous promettait que ce ne serait pas juste un autre livre sur l'éducation[5]. C'était la révélation que nous attendions pour comprendre comment les bouleversements qui ont métamorphosé notre société dans les dernières décennies

5. G. Neufeld et G. Maté, *Hold on to your kids,* Ballantine Books, 2004. Le Dr Gordon Neufeld a été intervenant dans les prisons américaines auprès de jeunes délinquants violents. Il est également père de cinq enfants. Ses réflexions sur le défi d'éduquer des enfants dans une société où l'autorité naturelle ne va plus de soi sont alimentées par les nouvelles données scientifiques sur le fonctionnement du cerveau, mais également étayées par sa vaste expérience personnelle d'essais-erreurs autant en famille que dans le système carcéral. Arnaud considérait *Hold on to your kids* comme un livre majeur pour quiconque se trouve en situation d'accompagnement (parent, enseignant, psychologue,…).

interféraient pernicieusement dans notre lien d'attachement avec nos enfants et dans leur cheminement vers la maturité.

Sans le savoir, la plupart d'entre nous avons tenu pour acquis les crédos éducatifs véhiculés par notre société dans son obsession pour l'indépendance, la précocité, la compétition et la performance. Nous nous sommes du même coup laissés contaminer par sa phobie de la dépendance, de la lenteur, des larmes et de la vulnérabilité en général : tout ce qu'implique le long parcours de la maturation.

Quand bien même nous ne serions ni parents ni enseignants, réaliser la force de ces conditionnements culturels est crucial si nous aspirons à la liberté intérieure. Le monde dans lequel nous avons grandi nous a prédisposés à une méfiance vis-à-vis du grand thème du lâcher-prise. Pourtant, la reconnaissance et l'acceptation de notre impuissance demeurent les conditions sine qua non pour découvrir en nous une autre forme de confiance, indépendante des circonstances extérieures ; c'est le cœur de toute démarche spirituelle authentique. Si vous n'êtes pas certains de faire personnellement les frais de ces conditionnements négatifs, vous pourriez envisager un voyage en Inde, au Maroc ou partout ailleurs où des gens adoptent encore un mode de vie traditionnel imprégné de spiritualité : vous y verriez nombre de visages radieux et souriants d'enfants, d'adolescents, d'adultes et de vieillards qui n'ont pourtant pas été épargnés par l'adversité (les deuils, la maladie, la pauvreté...) et qui sont malheureusement bien souvent impuissants à changer les conditions de leur vie actuelle. Ce sont des cultures centrées sur l'être, plus que sur l'avoir et le faire. Je ne veux pas les idéaliser, mais je ne veux pas non plus les regarder de haut comme si elles n'avaient rien à nous montrer. Je veux au moins me laisser questionner et même provoquer par ce dont j'y ai été témoin. Vus de nos sociétés occidentales, ces gens n'ont-ils pas une capacité presque surhumaine à digérer les « non » de l'existence ? C'est sans doute ce qu'Etty Hillesum sous-entend lorsqu'elle écrit que « les Occidentaux ne savent pas souffrir ».

Quel est donc ce modèle que nous suivons sans le savoir, que nous avons tenu pour acquis sans jamais en remettre en question les fondements ? Je vais l'illustrer par une mise en scène classique dans notre relation aux petits enfants. Le scénario est le suivant : mon enfant de quatre ans veut manger un gros gâteau au chocolat alors que c'est bientôt l'heure de dîner. Je lui dis non et il conteste. S'ensuit un bras de fer. Et, bien sûr, comme c'est un enfant intelligent, né en Occident au XXIe siècle, il pose la question piège : « Pourquoi ? » Et, comme la plupart des parents que j'ai vus faire, je m'engouffre dans la justification intellectuelle : « C'est parce que ça te couperait l'appétit, tu n'aurais plus faim pour le dîner », ou, s'il est plus grand, je lui explique éventuellement les effets du sucre sur la digestion et les grands principes de nutrition. Je veux tellement croire que c'est le moment choisi pour lui donner un apprentissage cognitif sur l'équilibre alimentaire… et je veux tellement espérer qu'il rejoindra la justesse de mon point de vue ! Mais que me dit mon propre instinct, que je refuse pourtant d'écouter ? Ce n'est pas le bon moment du tout, c'est même le pire moment ! Ce serait en revanche le contexte idéal pour lui apprendre le « non », pour maintenir avec fermeté et bienveillance ce qui sera de toute façon pour lui une insupportable limite. Je sais qu'il sera sans doute en larmes, peut-être même en crise, mais qu'il est salutaire pour lui d'en passer par là avec mon soutien, que c'est à moi de le conduire vers le lâcher-prise vis-à-vis de ce qui contrecarre son désir impératif de l'instant. Mais on a horreur de passer pour un père ou une mère autoritaire et arbitraire, autant à ses yeux qu'à ceux de ses enfants. C'est ce que notre société sous-entend si je ne justifie pas mes décisions par la logique, prouvant par là qu'elles sont justes. Alors, j'ignore l'alerte intérieure et je fonce : j'obéis au « socialement correct » en répondant au pourquoi. J'entre dans le piège. Au lieu d'énoncer un simple « non », ce qui l'aiderait à rester branché sur son cœur, ses émotions et éventuellement ses pleurs qui ne demandent qu'à monter, je le connecte au raisonnement, à son cortex cérébral, croyant lui enseigner une leçon… Je sais d'avance qu'il n'écoutera pas mes arguments pourtant logiques et qu'il me promettra avec toute la force de sa conviction : « Oui, je mangerai quand même au dîner ! »… En exposant pourquoi j'ai raison, je réalise que je l'invite à faire la même chose : prouver qu'il a raison lui aussi. À ce stade, je me mords les doigts en réalisant que je viens encore d'encourager mon enfant à devenir un avocat en perpétuelles négociation et argumentation plutôt qu'un être qui s'adapte[6].

Et c'est ce même conditionnement dont, en tant que disciple sur la voie, il faudra se libérer dans sa propre quête de

6. Gordon Neufeld explique que nous quittons alors le système limbique pour aller vers le cortex cérébral. Or, aucune adaptation ne peut se produire au niveau du cortex cérébral. L'adaptation se produit dans le système limbique : c'est un phénomène émotionnel.

liberté. Pour que chaque expérience douloureuse se convertisse en opportunité de croissance intérieure, il faudra débrancher cet « avocat intérieur » pour oser descendre en soi-même afin de faire nôtre cette devise de Swâmi Prajnânpad : *Everything comes to you as a challenge and an opportunity,* « Tout ce qui vient à vous vient à vous comme un défi et une opportunité ». Ce n'est rien de moins qu'une révolution intime qu'il s'agit d'opérer : une conversion à cent quatre-vingts degrés par rapport à nos vieilles habitudes mentales et émotionnelles.

« "Non" est une phrase complète ! » Nous assistions comme invités à une rencontre de leaders d'entreprises humanistes au Québec quand un des animateurs a pris la parole pour oser partager le soulagement ressenti quand il avait entendu cet énoncé. Nul doute que cet homme plein de bonté, dévoué au bien-être de ses employés et engagé dans des projets altruistes auprès de Matthieu Ricard, n'était pas en train de justifier son despotisme vis-à-vis de ses collaborateurs ni de ses enfants. Mais il osait briser publiquement un tabou. Un frisson de soulagement à peine avouable parcourut toute l'assistance qui savourait silencieusement : « "Non" est une phrase complète ! »

Lorsque l'existence dit non, quand elle refuse ce qui nous semblerait tellement précieux, elle le fait bien souvent avec des phrases très courtes. Rarement recevrons-nous son message accompagné d'une justification, d'une explication, d'un bouquet de fleurs ou d'une boîte de chocolats pour faire passer l'amertume de la nouvelle ! Mais, comme l'enfant, nous nous obstinons, exigeons d'être convaincus par la logique ou par la justice des choses : nous revendiquons le droit de comprendre comme préalable pour accepter que ce qui est soit. C'est là notre erreur. J'ai entendu Arnaud insister sur ce point plusieurs fois : acceptez d'abord et vous aurez – peut-être, mais dans un second temps – une chance de comprendre qui vous sera donnée au détour, sans que vous l'ayez nécessairement cherchée volontairement.

Swâmi Prajnânpad invitait ses élèves à se laisser bouleverser et non à utiliser la raison pour atténuer l'impact des coups durs. « Ce qui se passe, c'est que les événements arrivent à l'extérieur ; vous ne vous laissez pas affecter par eux. Vous vous fermez. C'est pourquoi aucun changement ne se produit dans votre vie… Par contre, celui qui est affecté profondément par eux est obligé d'y faire face. Il n'a pas d'échappatoire. Il perd ses illusions et se libère[7]. »

▪ ▪ ▪

Ajahn Chah, le maître de Jack Kornfield, un bouddhiste dans la lignée du Theravâda, dit « qu'il y a deux sortes de souffrance : la souffrance qui conduit à encore plus de souffrance et la souffrance qui conduit à la fin de la souffrance. » On pourrait consacrer un chapitre sinon un livre entier sur ce thème. Les éléments de pratique qu'Arnaud nous a transmis et qui se retrouvent dans certains passages de ce livre donneront, je l'espère, un aperçu de ce qui fait toute la différence dans notre façon d'envisager la souffrance. Pour évoquer cet abîme entre les deux façons de souffrir, je reviendrai une fois de plus aux larmes. On pleure dans toutes sortes de circonstances, quand on épluche des oignons, quand on est profondément joyeux,

7. Sumangal Prakash, *L'Expérience de l'Unité*, L'Originel, 1986, p. 224.

quand on est frustrés parce que les choses ne fonctionnent pas comme on le souhaite et quand on réalise notre complète impuissance à les changer.

Au stade de la frustration, on cherche encore à modifier l'environnement et on est toujours dans le refus et la résistance. Lorsque les larmes deviennent des larmes d'impuissance, on cesse d'essayer de changer les choses. On sent très nettement la différence. Des chercheurs étudiant les larmes ont découvert que leur composition varie radicalement selon le type de pleurs. Les larmes d'impuissance sont très différentes de toutes les autres : elles sont saturées de toxines au point où, réduites à l'état de poudre, elles pourraient tuer un petit rongeur ! Cela explique d'ailleurs pourquoi, lorsque nous sommes confrontés à des circonstances difficiles, nous nous sentons si allégés après avoir pleuré. Souvent, après une crise de pleurs déchirants devant leur propre impuissance, j'ai vu avec stupéfaction mes enfants reprendre le cours de leur journée en chantonnant, plus créatifs et joyeux que jamais.

Si j'ai pris l'image des larmes, je ne voudrais pas laisser entendre que le processus du *surrender* implique systématiquement que nous pleurions : pas du tout ! Mais il s'agit bien de se laisser affecter, y compris par les plus petites choses de l'existence, d'éroder ainsi peu à peu l'armure sous laquelle nous nous protégeons, payant un terrible prix pour cette pseudo-sécurité : elle nous prive de la souplesse et de la spontanéité, étouffant notre vitalité et notre joie intrinsèques.

▪ ▪ ▪

Si on y regarde de plus près, tous nos refus se ramènent à une résistance viscérale vis-à-vis de deux lois fondamentales qui régissent l'Univers : la loi du changement et la loi de la différence. C'est devant elles que nous ne voulons pas lâcher prise. Or, la maturité spirituelle d'un homme ou d'une femme se mesure au niveau d'intégration de ce que Swâmi Prajnânpad appelait les deux grandes lois de la vie. Tout enseignement spirituel authentique, quelle que soit la tradition à laquelle il se rattache, nous amène peu à peu à reconnaître l'évidence de leur caractère implacable et à voir comment l'ego s'y heurte sans cesse. Qu'il nous soit demandé non seulement de les reconnaître, mais de les accepter et de nous y soumettre, et nous voilà avec cette désagréable impression qu'il nous faudrait avaler, et en plus avec grâce, non pas une couleuvre, mais deux immenses boas constrictors.

Ce à quoi nous sommes attachés : notre apparence physique, notre santé, nos relations ou nos biens matériels... tout cela est soumis à la loi du changement, quand l'ego voudrait proclamer une illusoire fixité. Cherchez quoi que ce soit qui ne soit pas soumis à la loi du changement, vous ne pourrez rien trouver. Et même si quelque chose devait durer indéfiniment, vous savez que votre existence aura une fin et que vous ne pourrez pas jouir éternellement de ce qui fait votre joie aujourd'hui. Même lorsque le vent du changement souffle à votre avantage – que vous obteniez enfin le travail de vos rêves ou que vous rencontriez l'âme sœur –, même cette excitation positive devant la nouveauté s'émoussera, vous le savez par expérience. Rien n'est fixe. Et rien ne peut croître éternellement sans passer par une phase de décroissance, par une destruction lente et progressive ou au contraire brutale. Je veux bien admettre que parfois la loi du changement se comporte comme une amie puisqu'elle implique que le désagréable aura une fin aussi. Mais ce changement perpétuel qui fait que rien ne dure, qu'on ne peut donc compter sur aucune fixité qui nous donnerait enfin le sentiment d'une sécurité définitive, est le plus souvent vécu comme un ennemi, ou du moins comme une mauvaise nouvelle, voire une très mauvaise nouvelle.

La loi de la différence : voilà notre deuxième boa constrictor. « L'autre est un autre ». Il n'y a pas deux grains de sable identiques. Mis à part quelques moments d'émerveillement et de curiosité devant l'incroyable diversité et multiplicité d'êtres humains qu'il nous est donné de rencontrer, quelle plaie que d'avoir à composer avec d'autres individus qui s'acharnent à penser comme ils pensent, à voter comme ils votent et à agir comme bon leur semble, s'obstinant effrontément dans leur refus d'être notre prolongement ! Nous serions bien d'accord avec toute cette belle diversité si, au moins, celle-ci obéissait à nos désirs et nos conceptions du bien et du mal comme autant de musiciens à la baguette de leur chef d'orchestre : moi.

Même si nous n'avons jamais rencontré de maître éveillé, nous portons en nous-mêmes l'archétype de la sagesse : nous avons intuitivement les critères définissant ce que peut être un sage. Il ou elle accepte avec équanimité l'adversité : les revers de fortune, la maladie, le vieillissement, le deuil et sa propre mort. Il est accueil inconditionnel de la différence : ne jugeant personne sous aucun prétexte, il est lui-même complètement libre de la louange et du blâme. Ni une divergence d'opinion politique, ni une différence culturelle ou religieuse, ni même un passé criminel, rien n'a pouvoir sur l'ouverture de cœur du sage qui aime comme le soleil éclaire « aussi bien les bons que les méchants ». Il peut agir très concrètement et même parfois vigoureusement – comme Jésus avec les marchands du temple – pour corriger une injustice ou même pour protéger son pays d'un danger. Certains se sont engagés dans un combat ou une résistance contre une idéologie violente ou contre une invasion étrangère comme certains Indiens dans la quête de l'indépendance, ou encore certains soufis face à l'invasion soviétique en Afghanistan ou la colonisation française en Algérie… Mais pour cela, nul besoin de haïr, de juger, de mépriser. Qu'il puisse n'y avoir aucune séparation, aucune coupure ou distance au niveau du cœur, qu'un être humain puisse fonctionner de façon aussi radicalement opposée à la nôtre, voilà ce qui est bien souvent la source de cette incompréhension si répandue : « On ne peut tout de même pas tout accepter !? » L'acceptation est avant tout une fonction du cœur, et on peut imaginer un juge rendant un verdict d'une grande fermeté au nom du maintien de la sécurité de son pays, mais sans une once de haine ni de mépris pour le condamné qu'il a devant lui, en dépit de la gravité de ses actes. Il peut même ressentir de la compassion pour celui contre lequel il prononce une peine.

La liberté vis-à-vis de ces deux lois peut atteindre des degrés insoupçonnables. Il est presque impossible de se représenter un tel affranchissement tant il s'oppose à notre expérience courante. Cette liberté radicale ouvre la voie à une complète spontanéité de l'être, immergé dans une conscience que tous décrivent comme infinie, lumineuse, et animé par une joie indicible, indépendante des aléas des circonstances extérieures.

Cette joie contagieuse justifie à elle seule tout le mal que beaucoup se sont donné, vivant dans l'inconfort d'un ashram indien quelques moments en la présence d'êtres rares comme Ma Anandamayi, Papa Ramdas, Yogi Ramsuratkumar ou, de nos jours, le sage indien Chandra Swâmi Udasin qui, comme le Dalaï-Lama, est encore vivant à l'heure où j'écris ces lignes. Face à ces maîtres réalisés, ces êtres d'envergure, on a le sentiment d'être en présence d'extra-terrestres par rapport aux fonctionnements humains ordinaires.

▪ ▪ ▪

Yvan Amar, un enseignant français élève du maître indien Chandra Swâmi Udasin, avait cette formule : « Ne soyez pas la victime des situations, soyez le disciple des situations. » Elle prend toute sa dimension lorsqu'on sait à quel point il a été lui-même disciple de sa maladie, une forme d'asthme dégénérative qui l'emporta à 49 ans. Il disait aussi : « J'ai eu trois gourous : mon maître Chandra Swâmi, mon épouse Nadège, et ma maladie. » Un gourou est celui qui vous montre le réel et Yvan dit en avoir eu trois. L'épouse, c'est la loi de la différence, cette loi tenace qui s'affirme jusqu'au sein du couple où nous rêvons pourtant que l'intimité et la confiance pourraient l'annihiler ou du moins la surpasser. La maladie, cette lente dégradation de son souffle, aura été pour Yvan la manifestation de l'inexorable loi du changement à l'œuvre. Et le maître, Chandra Swâmi, celui qui lui aura enseigné la voie de l'authentique acceptation.

Il est important de se rappeler que tous ceux qui ont capitulé devant l'évidence de ces deux lois sont les êtres les plus lumineux et heureux qu'il peut être donné de rencontrer. Ils ne ressemblent en rien à des êtres résignés ou frustrés qui feraient pitié. Un jour qu'Arnaud exposait un enseignement sur le thème de l'acceptation, un homme avait protesté : « Finalement, tout ce que vous avez à nous proposer, c'est d'être des vaincus ! »… Et Arnaud, d'un ton affirmatif et énergique, lui répondit : « Oui ! En effet, poursuivit-il, on pourrait dire de tous les maîtres rayonnants dont les photos ornent les murs de la salle qu'ils sont de grands vaincus. » Mais en prononçant « grands vaincus », il aurait tout aussi bien pu dire « grands vainqueurs ». Tout dépend de la perspective.

Être réceptif

■

Éric

Parmi les qualités qui sont nécessaires sur la voie, la réceptivité est certainement l'une des plus importantes. Elle est aussi sans doute l'une des plus délicates. Souvent, de nombreux obstacles se lèvent et viennent l'entraver d'une façon ou d'une autre. Au fur et à mesure de nos expériences malheureuses durant notre enfance, nous avons fini par conclure que l'ouverture était en soi menaçante et source de grandes souffrances. Si les chocs que nous avons subis ont été intenses, nous en sommes venus inconsciemment à prendre une décision radicale : pour préserver notre sensibilité, voire notre intégrité, il est devenu vital de se fermer en se retranchant dans une citadelle impénétrable. Le seul moyen que nous avons alors trouvé a été de nous isoler non seulement de l'extérieur, mais surtout de notre propre monde émotionnel devenu trop douloureux. La distance à parcourir pour retrouver sa sensibilité perdue ressemble à celle qu'il faudrait parcourir pour escalader une haute montagne. Le sommet est éloigné et il faut réunir tout son courage, sa persévérance et sa force pour entreprendre une telle aventure.

Certains êtres ont eu la bonne fortune d'avoir été épargnés durant leur tendre enfance, comme c'est le cas du moine bouddhiste vietnamien Thich Nhat Han qui raconte comment ses jeunes années se sont déroulées dans une atmosphère d'amour et de bienveillance. Il est certain qu'un tel contexte favorise la confiance et l'ouverture, établissant ainsi une bonne base pour aborder l'existence avec une structure intérieure bien établie. Cette base permet ensuite de s'engager éventuellement dans une voie méditative de façon positive, enthousiaste et réaliste. Quand on n'a pas la chance ou le karma d'un passé aussi paisible et inspirant, il est d'autant plus important de se relier à une dimension supérieure, cette « force d'en haut » dont parlent les Psaumes, c'est-à-dire de considérer que notre histoire personnelle n'est pas la fin ultime de tout. La conviction, le sentiment intime d'une réalité transcendante – quel que soit le nom qu'on lui donne – va nous apporter un contexte à l'intérieur duquel nos propres handicaps vont trouver leur place et vont pouvoir être pris en compte afin d'être transformés.

Le fait d'avoir un point de visée supérieur nous donne en effet un élan, une énergie qui ne serait pas disponible autrement. J'ai rencontré des personnes dont l'aspiration spirituelle authentique leur apportait une force à même de les aider à traverser les difficultés psychologiques. Bien sûr, cette aspiration n'était pas une simple compensation à leur faiblesse, comme cela peut être parfois le cas. Le fait de rajouter des croyances ou de décorer la personnalité de tendances mystiques ne va pas dans le sens d'une plus grande clarification. Comme le souligne de manière incisive Trungpa Rinpoché, il ne s'agit pas de devenir un « misérable égocentrique mystique », car « il est beaucoup plus facile de se faire passer pour un saint que d'être équilibré. »

La situation peut sembler cruelle, voire désespérante au premier abord, car il faut un minimum de réceptivité pour être en mesure de s'ouvrir à une autre dimension. Le paradoxe est que cette autre dimension est l'élément majeur qui nous aide à dépasser les obstacles au fait même d'être réceptif ! On peut avoir l'impression de tourner en rond dans un univers kafkaïen et de se retrouver dans la situation de cette personne qui cherchait à se faire immatriculer à la Sécurité sociale. Après de nombreuses démarches, formulaires et parcours laborieux dans des labyrinthes administratifs, elle se retrouve devant un fonctionnaire qui lui annonce que son périple est presque terminé, mais qu'il ne manque plus qu'une seule chose au dossier : son numéro de Sécurité sociale !

Fort heureusement, en ce qui concerne la voie, il ne s'agit pas d'une telle absurdité, mais plutôt d'une loi universelle qui s'applique autant à l'énergie, à la finance, qu'à la réalité spirituelle. Dans les termes de l'Évangile, il est dit que « l'on donnera à celui qui a et il sera dans l'abondance, mais à celui qui n'a pas on ôtera même ce qu'il a » (Matthieu 13,12 ; Luc 19, 26). Du point de vue ordinaire, il s'agit d'une injustice flagrante ; du point de vue de la réalité spirituelle (ce que l'Évangile appelle « les mystères du Royaume des Cieux »), la croissance de l'être appelle la croissance de l'être. Le plus difficile est d'entrer dans cette dynamique ascensionnelle. La progression sur la voie, souvent très lente au début, va en s'accélérant comme une croissance non plus géométrique mais exponentielle.

Dans l'expérience courante, être réceptif est donc une capacité qui se gagne peu à peu. Au fur et à mesure que les résistances lâchent, que la vulnérabilité devient plus aisée, la possibilité de recevoir augmente. Et en recevant plus, nous nous sentons plus enclins à poursuivre l'ouverture, à apprécier ce que nous recevons et à nous sentir plus riches. Une personne qui s'offrirait une croisière luxueuse tout en étant privée de cette capacité à recevoir est moins enviable que quelqu'un qui serait simplement assis à la terrasse d'un café, mais dans la pleine appréciation de ce qui l'entoure. Swâmi Prajnânpad rappelle ainsi que « tout dépend de la réceptivité. Tout dépend de la manière dont vous recevez les choses et non de ce que vous obtenez de l'extérieur ».

Dans le monde actuel, la recherche de stimuli de plus en plus nombreux et intenses est plutôt la marque d'un affaiblissement de la sensibilité et d'une incapacité à être réceptif à ce qui est délicat et subtil. Les impressions doivent être massives et grossières pour solliciter la perception, de la même façon qu'une personne devenant sourde aurait besoin d'augmenter le volume pour finir par percevoir quelque chose. C'est une sorte d'escalade sans fin, car l'augmentation exagérée du son contribue elle-même à la surdité.

La diminution de la réceptivité et de la sensibilité conduit le mental à rechercher des sensations fortes afin d'être amené à ressentir une intensité qui s'est émoussée progressivement. Cela explique en partie le succès à grande échelle d'un certain type de productions musicales ou cinématographiques. Les impressions doivent être exagérément accentuées afin de pouvoir dépasser le seuil d'insensibilité et traverser l'épaisseur cotonneuse propre à la torpeur ou à l'anesthésie. Nous mettons des remparts pour nous isoler de notre essence profonde et pour voiler les contradictions et les stratégies de l'ego.

Dans la perspective d'un cheminement intérieur, l'enjeu principal consiste à déjouer de tels tampons et, même si la difficulté est de taille, elle n'est pas insurmontable. Certains peuvent cependant être tentés par la facilité et chercher la solution du côté des drogues comme le LSD ou d'autres substances, par exemple le DMT que certains scientifiques appellent « la molécule de l'esprit ». Il va de soi que cette direction conduit à une impasse, car même si elle donne provisoirement accès à des états de conscience supérieure ou modifiée, aucun pas n'est fait dans le sens d'une purification réelle de notre psychologie et de notre système de perception. Un attachement particulier peut même se développer par rapport à un état spécial porté au pinacle, devenant ainsi un obstacle supplémentaire pour le chercheur spirituel. Des maîtres aussi respectés que Kalou Rinpoché ou le maître zen Rinzaï Roshi Shibayama ont mis en garde sans équivoque contre le danger que comportent de telles approches. Il n'y a pas de « pilule de satori », disent-ils, et vouloir accéder directement au sommet de la montagne en hélicoptère est encore une ruse proposée par le mental pour éviter de s'imposer les efforts nécessaires en cherchant un raccourci facile et illusoire. Il existe, bien sûr, des voies chamaniques à part entière, mais rares sont les Occidentaux qui peuvent s'y engager pleinement.

Le chemin vers une plus grande réceptivité et une plus grande vulnérabilité est long et nécessite des efforts autant précis que persévérants. Redevenir comme de petits enfants est une tâche de longue haleine, car avant de retrouver une innocence première, il faut préalablement retrouver une capacité naturelle à être ouvert aux autres et aux circonstances. Une telle ouverture passe impérativement par la réceptivité à l'égard de ce que l'on porte en soi. Accompagnant depuis trente-cinq ans des personnes dans les profondeurs de leur inconscient par les *lyings*[1], il y a une question qui revient sans cesse comme un leitmotiv : « Comment lâcher prise » ? Cette question très compréhensible relève pourtant de la quadrature du cercle, car il ne peut y avoir de réponse au même niveau que celui où elle se pose. Comment être réceptif alors que ce n'est pas « un faire », une action au sens ordinaire d'acte volontariste ? L'ouverture tant escomptée résulte d'un non-faire, d'un non-mental, d'un non-ego. Dans la Chine ancienne, on disait à propos de cette expérience de lâcher-prise et d'ouverture qu'elle survient comme « le fond du seau qui craque ». Une autre image du même ordre est celle de la corde qui s'use sur la margelle d'un puits et qui finit par céder. Il s'agit d'user ce qui résiste et s'oppose, notamment par un contexte approprié (tout d'abord intérieur, puis extérieur) favorisant un processus de maturation. Non seulement le mental, mais l'intellect lui-même ne peuvent pas appréhender la nature réelle de ce geste intérieur. Il relève d'un abandon au flot de la vie, à cette grande Intelligence qui va nous prendre en charge si nous cessons de nous mettre en travers. À ce moment-là, les obstacles vont peu à peu se dissoudre comme s'ils étaient charriés par un fort courant. Nous laisser aller dans ce courant est un grand défi, car nous n'avons aucune assurance, aucune garantie de ce qui va advenir. Afin de garder le contrôle, le mental nous fait des menaces et présente tous ses arguments pour nous dissuader d'aller dans cette direction. Pourtant, la vie sait très bien comment s'y prendre si nous la laissons faire. Notre corps lui-même obéit très exactement à toutes ces lois, des plus grossières aux plus subtiles, et cela sans nous demander notre avis. J'ai souvent entendu Sensei Deshimaru répéter

1. *Swâmi Prajnânpad et les lyings,* par Éric Edelmann, Olivier Humbert et Christophe Massin, La Table ronde, 2000.

l'expression « naturellement, automatiquement, inconsciemment » pour souligner cette intelligence de la vie qui est sans cesse à l'œuvre, mais qui peut cependant être entravée par les résistances du mental et les vieux réflexes de protection.

Les taoïstes disent avec humour que l'araignée ne peut pas comprendre comment fait la chenille pour marcher sans entremêler ses pattes ! Et il est tout aussi difficile de saisir comment procède un vol d'étourneaux ou un banc de poissons pour changer brusquement de direction, et cela en parfaite harmonie.

Être réceptif veut dire que les interférences sont tombées et que la conscience est libre, non entravée par des jugements de valeur, des qualifications et des comparaisons. Arnaud raconte comment il a été émerveillé un jour de voir un tout jeune bébé regardant avec un sourire radieux un homme au visage défiguré par un éclat d'obus qui se penchait au-dessus de son landau. Puissions-nous accueillir avec la même vastitude tous les aspects que nous portons en nous !

Développer sa capacité à recevoir ne passe pas par un acte volontariste du moi, d'où la difficulté à comprendre la nature du geste intérieur à opérer. Le « je » ordinaire ne peut pas recevoir car c'est lui-même qui est l'obstacle. Ce qui est requis est donc un effacement, une sorte d'« immolation » de soi dans la perception ou dans le « ressenti » lui-même. À ce moment-là se révèle ce que l'on appelle dans le Vedanta la Conscience-témoin, *sakshin* en sanscrit, qui est ici l'élément central, bien qu'il ne soit pas d'ordre personnel. Il s'agit d'une conscience au plus intime de nous-même, et qui est pourtant totalement impersonnelle. Elle peut être représentée par la surface étale et transparente d'un lac ou encore, comme dans le Dzogchen tibétain, celle d'un miroir qui symbolise la réflexion de tous les phénomènes en tant que vacuité, c'est-à-dire dénués de substance propre. Dans une instruction classique de méditation, l'invitation à la réceptivité se formule par la proposition suivante : « ni saisie ni appropriation ». Le contraire de l'identification et de l'attachement suppose en effet que notre « crampe » psychologique perde de ses prérogatives. La poussière tombe du miroir et laisse alors transparaître une clarté, une lucidité bienveillante, ouverte à toutes les directions de l'espace. Par la force de l'habitude, les anciens réflexes de protection peuvent cependant revenir au premier plan. Le plus étonnant est que nous nous défendons, pas seulement par rapport à ce que nous considérons comme négatif, à savoir une critique, une mauvaise nouvelle ou une situation défavorable. La difficulté à recevoir peut aussi se manifester à l'égard de ce qui est notoirement positif. J'ai à cet égard deux souvenirs significatifs avec Arnaud.

Un jour de printemps, nous étions tous les deux debout dans le jardin de Mangalam. L'heure du repas allait sonner et nous avions un moment pour apprécier la douceur de l'atmosphère printanière ainsi que ces instants de disponibilité. Sans que je m'y attende, Arnaud se tourna soudain vers moi et plongea son regard dans le mien. Un regard d'une bonté indicible qui m'interpella directement jusqu'au tréfonds de l'être. Je fus incapable de le supporter. Ce qui émanait de lui était d'une telle bienveillance et d'une telle acceptation que cela en était insoutenable. Je me suis par la suite beaucoup questionné sur cette incapacité à recevoir. Le moi est terrorisé par la vastitude et la profondeur, surtout lorsqu'il s'agit d'une immensité de paix, de bonté ou d'amour. C'est un peu comme dans l'histoire de cette grenouille qui a passé sa vie au fond d'un puits et qui, par mégarde, se retrouve un jour sur son rebord. Elle regarde l'horizon et se trouve pétrifiée par ce qu'elle aperçoit : un immense océan.

Une autre fois, nous étions, mon épouse et moi, au restaurant avec Arnaud. Au début du repas, Arnaud saisit une bouteille de vin blanc et proposa de m'en servir un verre. Je déclinai alors tout de suite l'offre d'un geste de la main. Il se tourna alors vers Sophie pour lui en proposer et elle accepta sans hésitation. Arnaud s'exclama alors : « Enfin une disciple! » J'ai senti que cette anecdote n'était pas anodine. Refuser ce que le maître a à offrir n'est pas seulement une faute de protocole ou de goût. Symboliquement, il s'agit d'un refus beaucoup plus profond. La qualité première de ce qui fait un disciple est l'aptitude à recevoir, cœur et esprit ouverts. Comment peut-on s'ouvrir à la dimension divine ou à la réalité ultime si l'on n'est pas en mesure de dépasser les premières limitations étriquées du mental ?

La réceptivité est une qualité primordiale sur la voie et elle est par essence féminine. C'est ce qui fait par excellence le disciple.

Honorer le désir

■

Sophie

D'une façon qui peut paraître assez surprenante tant elle contredit les idées reçues, un des défis de l'accompagnement spirituel consiste à amener l'aspirant à la sagesse à redonner leur juste place aux désirs profonds qu'il porte et à s'extirper de la mécanique qui consiste à en diminuer la valeur ou l'importance.

Je parle ici des quelques véritables demandes qui réclameront jusqu'au bout leur dû depuis la profondeur. Elles se distinguent nettement des désirs d'emprunt, des injonctions parentales, sociales ou culturelles, de ces multiples impulsions passagères, sans consistance, nées de sollicitations extérieures et par conséquent fondamentalement aliénantes.

Dans son essence, le désir est une fonction naturelle indissociable de la vie elle-même. On pourrait dire que la chenille désire devenir papillon et que le gland désire devenir chêne. Chez l'être humain, cet élan vers le plein épanouissement prend des formes diverses et complexes. Il emprunte des chemins sinueux et parfois névrotiques, mais le principe demeure le même : une recherche d'Absolu prenant la forme d'une expansion. Dans sa jeunesse, Swâmi Prajnânpad, déjà sensible à cette vision de la vie et de l'évolution, avait écrit ce poème intitulé « L'Appel de la Totalité » :

Le bourgeon, rempli de parfum, désire prendre
la forme du fruit ;
Le ruisseau, fou de joie, court impétueusement vers la mer ;
Les atomes de poussière chérissent dans leur cœur
l'espoir de devenir chaînes de montagnes ;
La montagne s'essaie à toucher la lune en lançant
ses pics toujours plus haut ;
La nouvelle lune brillante, dans sa joie sans limite,
se languit de devenir pleine lune :
Tout l'univers est enchanté à la vue de
ce jeu merveilleux de la Totalité.
Pourquoi toi seul resterais-tu à l'écart, Ignorant, passif, insensible ?

Toute voie spirituelle qui se définit comme une voie dans le monde – impliquant par conséquent la possibilité d'une vie amoureuse, professionnelle, sociale, artistique… – tient nécessairement compte des désirs ; non comme des obstacles au cheminement spirituel, mais au contraire comme le carburant même de la transformation spirituelle. Un aspirant à la sagesse qui se dit dénué de désir sera privé de cette énergie qui pousse à jouer sans tricher le jeu de l'existence pour en tirer toute la sève, toutes les leçons, jusqu'à faire la pleine expérience de la paix. Pour lui, la première étape sur le chemin sera d'arriver à admettre que, même sous de multiples couches d'inhibitions, d'interdits de toutes sortes, l'énergie du désir est toujours là, intacte, dans la profondeur, et attend patiemment d'être enfin réanimée et satisfaite. La voie selon Swâmi Prajnânpad repose sur une approche tantrique (je reviendrai sur ce thème un peu plus tard) en cela qu'elle prend à contre-pied cette posture – souvent tacite dans le milieu spirituel – de méfiance vis-à-vis de l'appétit de reconnaissance, de réussite amoureuse, artistique, professionnelle. Swâmi Prajnânpad identifiait l'argent, le pouvoir, la séduction et la vanité comme les quatre domaines de l'ego, c'est-à-dire comme quatre sphères où l'ego investit une énergie passionnelle. C'est au beau milieu de ce terrain d'exercice qu'il entraînait ses élèves à la liberté et à la dignité, à ne plus être l'esclave du désir, mais à en devenir le maître.

Le terme de renoncement qui, pour de nombreux pratiquants spirituels, est devenu synonyme de liberté intérieure n'est pas quelque chose qui se décide ni ne se force. Swâmiji évitait d'ailleurs de l'utiliser tant ce terme évoque la frustration et l'abnégation. Arnaud avait forgé un terme : mieux encore que détachement, il lui préférait celui de « dés-attachement » pour évoquer l'affranchissement de liens qui entravent la liberté. Le renoncement est un heureux détachement qui advient naturellement, comme un fruit arrivé à maturité tombe de l'arbre de lui-même. Ce n'est donc pas par une décision volontaire inspirée par la vertu ou la morale qu'on se libère de l'emprise contraignante du désir, mais par la vision au sens que Swâmiji donnait à ce terme. C'est l'expérimentation répétée de son caractère insatiable qui finira par aboutir à cette réalisation.

Swâmi Prajnânpad aborde ce sujet avec toute la rigueur d'un esprit scientifique, en prônant la voie de l'expérimentation : « Satisfaites vos désirs en pleine conscience et regardez où ils vous mènent. S'ils vous conduisent à des plaisirs sans mélange, il n'y a pas de raison de vous en défaire. Mais si d'un autre côté vous trouvez qu'ils vous conduisent à la souffrance ou qu'ils vous causent plus de souffrance que de plaisir, alors ils doivent disparaître… Les expériences des autres ne servent à rien. Chacun doit faire l'expérience par lui-même, et faire son expérience délibérément, les yeux bien ouverts, en gardant le désir sous contrôle. L'expérience doit être répétée autant de fois que nécessaire, jusqu'à ce qu'on soit sûr de l'enseignement qu'on en tire[1]».

Un pratiquant sur la voie se trouve ainsi dans la même posture vis-à-vis des enseignements spirituels qu'un chercheur en sciences ayant à faire la preuve par lui-même et pour lui-même, dans son propre laboratoire, de la validité des théories établies par les plus grands génies de la physique. Il peut admirer Albert Einstein, lui donner le bénéfice du doute en considérant que ses découvertes méritent tout le crédit qu'on leur attribue, mais admettre qu'elles ne resteront pour lui que des hypothèses brillantes tant qu'il ne les aura pas personnellement confirmées par l'expérience. Une hypothèse – même hautement probable – ne suffit pas pour qu'on s'engage dans le délicat et exigeant processus de transformation qui suppose un changement de niveau, un changement de paradigme. Les plus belles paroles du Bouddha, de Socrate ou de Jésus n'ont de valeur que dans la mesure où elles nous appellent à les vérifier par nous-mêmes. Le chemin spirituel – à la différence de la religion – n'est pas affaire de croyance, d'opinion ni de conviction, mais d'expérience et de certitude. C'est sur le terrain solide des faits qu'on avance pas à pas.

Tout d'abord, on ne peut pas prétendre être là où on n'est pas, être plus libre des désirs qu'on ne l'est réellement. La fidélité à soi-même, tel qu'on est ici et maintenant, est la condition

1. R. Srinivasan, *Entretiens avec Swâmi Prajnânpad*, L'originel, 1984, p. 51.

sine qua non pour qu'un chemin ne soit pas une caricature de la sagesse, un mensonge, une hypocrisie de plus au nom de la spiritualité ou de la religion. L'histoire de nos sociétés est malheureusement jalonnée d'une triste répétition de drames individuels ou collectifs engendrés par le déni du désir. L'erreur serait de croire que, n'étant ni catholiques, ni musulmans, ni bouddhistes, et vivant de surcroît dans une société laïque, nous serions par le fait même épargnés par la culture du refoulement qui imprègne insidieusement les sociétés même les plus matérialistes. Ce n'est pas parce que la publicité, les magazines ou l'internet sollicitent une pléthore d'envies que la société a donné sa juste place au désir, tout au contraire. Ces médias excitent l'appétit d'expériences ou de possessions en tout genre, mais ce ne sont que des distractions pour mieux faire oublier ce qui, depuis la profondeur, nous importe vraiment de réaliser en cette vie. Quelles sont les réalisations, les expériences dont je sens qu'elles ne me laisseront jamais en paix tant que je ne les aurai pas accomplies ? Y a-t-il en moi une aspiration artistique qui me taraude et vis-à-vis de laquelle je fais la sourde oreille ? Quelles sont mes demandes de succès, de réussites ? Suis-je sans cesse harcelé par le même scenario tout à fait réaliste, comme celui d'habiter à la campagne, de travailler depuis chez moi, de m'offrir un objet un peu coûteux ou de partir pour un long séjour à l'étranger ?

Le problème ne vient pas de ce que nous désirons trop, mais de ce que nous ne désirons pas assez. Non pas en quantité, car c'est plutôt de l'éparpillement et du manque d'intensité qui en découle qu'il est ici question. En dispersant l'énergie tous azimuts, nous nous voilons la face sur les quelques désirs centraux que nous n'osons pas reconnaître et nous dilapidons une précieuse énergie qui permettrait justement de les accomplir. Il est, en ce sens, plus confortable de se laisser séduire par l'attrait d'expériences amoureuses aussi brèves que variées que de reconnaître en toute vulnérabilité la force d'un désir pour une union durable, empreinte de confiance et de complicité. Une demande aussi forte est comme une brûlure intérieure tant qu'elle n'a pas été comblée. Acceptons-nous de vivre dans l'inconfort de cette chaleur ? Acceptons-nous par avance le risque de souffrir si la vie ne devait pas satisfaire notre attente ?

Car le désir a cela de cruel qu'il nous promet des merveilles sans que son accomplissement ne soit jamais une garantie : il est toujours dépendant des circonstances extérieures qui peuvent à tout instant contrarier nos prévisions. Aussi, la peur de désirer est intimement liée à la peur de souffrir. Oser désirer, c'est oser reconnaître la réalité d'une attente et accepter d'être ainsi exposé au manque et à la frustration. Plus l'enjeu pour soi-même est important, plus l'attente est grande et plus nous sommes vulnérables.

C'est pourquoi il est plus facile de s'étourdir avec des désirs d'emprunt, de céder à des envies aussi passagères qu'inconsistantes, que de soutenir dans la durée la sensation d'un manque plus authentique. C'est là un aspect essentiel de la pédagogie de Swâmi Prajnânpad : jouer le jeu de l'existence pour peu à peu devenir non pas « sans désir », mais « libre du désir ». Et pour commencer : *no denial in any form whatsoever*, « aucun déni sous aucune forme que ce soit ». Swâmiji, qui revêtait pourtant la robe orange des « renonçants » hindous, a ainsi incité ses propres élèves occidentaux – dont certains occupaient déjà des fonctions élevées – à accomplir le plus habilement possible leur désir de réussite professionnelle et financière, leur donnant même des conseils avisés pour que leurs entreprises soient encore plus florissantes.

Voyant qu'Arnaud ne pourrait jamais faire l'impasse du grand amour romantique dont la nostalgie ne cessait de le torturer, Swâmiji l'a encouragé à vivre les yeux grands ouverts une passion naissante avec la chanteuse Dalida, lui intimant de tout prendre : le concave et le convexe, l'agréable et le désagréable, la satisfaction et ses conséquences inéluctables qui – dans ce cas – ont été associées à un lourd tribut de souffrance pour lui-même et ses proches. Cet épisode est magnifiquement relaté dans la biographie écrite par Gilles Farcet[2] où l'on mesure le prix qu'Arnaud a dû payer pour vivre cette relation intense : on y voit Swâmi Prajnânpad accompagner son disciple dans cette épreuve de vérité avec lui-même jusqu'à ce goulet d'étranglement intérieur qui provoquera en 1971 une bascule de conscience fondamentale et définitive. Arnaud avait pourtant abondamment lu et entendu tout ce que la sagesse de l'Orient et de l'Occident réunis avait enseigné sur la futilité du désir, sur le fait que tout désir dans le relatif n'est qu'une facette d'un désir d'Absolu, que, par conséquent, tout accomplissement laisse un goût d'insatisfaction, car jamais la soif n'est vraiment étanchée. Le désir y est partout comparé à de l'eau salée qui jamais ne désaltère et ne fait plutôt que raviver la soif. Sa vaste culture spirituelle avait sans aucun doute ancré en lui la conviction que le véritable bonheur ne peut pas être le fruit de l'accomplissement des désirs, même les plus sublimes.

2. Gilles Farcet, *Arnaud Desjardins ou l'aventure de la sagesse*, La Table Ronde, 1987.

Pourtant, sa vérité intime lui tenait un tout autre discours, tel un cri du cœur : tant qu'il n'aurait pas vécu le grand amour, il ne pourrait pas être heureux. Voyant que son élève ne pourrait se libérer de cette croyance par la seule lucidité, la seule vision, Swâmiji ne lui intima pas de renoncer à son rêve au nom de la morale. Il ne chercha pas non plus à le raisonner par des arguments spirituels irréfutables. Il l'accompagna au contraire, pas à pas, dans ce qu'il savait pourtant être humainement une impasse. Ce n'était ni sadisme ni cruauté, mais au contraire la seule façon pour que son élève intègre dans sa chair la vanité de tout désir. Swâmiji n'avait eu ensuite qu'à laisser tomber cette phrase : « Être, c'est être libre d'avoir. Rien d'autre », pour qu'Arnaud en fût bouleversé à jamais. Des années plus tard, guidant à son tour des élèves sur la voie, Arnaud dira parfois à une personne éprouvée par une rude déception : « Humainement perdant, mais spirituellement gagnant », ce que cet épisode lointain de sa propre existence lui donnait toute l'autorité d'affirmer avec une confiance contagieuse.

Il citait aussi cette phrase de Dalida qui résumait si simplement la vérité au sujet du désir : « L'argent ne fait pas le bonheur, mais il n'y a que les riches qui le savent. » Cette connaissance que le désir ne comble jamais tout à fait l'espérance qu'on met en lui nous est révélée très tôt dans la vie : les remarques que j'ai entendues de jeunes enfants témoignent sans l'ombre d'un doute que le processus de « désillusion » est déjà amorcé à sept ou huit ans, peut-être même avant. Le terme de « désillusion » est à entendre rigoureusement comme son étymologie le suggère : la perte d'une illusion. Pour quelqu'un qui veut continuer de vivre dans le rêve, il s'agit indéniablement d'une perte. Pour un chercheur de vérité, c'est une bonne nouvelle. Le reste est une question d'intégration : combien d'expériences faut-il à chacun pour qu'il finisse par envisager autrement la recherche de la paix et du bonheur ? Pour un génie de la spiritualité comme Swâmi Prajnânpad, très peu. Pour la grande majorité d'entre nous, beaucoup !

Donc, à y regarder de plus près, on peut voir que le but du désir est l'extinction même du désir. En effet, tout accomplissement d'une demande est une tentative – plus ou moins habile ou maladroite – pour se défaire de cette tension qui prive de la jouissance de l'instant présent. Or, si la satisfaction d'un désir nous donne momentanément l'expérience d'une certaine paix, d'une saveur particulière parce qu'on s'est rapproché de la simplicité du « ici et maintenant », un nouveau désir ne tardera pas à se présenter et à nous exiler de nous-même, nous privant à nouveau du sentiment de complétude. Quelque chose me manque à nouveau, et c'est toujours dans cette tension vers un futur projeté que je me rêve enfin en paix, enfin complet. Dans cette perspective, l'expérimentation permet de comprendre par soi-même pourquoi le mécanisme même du désir est présenté par les traditions spirituelles comme une cause de souffrance, non parce qu'il est moralement condamnable, mais parce qu'il entretient une illusion perpétuelle.

Il n'est pas possible de résumer en un seul chapitre tout ce qui devrait être précisé sur le thème de la réalisation des désirs sur le chemin spirituel. C'est délibérément que je ne développerai pas ici la nuance essentielle entre besoins et désirs, le lien entre les désirs et l'inconscient, en particulier le fait que les désirs d'un adulte sont bien souvent les besoins insatisfaits de l'enfant… Il conviendrait aussi d'insister sur le fait que tous les désirs n'ont pas à être satisfaits, que certains peuvent tomber, finir par nous laisser en paix sans qu'on ait eu pour autant à les combler. Arnaud a consacré au seul thème du désir rien de moins que trois chapitres au fil d'ouvrages différents. L'un d'eux s'intitule *La jungle des désirs*… C'est en effet une jungle où il est très facile de se perdre, de s'illusionner soi-même, soit en se croyant prématurément libre, soit en justifiant une recherche réactionnelle et aveugle du plaisir, une vision hédoniste de la vie ne prenant aucune considération de la souffrance éventuellement occasionnée à autrui.

Le présent chapitre se veut avant tout une invitation à honorer l'énergie du désir, à se réconcilier avec elle, à ne pas aborder le chemin à partir d'une division intérieure : d'une part, mon aspiration spirituelle, ma quête d'Absolu, et, d'autre part, mes désirs mondains, relatifs, plus ou moins reconnus ou plus ou moins assumés. Il s'agit de tout voir, sans jugement, de façon parfaitement inclusive et d'avancer pas à pas avec la totalité de ce que l'on est, car c'est tout entier qu'on entre au paradis ou pas du tout. J'utilise ici le terme de paradis par commodité de langage, il désigne pour moi l'innocence originelle, la paix et l'harmonie parfaite.

Il s'agit d'assumer, par exemple, sans retenue et sans honte, le besoin d'être reconnu et de n'autoriser aucun porte-à-faux : si ce désir est là, je tente de le réaliser sans tricher, sans masque, sans fausse modestie. Le domaine de l'expression artistique donne à cet égard un champ d'expériences riches de possibilités. Régulièrement à Hauteville, et plus rarement à Mangalam, un spectacle amateur est organisé où quelques personnes en retraite se produisent tour à tour dans un numéro de chant, un sketch humoristique, une pièce de musique… Il est évident qu'au-delà de la joie que procure en elle-même toute pratique artistique, la décision de se produire en public implique le désir de partager, d'offrir aux autres le fruit de son travail. Monter sur scène traduit aussi un élan plus profond, celui de s'exposer dans une dimension particulière de son être. Les spectateurs découvrent alors avec délice les facettes souvent cachées de ces artistes d'un soir : leur sensibilité, leur humour ou leur audace se révèle à travers un numéro qui n'a peut-être pas la qualité d'une œuvre maîtrisée, mais là n'est pas l'important. Pour celui qui se retrouve momentanément sur les planches, c'est une opportunité d'être vu, reconnu et accueilli, l'espace d'un instant, par un public chaleureux et enthousiaste qui applaudira non seulement la performance, mais ce que l'artiste aura donné à entrevoir de lui-même. Je suis toujours très attentive à la façon dont les comédiens ou musiciens reçoivent alors les applaudissements de la salle. Au moment de recueillir ce qu'ils désirent et qu'ils ont mérité par des heures de répétition et pour avoir osé braver leur trac, certains détournent immédiatement le regard du public et retournent à la hâte prendre leur siège dans l'assistance, sabotant ainsi la possibilité de recevoir vraiment. D'autres prennent le temps de goûter pleinement le flot de reconnaissance qui se déverse généreusement sur eux depuis la salle. Ils savourent, dans la simplicité et l'innocence, la joie d'une gloire momentanée et l'assument sans honte ni fausse modestie. Venant de « se donner en spectacle » dans le meilleur sens du terme, plutôt que de disparaître furtivement dans l'ombre, loin des projecteurs, ils restent pleinement présents, ici et maintenant, pour recevoir à leur tour ce qui leur est adressé.

Cette façon de jouir de façon franche et honnête des fruits de l'existence est au cœur de la démarche proposée par Swâmi Prajnânpad. C'est pour cette raison que son enseignement a parfois été qualifié de tantrique. Encore faut-il s'entendre sur ce terme : le tantrisme n'a, en effet, rien à voir avec les pratiques plus ou moins fumeuses qu'on nous a souvent dépeintes en Occident, auréolant de mysticisme ou de sacré une activité sexuelle en fait totalement ordinaire, quand ce n'est pas pour justifier les abus d'un pseudo-maître sur ses disciples.

Là où la plupart des voies spirituelles se montrent méfiantes vis-à-vis des désirs, encadrant par des règles strictes ce qu'elles considèrent comme des obstacles et des occasions d'emportement, une voie tantrique invite à jouer avec le feu. C'est une voie délicate, qui ne demande pas qu'on renonce à quoi que ce soit, mais qui nécessite en contrepartie de faire preuve de discernement et d'une grande intégrité. La fidélité à soi-même implique par ailleurs le courage de payer sans rechigner le prix inhérent à la réalisation de tout désir. Sur une voie de ce type, il peut certes y avoir des enseignements collectifs, mais la guidance personnelle s'avère essentielle : on a besoin d'un véritable ami spirituel, de quelqu'un qui fasse preuve d'autant d'intégrité que d'habileté pour nous aider à nous frayer intelligemment un chemin dans la jungle de toutes nos demandes.

▪ ▪ ▪

Pour comprendre la place qu'occupe la réalisation des désirs sur la voie de Swâmi Prajnânpad, il est nécessaire de faire la distinction entre deux façons opposées d'en faire l'expérience.

Si l'on se réfère au vocabulaire sanscrit, on parlera de *bogha* ou de *upa-bogha*. *Bogha* qualifie l'appréciation consciente dans l'accomplissement du désir : c'est le chemin du tantrisme. Le terme de *upa-bogha* renvoie à l'emportement propre à l'attitude ordinaire et mécanique des êtres humains vis-à-vis des plaisirs et des désirs. Celle-ci est source d'aveuglement, d'illusion et de souffrance. Pour qu'ait lieu la maturation liée à la satisfaction véritable, à *bogha,* il faudra peu à peu renoncer à *upa-bogha*. Ce qui n'est d'ailleurs pas à proprement parler un renoncement : *upa* signifiant substitut, imitation, frelaté, y renoncer pour « la vraie chose » ne nous privera en réalité de rien, tout au contraire.

Ainsi la recherche du bonheur véritable implique tôt au tard la remise en question des émotions positives auxquelles nous sommes pourtant si attachés. On cherche dans la philosophie ou dans toute école de sagesse une façon de devenir authentiquement heureux et on considère généralement que les émotions négatives comme la haine, la peur, la tristesse, la culpabilité sont des obstacles à ce bonheur. On attend légitimement d'une méthode spirituelle qu'elle nous en libère. Mais rares sont les candidats à la sagesse qui considèrent d'emblée les émotions dites positives comme des manifestations tout aussi contraires à l'expérience du véritable bonheur[3]. Peu de gens arrivent sur la voie en suppliant qu'on les libère de leurs tendances à s'emporter dans la réalisation de leurs désirs, à se

3. Dans le lexique de Swâmi Prajnânpad, le terme d'émotion désigne le fonctionnement erroné du cœur, la « stupidité du cœur », quand le terme de sentiment est réservé à l'intelligence du cœur et évoque la compréhension et l'ouverture. Swâmiji nomme donc « sentiment » l'amour véritable, la joie, la paix, la gratitude, la compassion…

perdre de vue dans l'avidité, à se gonfler de vanité ou d'orgueil, ou à s'enivrer dans des formes de joie égocentriques. Toutes ces émotions relèvent plus de l'excitation que du sentiment, elles sont purement mécaniques, complètement dépendantes de l'extérieur, et nous maintiennent à la superficie de nous-mêmes, mais nous y sommes très attachés.

Aussi, nous aimerions pouvoir progresser sur le chemin en nous débarrassant des émotions négatives, tout en continuant de « profiter » (les guillemets sont importants) de ces émotions dites positives. Nous ne voyons pas tout de suite que les emportements dans le positif sont le revers de médaille de la négativité, qu'ils font le jeu de l'action/réaction et qu'ils nous soumettent, telles de pauvres marionnettes, aux oscillations d'un pendule qui partira aussi loin à gauche qu'il a été entraîné à droite. Il faut peu à peu en arriver à l'évidence que chercher à être heureux sans remettre en cause les émotions positives est aussi illusoire que d'essayer de résoudre un problème mathématique avec la moitié seulement des données nécessaires.

Au fur et à mesure que croissent le sentiment de sa propre présence et la conscience de sa « dignité intrinsèque et de sa noblesse intrinsèque », selon les termes de Swâmiji, l'excitation émotionnelle de *upa-bogha* perd de son attrait pour faire place à *bogha*. C'est alors la saveur du sentiment : sobre, durable, subtil, profondément nourrissant, qui devient le critère intime d'une vie réussie. Ce n'est pas qu'on renonce par la volonté aux émotions, mais, peu à peu, elles finissent par ne plus présenter le même intérêt à nos yeux ; comme le dit si bien le langage populaire : « on est passé à autre chose ».

Si nous reprenons le thème de la recherche de reconnaissance, nous voyons aisément que cette quête nous condamne au terrible jeu de la comparaison et nous plonge dans les hauts et les bas d'une estime de soi sans arrêt indexée sur le regard d'autrui. Comment cheminer peu à peu vers une sécurité intérieure, indépendante de l'appréciation extérieure, alors que cette demande impérieuse d'être reconnu crie encore en nous ? Réussir dans les domaines qui nous importent, se donner sans réserve pour recevoir la reconnaissance qui nous a tant manqué, est certes le premier secret. C'est nécessaire, mais non suffisant. Si cela seul devait nous conduire à l'Éveil du Bouddha, Hollywood serait le premier lieu de pèlerinage au monde où afflueraient les chercheurs spirituels venus à la rencontre des plus grands sages contemporains : stars adulées du cinéma ou de la musique. La seconde condition – essentielle pour émerger de cette insatiable quête – réside ailleurs. Et c'est le secret le mieux gardé : la qualité de présence de celui qui « savoure » un compliment, un succès, une gloire fait, à la longue, toute la différence. Mais cela implique un sursaut de vigilance alors même que les forces d'emportement nous aspirent dans une sorte de spirale enivrante.

Observez par vous-même votre état intérieur quand vous recevez enfin ce à quoi vous aspirez. Êtes-vous vraiment en train d'accueillir sans restriction ? Êtes-vous ouvert, détendu, ou au contraire mal à l'aise ? Prenez-vous sans aucune gêne le succès pour vous-même, comme vous appartenant, comme vous étant destiné personnellement ? Prenez-vous le temps d'apprécier la constance, les efforts que vous avez consacrés pour obtenir quelque chose et d'en concevoir enfin de la gratitude pour vous-même ? Êtes-vous établi dans le présent, ici et maintenant, immergé dans une sensation de contentement, de satiété, de complétude ?

Prenez tous les échantillons possibles, des plus anodins – comme un compliment sur votre bonne mine ou votre tenue vestimentaire – jusqu'aux plus conséquents comme une création personnelle ou la réussite d'un projet d'envergure. Vous verrez que des pensées parasites interfèrent constamment, sabotant la possibilité de se nourrir de ce qui est positif. Comme les pluies battantes de l'orage ruissellent sur un sol asséché sans jamais le gorger d'eau, les expériences agréables, les accomplissements, s'accumulent au cours d'une existence sans n'être jamais pleinement assimilées, sans jamais nous désaltérer.

I can't get no satisfaction est le triste sort de celui qui ne sait pas s'ouvrir, recevoir, goûter, apprécier, digérer et finalement intégrer le positif.

Des pensées très précises – chacun les siennes, en fonction de son passé, de ses traumatismes, de ses conditionnements culturels et familiaux – apparaissent de façon récurrente pour compliquer ce qui est pourtant si simple. La fausse croyance qu'on ne mérite pas ce qu'on obtient peut monter pernicieusement en nous et soulever une sourde culpabilité, voire une honte. L'interprétation que les compliments ne sont toujours que de simples politesses, voire des marques d'hypocrisie et non l'expression d'une véritable appréciation de la part de l'autre, peut empêcher toute possibilité de recevoir. Les jugements de valeur selon lesquels il serait superficiel, égoïste ou vaniteux de se « repaître » d'un succès nous mettent en porte-à-faux par rapport à notre désir de recevoir. La pression intérieure suggérant que rien n'est jamais assez nous maintient dans une tension perpétuelle vers le futur, exigeant que nous en fassions plus, vraiment plus, avant de mériter de nous asseoir et de nous détendre enfin dans la jouissance de l'instant présent.

Nous sommes conviés à un festin, et devant un vaste buffet aux innombrables mets succulents, plus raffinés les uns que les autres, nous nous comportons comme des goujats. Avec un manque complet de savoir-vivre, nous nous remplissons avec avidité et sans conscience, dans la peur du manque, incapables d'éprouver la joie innocente de la simple dégustation.

Tant qu'on est intérieurement divisé et mentalement agité, aucune nourriture ne peut vraiment combler et permettre de franchir un pas de plus sur le chemin de la maturité spirituelle. Tel un hamster dans sa roue, nous poursuivons une absurde course sans jamais voir notre paysage intérieur changer, ou si peu. Et le repos tant attendu est toujours pour demain.

On est porté à se souvenir d'un enseignement de sagesse quand tout va mal, quand la vie frappe fort, quand on est aux prises avec une émotion négative. Il est plus difficile de se rappeler du Grand But, de l'Absolu, du désir d'être vraiment libre au moment où la roue tourne en notre faveur, dans les moments de jubilation, quand tout va bien, qu'on est heureux en couple ou qu'on s'épanouit professionnellement. Quel dommage ! Cela m'évoque la phrase d'une personne venue en retraite plusieurs semaines à Mangalam. Sur le départ, alors qu'elle allait s'envoler pour des vacances à Cuba, elle nous dit au revoir en s'exclamant : « Et maintenant, je vais pouvoir m'offrir deux semaines de non-vigilance ! » Quel malentendu ! Être vigilant est une expression qui signifie tout simplement être présent, ce n'est pas un empêchement au plaisir, mais au contraire le seul contexte pour honorer au mieux ce que la vie nous offre. Pourquoi se payer un voyage de rêve si c'est pour y être absent ? Si, au contraire, vous êtes présent à chaque moment, prenant comme un cadeau personnel les rayons du soleil, la chaleur du sable, la transparence de l'eau, le guacamole et les cocktails… vous avez la garantie d'en avoir pour votre argent et même plus que pour votre argent. Dans ces conditions, la voie de la sagesse peut vous promettre sans mentir : « Satisfait ou remboursé ! », il n'y aura jamais de réclamations.

Prendre pour soi, c'est avoir l'audace de sentir : « c'est à moi, c'est pour moi ». Il est intéressant de revenir à l'une des définitions que Swâmi Prajnânpad donnait de l'acceptation, y associant la notion de possession habituellement suspecte dans le domaine spirituel : « Que veut dire accepter ? Adopter, prendre possession, faire disparaître tout caractère étranger… Quand un événement s'est produit, rien d'autre n'est possible… Le voir ainsi, le sentir ainsi et dire “ oui ”, c'est ainsi. C'est cela prendre possession[4.] » Ne nous y trompons pas, le défi de l'acceptation est à relever non seulement dans l'expérience du désagréable, mais, paradoxalement aussi, dans l'expérience de l'agréable.

Arnaud insiste à son tour sur l'importance de l'absorption consciente de toute expérience, positive ou négative, et indique que la conscience avec laquelle on les ingère est le chemin même de la maturité spirituelle. Utilisant un vocabulaire hérité de son expérience de quatorze ans dans les groupes Gurdjieff, il affirme : « La voie peut tout à fait être considérée sous cet

4. *Les Yeux ouverts*, L'Originel, 1989, p 140.

angle : l'art d'absorber et de digérer toutes les nourritures que l'existence nous impose, comme si nous devions absorber de force des aliments que nous n'aurions pas choisi de manger. En ce qui concerne la croissance intérieure, la manière plus ou moins vigilante dont nous absorbons les nourritures d'impression fait toute la différence[5]. » Dans le lexique de Gurdjieff, sont à considérer comme nourritures d'impression tout ce qui nous parvient par les cinq sens : les films, les paysages, les sons, les musiques, les lectures, les conversations, la sexualité, toutes les nourritures, des plus matérielles au plus subtiles.

La contrainte des désirs insatiables se relâche ainsi graduellement, non par l'accumulation de quantités d'expériences et de possessions, mais par la qualité de présence dans l'accomplissement lucide des désirs et dans l'appréciation consciente des plaisirs quotidiens. Pour cela, il n'est pas nécessaire que le miel de l'existence soit savouré dans la réalisation de désirs extravagants ou hors du commun, dans des accomplissements remarquables. Être riche, c'est vivre dans un état intérieur d'abondance et non de pénurie. Il suffit de s'immerger pour un temps dans une culture authentiquement traditionnelle et de se laisser toucher par certains visages pour avoir un aperçu vertigineux de cette réalité : le vécu de ce sentiment d'abondance peut accompagner des vies incroyablement simples et routinières, et même « pauvres » selon les critères de nos sociétés.

▪ ▪ ▪

5. Arnaud et Véronique Desjardins *La Traversée vers l'autre rive,* éditions Accarias / l'Originel, 2010. p. 209.

Il est un désir d'un tout autre ordre que les désirs ordinaires des êtres humains, c'est le désir de la Libération, de l'Éveil, le désir d'être libre du désir, d'être établi dans la Paix. Sa brûlure devient de plus en plus pressante au fur et à mesure que s'apaise l'agitation de tous les désirs relatifs. Cette quête d'Absolu, si nous l'honorons à son tour, ne nous laissera pas nous reposer sur les lauriers d'une existence relative réussie.

C'est un appel de la profondeur, une soif qui ne peut être étanchée qu'à la source vive qui bouillonne au-dedans de nous. « Le Royaume des Cieux est au-dedans de vous », selon la célèbre formule de l'Évangile. Cette aspiration s'est manifestée sous toutes les latitudes, dans toutes les civilisations et à travers toutes les époques, sous les formes les plus diverses. La même promesse universelle est véhiculée depuis des millénaires par les voies de transformation au cœur des plus vieilles traditions : du soufisme musulman au bouddhisme, de la mystique chrétienne au taoïsme, du hassidisme juif à l'hindouisme. D'aussi loin que les écrits ont pu nous parvenir, l'histoire humaine a été marquée par la vie de sages et de maîtres qui ont été les preuves vivantes de la plus haute potentialité de l'être humain.

Mais c'est une chose de s'émerveiller devant les plus beaux témoignages de la sagesse vivante, de cultiver une nostalgie d'Absolu par les lectures les plus inspirantes, et une tout autre d'entendre pour soi-même – vraiment et complètement pour soi-même – la grande promesse spirituelle, et d'avoir le courage d'en relever les défis. En 1965 – il n'a pas encore rencontré Swâmi Prajnânpad – Arnaud Desjardins a quarante ans. Il filme et photographie les plus grands sages de son temps. Il approche ces maîtres avec un sentiment d'admiration, d'émerveillement et un immense respect, tout en sachant que lui-même n'est engagé auprès d'aucun. Il doute confusément que l'espérance de la voie puisse s'adresser à lui. Jusqu'à ce que les maîtres tibétains l'interpellent pour lui faire comprendre que l'aventure spirituelle dont il se veut le porte-parole est pour lui, dans cette vie-ci. Dans la biographie que lui a consacrée Gilles Farcet, on lit le rôle que ces Tibétains ont joué dans sa destinée, alors qu'il les approchait derrière sa caméra, comme autant de sommets aussi majestueux qu'inaccessibles : « Non contents d'étaler sous ses yeux leur science de la sagesse, lamas et rinpochés ont l'audace de lui évoquer sa propre libération. Il est certes louable et juste de servir, ainsi qu'il le fait depuis des années, la cause de “la sagesse”, cette déesse dont il aime à exalter la beauté sans jamais oser l'approcher de trop près. Mais qu'en est-il donc de sa sagesse à lui ? N'est-il pas fatigué de se faire le chantre de la libération des autres sans prendre lui-même les moyens de s'évader de sa prison ? Telle est la question bouleversante, stupéfiante, que les Tibétains lui lancent comme un défi. Cette interrogation suscite d'abord en lui un étonnement incrédule. Se pourrait-il que lui, Arnaud, si éloigné de ces maîtres dont il admire de loin l'accomplissement, puisse un jour, dans cette vie, espérer dépasser ses désirs et ses peurs pour demeurer établi en cette immuabilité qui lui fait tant envie ? [...] Ne voilà-t-il pas que les plus grands lamas paraissent voir en lui un candidat crédible à l'illumination[6]. »

Les maîtres tibétains le pressaient de ne pas demeurer indéfiniment un amateur de spiritualité comme on est amateur d'art et lui disaient en substance : « C'est pour vous ! Dans cette

6. Gilles Farcet, *Arnaud Desjardins ou l'aventure de la sagesse*, La Table Ronde, p. 219.

vie-ci ! Engagez-vous vous-même, trouvez votre voie, trouvez celui qui vous guidera sur le chemin que vous aurez choisi d'emprunter et pratiquez son enseignement sérieusement. Parce que la promesse vous est faite à vous, ayez l'audace de la prendre personnellement. » L'un d'eux, Lama Sonam Zangpo, qui n'avait admis que trois élèves auprès de lui au terme de rigoureuses épreuves, proposera même à Arnaud de devenir un des leurs en demeurant auprès de lui pour au moins trois années, invitation qu'Arnaud – époux et père de famille – ne peut pas honorer. Son destin l'attend ailleurs. Quand le disciple est prêt, le maître apparaît. La suite de l'histoire sera la réponse à cet appel – cette provocation même – des maîtres tibétains : la rencontre avec Swâmi Prajnânpad, ce maître védantique inconnu demeurant dans la simplicité de son ashram du Bengale, et les neuf années d'ascèse intense menées sous sa guidance.

Quarante-six ans plus tard, incarnant à son tour la possibilité d'un tout autre niveau d'être, Arnaud enjoint ceux qui se sont engagés sur la voie d'oser faire confiance, eux aussi, à leur propre destin spirituel. « Dites-leur de viser haut ! » : tels sont les termes qu'il emploie pour que soit délivré en son nom ce qui allait être sa dernière instruction à ses élèves du Québec. C'était au printemps 2011 : un de ses proches collaborateurs s'apprêtait à venir en visite à Mangalam et, avant qu'il ne s'envole pour le Nouveau Continent, Arnaud lui avait confié cet ultime message. Quelques mois plus tard en effet, il allait être emporté, à l'âge de 86 ans, des suites d'une attaque cardiaque. Il délivrait dans ses mots le même percutant « C'est pour vous ! » des maîtres tibétains : il ne s'agit pas de rester d'éternels admirateurs de la sagesse et des sages, mais de se lancer de tout soi-même dans l'aventure. Comme toute parole prononcée sur le seuil d'un autre monde, cette instruction revêt la puissance d'un testament et condense tout l'amour qu'il voulait encore témoigner.

Après la mort d'Arnaud, Éric et moi avons eu maintes fois l'occasion de commenter cette phrase en réponse aux questions qu'elle a soulevées depuis. Nous avons constaté que, pour quelques-uns, ce « viser haut » d'Arnaud demeure mystérieux, incompréhensible ou presque dérangeant… En effet, que peut vouloir dire viser haut en matière spirituelle ? Comment cela peut-il être entendu sans aggraver encore la division en soi-même, sans se couper de ce que l'on est déjà ici et maintenant ? Comment ne pas percevoir cette phrase comme une injonction extérieure condamnant ce qui serait alors sa propre médiocrité ? Plutôt que d'apprendre à se satisfaire de l'instant, l'instruction de viser haut n'enfonce-t-elle pas encore plus le clou de l'insatisfaction, encourageant une fuite vers le futur, vers des lendemains qui chantent ? Enfin, viser haut spirituellement, n'est-ce pas là le comble de l'arrogance, la plus folle prétention de l'ego ? Folle prétention caricaturée par le dessinateur Voutch : un sage enturbanné, assis en posture de méditation au sommet d'un pic montagneux, reçoit un disciple agenouillé à ses pieds qui le prie : « Je veux accéder à l'humilité ! Je veux même devenir le numéro un mondial de l'humilité ! »

Oui, les mots sont limités et la coloration que nous leur donnons en fonction de nos conditionnements parentaux ou culturels induit forcément des interprétations. Qu'est-ce qui distingue en effet le « viser haut » d'un maître spirituel de toutes les innombrables pressions qui nous intiment de donner partout notre plein potentiel ? Celui du coach en développement personnel, de l'entraîneur sportif, du professeur de piano, du directeur des ventes, et celui des parents misant sur la réussite scolaire de leur progéniture ?

La difficulté est en effet d'entendre une telle phrase sans la ramener à l'idée de performance qui en est venue à obnubiler notre monde contemporain. Nous sommes devenus si coutumiers d'une mise sous pression permanente pour atteindre un idéal de soi et des objectifs toujours plus élevés que cette injonction peut polluer jusqu'à l'idée que nous nous faisons du chemin spirituel. Si nous n'y prenons pas garde, voilà que nous venons d'ajouter une couche supplémentaire d'instructions, de devoirs, d'obligations, une raison de plus de s'oppresser et de s'en vouloir de « n'être que ce qu'on est » ! Mieux vaudrait alors n'avoir jamais rencontré un chemin ou un sage si c'est pour ajouter un motif supplémentaire de refus de soi-même. Mieux vaudrait continuer de vivre une existence sans qu'il ne soit jamais question de spiritualité que de se torturer en se comparant à un idéal de sagesse. C'est cette violence absurde envers soi que dénonce Fabrice Midal dans son essai dont le titre dit tout : *Foutez-vous la paix ! Et commencez à vivre !*

Viser haut n'a pas grand-chose à voir avec la performance. C'est oser être amoureux du But et oser être amoureux du chemin qui conduit au But. Si je suis amoureux du chemin, pas à pas, il ne peut y avoir de refus : à chaque instant tout est là, toutes les conditions sont réunies pour me permettre de prendre appui sur moi-même tel que je suis et de m'approcher un peu plus de ce que les soufis appellent le « Bien-Aimé ».

Celui qui se languit de sa bien-aimée porte en son cœur un élan qui justifie tous les efforts pour la retrouver, le courage de relever tous les défis sur son chemin, et ce sentiment brûlant, ce *longing* est en lui-même sa propre récompense. Viser haut n'est pas un acte volontaire du moi, c'est au contraire un lâcher-prise devant la force d'attraction qui – depuis les fondements de l'être – veut rejoindre « Le Très-Haut », l'Absolu. Il s'agit donc d'une détente plus que d'une tension : ne plus avoir peur de la demande d'Absolu en soi. C'est la reconnaissance du plus profond et du plus puissant désir de l'être humain. C'est la décision de l'honorer coûte que coûte.

On peut passer une existence à lire des livres de spiritualité, consacrer des heures à l'étude et à la méditation, faire des retraites dans les lieux les plus austères, « travailler » sur soi-même, avec en arrière-plan cette conviction que, dans le fond, ce n'est pas pour moi, que je ne le mérite pas, que je n'en suis pas capable, que je suis trop névrosé, trop vieux, pas assez ceci ou trop cela. Quelle incohérence et quelle tristesse ! C'est cela que l'instruction d'Arnaud tente de contrecarrer. Viser haut – pour peu qu'on l'entende vraiment pour soi-même – sape à la base cette vague impression d'imposture qui sabote notre élan naturel, comme si notre candidature manquait de crédibilité, comme si nous étions – tels que nous sommes – encore indignes du But.

« Celui qui veut atteindre la Libération dans cette vie – et non pas se faciliter la tâche avec une fausse modestie qui consiste à dire : “Non, la Libération, c'est pour les grands Sages de l'Inde et les grands Yogis tibétains, ce n'est pas pour moi pauvre pécheur” – celui-là peut savoir qu'il n'y a pas d'empêchement rédhibitoire à cette Libération. Le seul empêchement, c'est le manque de détermination. C'est une vague envie tiède de se libérer. De l'intense désir de libération, rien ne peut empêcher la satisfaction[7]. » Cette affirmation d'Arnaud Desjardins fait écho à celle, presque provocatrice, de la philosophe Simone Weil : « En matière spirituelle, toutes les prières sont exaucées. Celui qui reçoit moins, c'est qu'il a moins demandé. »

À la différence de tous les autres domaines où l'on s'exerce dans l'intention d'accomplir un but, le chemin est davantage une question de perdre ce que nous avons en trop que de gagner ce qui nous fait défaut. Nous sommes déjà ce que nous cherchons, plus ou moins recouverts par des couches d'illusions et de complications en tout genre. De ce point de vue, nous sommes tous égaux en dépit des apparences. Tels les passagers d'une montgolfière qui s'apprête à s'élever dans les cieux, notre tâche consiste à couper une à une les cordes qui retiennent les sacs de sable lestant encore la nacelle. C'est en se défaisant du trop, des masques, des faux-semblants, des empreintes du passé, des conditionnements négatifs imposés par l'éducation et la culture que nous laissons l'ascension se produire naturellement. Mais le ciel dont il est question ici est au-dedans de nous.

Arnaud racontait souvent cette histoire traditionnelle où il est question d'un bébé tigre recueilli par un berger qui décide d'en prendre soin, de l'élever en l'intégrant à son troupeau. Dans cette allégorie, le tigre représente la créature majestueuse, indépendante et noble, et le mouton, la créature faible, soumise à la peur et donc dépendante, cherchant la sécurité du

7. Arnaud Desjardins, *À la recherche du soi, Adhyatma Yoga,* tome 1, chap. « L'état sans désir », La Table Ronde, 1977, p. 205.

troupeau, du berger et de son chien. Sécurité tout illusoire d'ailleurs puisque le berger ne surveille son troupeau que pour son propre intérêt : il voit en chaque agneau la promesse d'un gain ou d'un bon repas. Ce petit tigre élevé dans un troupeau s'identifie aux moutons autour de lui au point qu'il pense être un des leurs, cherchant à brouter l'herbe et à bêler comme eux. Un jour, un tigre adulte passe dans les environs, il entend ce piteux bêlement et comprend qu'un jeune tigre vit au cœur d'un troupeau dans l'illusion d'être lui-même un mouton. Son entreprise s'avérera aussi délicate que celle d'un ami spirituel : sortir ce jeune tigre de son illusion et lui révéler sa vraie nature.

Je ne rentrerai pas ici dans tous les détails de cette métaphore qu'Arnaud racontait merveilleusement : comment le tigre adulte tente d'initier le jeune tigre à une nourriture adéquate pour sa croissance, comment il l'invite à pousser son premier rugissement… Vient un moment où le jeune tigre, encore persuadé d'être un mouton, consent à accompagner le tigre adulte au bord d'un ruisseau pour apercevoir à la surface de l'eau le reflet de son propre visage. Son monde illusoire vacille alors et la réalité de sa nature majestueuse s'impose comme une évidence. Pour ma part, cette histoire qui met en scène toute la résistance de ce jeune tigre à intégrer sa véritable nature reste gravée en moi, depuis le premier jour où je l'ai lue, il y a trente ans, jusqu'à aujourd'hui, comme la plus puissante métaphore du chemin et du rôle de l'ami spirituel.

On pourrait dire qu'il serait ridicule de dire à ce bébé tigre de viser haut, puisqu'il est déjà l'être le plus sublime, le plus noble qui soit. Il n'a rien à accomplir pour devenir quoi que ce soit qu'il ne soit pas déjà. Il n'est donc pas question d'ambition mais de révélation. Dans le monde des moutons, en revanche, proclamer qu'il est tigre ou, plus fou encore, proclamer qu'il pourrait changer pour en devenir un à force d'efforts est plus qu'une prétention, c'est une arrogance totalement déraisonnable.

Ainsi, être fidèle à nous-même tel que nous sommes, ici et maintenant, inclut non seulement une fidélité à nos propres limites, à nos blessures non cicatrisées, à nos désirs relatifs non encore accomplis, mais aussi la fidélité à notre véritable nature, à notre noblesse intrinsèque et à notre dignité intrinsèque, à l'Absolu que nous sommes déjà et qui ne demande qu'à être enfin reconnu. L'engagement sur une voie spirituelle est un acte de loyauté – non pas déclaré une fois pour toutes, mais maintes fois réitéré – envers la totalité de ce que nous sommes, du relatif à l'Absolu.

Le père du mensonge

■

Éric

« *Le monde mental ment monumentalement.* »
Jacques Prévert

Un père dit à son garçon : « Mon fils, là où il y a une chose tu en vois deux. » Et le fils lui répond : « Mais si c'était vrai, papa, il y aurait quatre lunes, là-haut, au lieu de deux ! »
Histoire soufie

Pour bon nombre de personnes qui se considèrent engagées sur une voie spirituelle, il y a un immense malentendu : celui qui consiste à croire que, tels que nous sommes, mais à condition d'ajouter des prières, des chants dévotionnels, la répétition de mantras, des pratiques de yoga ou de méditation, des disciplines de tai-chi ou de qi gong ou même encore des exercices exigeants empruntés à n'importe quelle tradition spirituelle, nous allons pouvoir ainsi nous rapprocher de notre but et atteindre un jour *moksha*, la Libération. Cette conception courante, que l'on retrouve même auprès de personnes empruntant depuis de longues années une voie spirituelle authentique, comporte un danger puisqu'elle se fonde sur l'idée que la voie consiste à apporter des ajouts à ce que nous sommes intrinsèquement, plutôt qu'à retirer les voiles qui recouvrent notre véritable nature. Certes, d'un point de vue relatif, un certain type d'entraînement peut produire des effets objectifs et positifs : si on a de grandes raideurs physiques et qu'on pratique le yoga, le corps va s'assouplir et se délier ou si on pratique assidûment la méditation, on va pouvoir constater certains effets bénéfiques, autant sur le plan physique que psychologique. De tels résultats peuvent même contribuer à renforcer l'erreur initiale dans la mesure où ils nous convainquent de persévérer dans la même approche quantitative. C'est la raison pour laquelle Swâmiji contestait l'expression courante de « vie spirituelle » comme s'il y avait une « spiritualité » à additionner à la vie elle-même.

Le moi peut endosser toutes sortes de costumes et il peut très bien se déguiser en personnage « mystique » pour chercher à se duper lui-même tout autant qu'autrui. Un jour, un élève d'Arnaud lui avait demandé, en voyant toutes les photos de sages qui figuraient sur les murs de l'ashram : « Mais qu'est-ce qu'ils ont de plus que nous ? » Et Arnaud avait rétorqué sans une hésitation : « Qu'est-ce qu'ils ont de moins ! »

Dans ce contexte d'appropriation par le moi d'exercices à vocation spirituelle, il ne vient pas à l'esprit de remettre en question « celui » ou « celle » qui pratique puisqu'il est sous-entendu que c'est en rajoutant ce qui nous manque que nous allons progresser. C'est d'ailleurs ainsi que cela se passe dans le monde ordinaire, à commencer par nos débuts de formation en tant qu'écoliers. Par la suite, la même conception persiste, mais transposée dans le monde de la spiritualité. Il s'agit toujours d'avoir : avoir des connaissances, avoir des expériences, y compris avoir des expériences transcendantes.

Par définition, l'œil ne peut pas se voir lui-même et, de la même façon, le mental ne peut pas se voir lui-même. Or, c'est bien là le point crucial : puisqu'il est question de libération, de quoi s'agit-il de se libérer exactement ? Toutes les traditions spirituelles, envisagées non pas dans leur aspect le plus extérieur mais en tant que voies de transformation intérieure, soulignent la présence d'un dysfonctionnement en l'homme qui l'empêche d'accéder à la vérité. Ce dysfonctionnement est ce qu'on pourrait appeler en français « le mental », *mind* en anglais qui provient de la même origine latine *mens* d'où est issu le terme « mensonge ». L'Inde ancienne l'a appelé *manas* en sanscrit.

Selon les explications que nous apporte le Vedanta, le mental possède un double pouvoir : le pouvoir d'obnubilation et le pouvoir de projection. Ce sont, en définitive, les deux aspects d'un même processus. Le mental cache la vérité de ce qui est (obnubilation) et lui substitue dans le même mouvement une réalité fictive de son propre cru (projection). Il est par conséquent la cause première de l'illusion et du cortège de souffrances qui en découle.

L'exemple classique utilisé en Inde pour illustrer cette méprise est celui de la corde qui dans la pénombre est confondue avec un serpent. Bien sûr, dans le monde occidental moderne, cet exemple nous parle moins, car il n'y a plus de chars à bœufs et les cordes abandonnées sur les chemins se font plutôt rares. Cependant, la signification profonde demeure : le mental, dans sa fausse perception, croit « voir » un serpent et cela engendre immédiatement une émotion de peur. Cette perturbation est donc la conséquence d'une erreur, d'une fausse vision. La réalité est occultée en tant que telle et elle disparaît du champ de la conscience, car le mental lui substitue autre chose du fait d'un grossier jeu de ressemblance. Il ne tient pas compte de la réalité (c'est-à-dire de la vérité de ce qui est dans l'instant) et peut alors tout se permettre. Il n'y a en effet aucune limite quant à la possibilité de « produire » une illusion. L'approche de l'Advaïta Vedanta se condense dans l'énoncé selon lequel « la vérité est une sans un second ». Le mental crée un second, ainsi que le souligne aussi l'histoire soufie citée en exergue de ce chapitre.

Pour le chercheur, le défi ne consiste pas à passer de quatre lunes à deux, mais bien de passer de deux lunes à une. Le fait de présenter ce dilemme de façon légère et plaisante ne doit pas nous faire oublier la gravité de l'enjeu et l'ampleur de la difficulté. *It is not a joke*, « ce n'est pas une plaisanterie », disait Swâmiji. Par lui-même, le mental ne passera jamais tout seul de la dualité à l'unité. On dit en Inde que si le chef des brigands organise une battue pour capturer le chef des brigands, ils ne le trouveront jamais. « Comment Satan peut-il chasser Satan ? », lit-on dans l'Évangile de Marc (3, 23).

L'intention essentielle d'un élève qui s'engage auprès d'un maître spirituel est de trouver une aide suffisamment éclairée et puissante pour le guider hors des pièges de son propre mental. La partie qui se joue alors n'est pas anodine car, étant donné l'importance de l'enjeu, des forces et des énergies insoupçonnées entrent en œuvre pour livrer un combat qui prend parfois des allures titanesques. Il s'agit d'engager une lutte sans merci contre ce que Ramana Maharshi a appelé le « Grand Hypnotiseur ». La célèbre sage indienne Mâ Anandamayi remarquait que, étant donné la nature de la *sadhana* elle-même, c'est-à-dire de l'ascèse et du travail spirituel, ce n'était pas nécessairement dans un ashram qu'on allait trouver la paix ! Dans la mesure où tous les aspects les plus sombres et négatifs doivent être ramenés au grand jour, ce qu'elle assimilait à un « récurage de la mare » allait nécessairement générer, par moments, quelques odeurs nauséabondes. La nature réelle de cet enjeu n'est pas toujours bien appréhendée, y compris par des chercheurs sincères et parfois engagés depuis longtemps sur un chemin spirituel.

Lorsqu'une croisée de chemins se présente et que l'on se trouve sur le point d'être sérieusement remis en question dans un aspect ou un autre du mental, la tentation peut être forte de justifier sa résistance ou sa révolte, ou même encore de prendre la fuite pour protéger une illusion tenace. Socrate lui-même se comparait à un poisson torpille qui malmène les opinions auxquelles les élèves restent fortement attachés comme si cela impliquait leur propre survie. C'est dans cette même perspective que le maître tibétain contemporain Chögyam Trungpa Rinpoché pouvait dire que le maître est là parfois pour nous « malmener » (*to insult you*) et nous défier de toutes sortes de manières dans les identifications propres à l'ego. Il ne nous provoque pas au sens ordinaire du terme, avec un langage grossier ou humiliant, mais il se tient résolument en face du mental de son disciple pour le confronter avec compassion et habileté, mais sans aucune concession par rapport à la vérité elle-même.

Swâmi Prajnânpad, quant à lui, définissait sa fonction de maître spirituel en disant simplement : « Swâmiji arrache les masques. » Il était bien placé pour reconnaître que le mental « est complexe, trompeur, retors, dissimulateur, calculateur, fuyant, insaisissable, rempli de contradictions, toujours en opposition ». Swâmiji mettait en garde contre cet ennemi intérieur car, disait-il encore, « le mental est suffisamment retors pour vous tromper et se tromper lui-même ». De la même façon, Jamyang Khyentsé Rinpoché le comparait à un politicien retors, expert dans la fourberie et la ruse, « fort astucieux dans les jeux de la tromperie ».

Il ne faut donc pas s'étonner que le mental ait pu être comparé à toutes sortes d'animaux : à un « singe fou », selon Mingyur Rinpoché, à un buffle, à un tigre ou encore à un perroquet. Pour Longchenpa, « le mental est comme un chameau obstiné » ! Voilà de quoi faire réfléchir, car c'est bien en nous-mêmes que réside un tel animal. Même si les descriptions diffèrent, il s'agit toujours du même fonctionnement qui a pu être nommé Satan, ou *Sheitan* en arabe, c'est-à-dire « l'Adversaire ». Très clairement dans les Évangiles, lorsqu'est mentionné « le Malin », il s'agit du mental. Le terme est parfois traduit par « Mal » ou « Mauvais », mais il ne faut pas pour autant verser dans une interprétation qui serait uniquement d'ordre moral[1]. L'évangile de Jean le qualifie de « menteur et père du mensonge » (8, 44) ou encore « prince de ce monde » (12, 31). Ceci donne tout son sens et sa force à la prière qui demande : « Délivre-nous du Malin » (Mt 6, 13), car telle est au fond l'aspiration de tout chercheur spirituel conscient de la nature réelle de ce qui l'emprisonne.

L'un des quatre piliers de l'enseignement Adhyatma Yoga tel que Swâmi Prajnânpad le présente consiste en *manonasha*,

1. Voir sur ce thème mon livre *Jésus parlait araméen,* Les éditions du Relié, 2012, p. 59-81.

c'est-à-dire la destruction du mental. Une autre expression sanscrite, *manolaya* – dissolution du mental –, propose un programme identique.

La question qui demeure est la suivante : en quoi tout cela me concerne-t-il ? Beaucoup d'entre nous sont déjà familiers avec le fait qu'il s'agit d'échapper à la dualité, sans pour autant prendre la pleine mesure de ce que cela implique. Le simple fait de ne pas se laisser guider de façon honnête et rigoureuse sur la voie expose le candidat à la sagesse aux risques de se fourvoyer dans ses propres illusions. Les soufis disent ainsi : « Celui qui n'a pas de maître a pour maître Satan. » Et même lorsque, en apparence, toutes les conditions sont réunies, c'est-à-dire lorsqu'on est prêt à s'ouvrir et à s'exposer à un guide qualifié, la partie n'est pas pour autant gagnée ; elle ne fait même que commencer. Il est facile d'adhérer intellectuellement aux grandes vérités qu'expose le Vedanta sans pour autant les pousser bien loin dans son expérience personnelle.

En étant parfois placé par son maître au pied du mur de sa propre réalité, Arnaud a été prémuni d'un tel danger. C'est ce qui lui a permis de faire cette déclaration qui peut paraître paradoxale : « Swâmiji m'a sauvé de l'Advaïta Vedanta. » Je pourrais en dire tout autant, car ma formation en philosophie à la Sorbonne ne me prédisposait pas à autre chose qu'à apprendre à jouer avec des concepts. Lorsque je me suis retrouvé au Bost, assis en face d'Arnaud dans sa chambre d'entretien, et que ce dernier, un jour, s'est levé en me disant qu'il allait mimer la manière dont j'entrais dans la pièce, j'ai bien été obligé de me rendre compte qu'il s'agissait de tout autre chose ! En imitant mon attitude physique qui se voulait pleine de vigilance et de révérence, Arnaud me renvoyait en réalité toute ma rigidité et mon manque de naturel. Au nom d'un zèle excessif et de ce qui me semblait alors être une attitude d'humilité et de déférence, je n'étais pas en mesure de le regarder tout simplement dans les yeux.

Une autre fois, il avait coupé court à mes propos en me disant : « Vous ne venez pas ici pour trouver quelqu'un à qui parler. » À l'évidence, on n'était pas dans le cabinet d'un philosophe ni même d'un psychologue. On ne se retrouvait pas là non plus pour ergoter sur des notions spirituelles en vogue, mais bien pour se laisser remettre en cause et s'impliquer afin d'être démantelé dans les aspects les plus retors de son propre mental. « Croyez-moi, il ne peut y avoir assez de déconstruction », affirmait Nisargadatta Maharaj. Le regard perçant de ce maître reflétait en lui-même la nature même du travail à entreprendre : « Regardez l'irréel comme tel. En éliminant tout ce qui est faux s'ouvre le chemin de la Vérité.

Ce travail de purge mentale est essentiel. » Le disciple, pas tant d'un maître que de la Vérité, va parfois devoir rassembler tout son courage pour participer à une subtile chirurgie. Subtile, car le mental ne se laisse pas attraper si facilement. Il ressemble beaucoup à *L'Arlésienne* d'Alphonse Daudet : on en entend beaucoup parler sans que personne ne la voie jamais.

Il faut une bonne structure psychologique de base pour être en mesure de se laisser découvrir ainsi et accepter d'être pourfendu dans les mensonges auxquels nous sommes le plus identifiés. Le titre d'un livre de Mark Epstein est révélateur à cet égard : *Tomber en morceaux sans s'effondrer*[2]. Oui, perdre sa fausse personnalité sans se laisser entraîner dans sa dissolution est l'enjeu d'une *sadhana* véritable. Les images et les métaphores ne manquent pas pour illustrer ce processus de destruction du mental. « Le mental, disait Swâmiji, est comme un tricot au dessin compliqué. Prenez un fil et tirez : le tricot se défait complètement. Même s'il est très élaboré, le dessin disparaît sans laisser de trace. »

Le maître soufi Hadj Adda Bentounes (1898-1952) de la confrérie Alawiya reprend une image identique : « Le disciple est comme une étoile sur un tapis de laine. Étoile brillante, il est attaché à son nom brillant, à la brillante forme d'étoile. Mais avant d'être une étoile, il a oublié qu'il est de la laine. Alors, pour lui faire comprendre ce qu'il est, il faut que le maître, fil après fil, effiloche tout le tapis ; et ainsi, il fait goûter au faqir qu'il est de laine avant d'être une brillante étoile. Effilocher le tapis, c'est effilocher aussi la pauvre petite étoile ; et c'est cela qui nous fait mal[3]. » Au cours de ce processus, on découvre que ce n'est pas – contrairement à ce que l'on pense – la vérité qui est douloureuse, mais plutôt la perte de l'illusion. Lorsqu'on est attaché ou identifié à une opinion, une croyance ou un jugement, la remise en question de cette fausse conception ou perception est ressentie comme une atteinte à sa propre intégrité. Et si cette opinion nous concerne nous-mêmes, alors cet attachement est encore plus fort et la remise en cause encore plus menaçante. Pour traverser avec succès ce qui est ressenti comme une épreuve, il faut, comme le soulignait le maître américain Lee Lozowick, « une impitoyable honnêteté envers

2. Mark Epstein, *Going to Pieces without Falling Apart*, Broadway Books, 1998.
3. Jean Biès, *J'ai dialogué avec des chercheurs de vérité*, éditions Retz, 1979, p. 80-81.

soi-même », mais il faut aussi, avec cette soif ardente de vérité, une atmosphère de sacralité, une forte aspiration à se libérer de nos limitations et une confiance en la personne qui nous accompagne au milieu de ces eaux momentanément troublées.

Tous ces éléments sont nécessaires et participent à un contexte spirituel approprié, mais il y faut aussi un autre ordre d'influences et d'énergies à même de servir de catalyseur dans un processus qui s'apparente à une transformation alchimique. Arnaud a déclaré un jour qu'« il est plus facile de sortir de la drogue par les Narcotiques Anonymes que de sortir du mental ». Et il ajoutait que c'était proprement impossible sans l'intervention de certaines influences spirituelles.

Si l'on ne comprend pas l'enjeu véritable que représente la destruction du mental, il est alors difficile d'admettre ce qui précède : cette réalité sera au pire ridiculisée et au mieux banalisée. Il est pourtant prudent de réfléchir sur ce que, dans ce qu'elles ont de plus pur, les traditions spirituelles attestent depuis des siècles. Car les conditions dans lesquelles ce travail peut s'effectuer ne peuvent pas s'improviser : il faut une compréhension suffisante de l'enseignement dans lequel il s'insère et une capacité à se soumettre à une certaine discipline. En cela, *manonasha* diffère radicalement de toute approche psychologique et psychothérapeutique moderne : il ne s'agit pas seulement de redresser des distorsions, mais d'éradiquer le mental lui-même qui ne cesse d'obnubiler la réalité. Il y a certes des degrés dans la confusion et la manière de se fourvoyer dans les mensonges. Swâmiji évoquait la possibilité d'un mental anormal (*abnormal mind*) qui déforme grossièrement l'évidence et s'empêtre dans sa propre complexité. Un mental anormal est en quelque sorte un dysfonctionnement au second degré car, du point de vue spirituel, l'anormalité commence dès l'apparition du mental lui-même. Quelle que soit l'approche, aucun travail thérapeutique contemporain ne vise à dépasser la dualité ordinaire que génère le mental. Tel n'est tout simplement pas le propos puisqu'on ne parle pas de l'intégralité d'une voie. On pourrait, par exemple, retenir ici une des définitions possibles que nous a données Arnaud de la destruction du mental : « C'est la destruction de la conviction que notre bonheur dépend des circonstances extérieures. » Voilà qui annonce une révolution complète dans notre manière de voir les choses. La destruction – ou la déconstruction – de cette conviction va passer par une étude minutieuse des fausses lois que le mental a élaborées peu à peu. Ceci ne peut se faire qu'en remettant en question à fond l'expérience courante et en osant poser comme postulat que notre façon de percevoir – aussi répandue soit-elle – n'est pas le fin mot de l'histoire. Après tout, n'est-il pas dit dans les Écritures que « sagesse aux yeux des hommes est folie aux yeux de Dieu » ? Si le mental nous a très tôt convaincus que le bonheur ne peut dépendre que des circonstances extérieures favorables, comment nous a-t-il également appris à réagir lorsque se présentent des situations défavorables ? Et si notre expérience est profondément enracinée dans des habitudes, comment est-il possible de nous extraire de ces forces d'inertie qui nous sont devenues comme une seconde nature ? Les tendances erronées et persistantes ne peuvent s'effacer que par un travail sur les *samskaras* (les empreintes inconscientes) et les *vasanas* (les désirs qui en sont issus). Un tel travail, « in-con-tour-nable » selon Arnaud, participe à saper les bases sur lesquelles le mental s'établit. De la sorte, l'approche est globale et cohérente. Même si l'on n'a pas encore parcouru l'ensemble du territoire, le terrain est quand même balisé par l'expérience vécue de ceux ou celles qui nous précèdent. En effet, il est impossible de se lancer au hasard dans une telle aventure intérieure sans avoir un minimum de confiance et de garanties !

Pendant longtemps, les possibilités de voir par soi-même là où le mental nous joue des tours sont pratiquement nulles. On peut être une personne très cultivée ou très sophistiquée intellectuellement, et rester en même temps la marionnette impuissante de forces inconscientes. À partir d'une perception fausse de la réalité, toutes les dérives sont possibles. Or cette perception fausse de la réalité est elle-même très difficile à percevoir et il ne s'agit pourtant ici que de la simple réalité relative. Le mental est un expert dans l'art de la déformation et, à un cheveu près, on peut passer à côté de ce qui est[4].

Je me souviens d'une période des débuts de l'ashram québécois au cours de laquelle non seulement ma vie personnelle avait été brusquement bousculée, mais aussi, en conséquence, la possibilité d'un bon fonctionnement de l'ashram lui-même. Tout juste après m'être marié avec ma première épouse, nous avions quitté la France pour venir nous installer au Québec et fonder l'ashram. Quelques années plus tard, elle décida de se séparer, quittant du même coup le rôle central qu'elle occupait dans le lieu, car elle était responsable non seulement de la cuisine,

4. Cet aspect qui caractérise le propre même du mental en fabriquant *ce qui devrait être* peut être caricaturé de façon humoristique. En voici quelques exemples : « Qu'est-ce qu'une balle perdue ? – C'est une balle qui sort de sa trajectoire et tombe à côté de son point d'impact ! » Le personnage de bande dessinée *Le Chat* de Philippe Geluk fait cette remarque : « Si le capot avant de ma voiture avait trente centimètres de plus, j'arriverais plus vite à destination. Bien sûr, sur un trajet cela ne se voit pas, mais à la fin de l'année, ça finit par chiffrer ! » Ou encore : un jeune homme anglais a été invité à passer un week-end dans une majestueuse demeure. Un ami lui demande s'il a passé un bon week-end. Et il lui répond : « Si la soupe avait été aussi chaude que le vin, le vin aussi vieux que le poulet, le poulet aussi tendre que la servante, la servante aussi entreprenante que la duchesse, alors j'aurais passé un excellent week-end ! »

mais aussi de l'intendance, de l'accueil des résidents ainsi que de tous les détails de la vie au quotidien. J'en avais informé Arnaud en tentant de me situer au mieux, avec le plus d'objectivité et de sobriété dont j'étais capable. Et je lui énonçai ainsi les choses : « Arnaud, la situation est complexe. » Il avait alors esquissé un sourire tout en me reprenant : « Ne dites pas "complexe", dites "inattendue, originale" ! » J'avais été saisi par cette rectification, car mon effort consistait à rester le plus neutre possible et je ne percevais pas d'émotion particulière. Pourtant, derrière la sobriété de mon langage, Arnaud avait décelé une coloration du mental et une sourde inquiétude. J'avais été alors frappé de constater à quel point, tout en étant sincère, je m'étais fourvoyé sans m'en rendre compte. Je croyais voir la situation telle qu'elle était et y faire face avec dignité, alors que j'étais sujet à une subtile déformation dans la manière dont je la percevais. Cet exemple m'avait rappelé une parole de Maître Sosan, le troisième patriarche du Ch'an à propos de la « grande Voie » : « S'en éloigne-t-on de l'épaisseur d'un cheveu, c'est comme un gouffre profond qui sépare le ciel et la terre. » Que ce soit au sujet de la simple réalité qui nous entoure ou de l'enseignement spirituel lui-même, l'œuvre du mental est toujours la même : elle nous plonge dans des abîmes de confusion et de souffrance. L'acharnement avec lequel il faut s'attaquer au mental n'est donc pas l'expression d'une sorte de fanatisme quelconque, mais plutôt le fruit d'une compréhension profonde selon laquelle on est en présence de la racine de nos maux : le mental génère la souffrance en produisant une pensée fausse que nous confondons avec la vérité. Avec autant d'humour que de justesse, Mark Twain le souligne ainsi : « Ma vie a été remplie de terribles malheurs dont certains sont vraiment arrivés ! »

Une connaissance plus poussée de soi-même – tout autant qu'une observation lucide d'autrui – nous amène à constater la puissance des opinions et des conditionnements tout comme celle des croyances et des fausses lois qui s'établissent sur la base d'une interprétation de nos expériences. Christiane Singer avait évoqué ainsi le cas d'un homme qui avait, par erreur, été enfermé dans un wagon frigorifique et qui était mort de froid alors que la climatisation n'était même pas branchée. Le mental est une machine à fabriquer de la souffrance et, malheureusement, il peut exister une sorte d'entêtement pour maintenir et protéger sa fonction destructrice. Arnaud m'avait confié, un jour, au sujet d'une personne : « Je connais toutes les ruses de son propre bourreau. » Se dégager de l'emprise d'un tel bourreau est l'une des choses les plus difficiles qui soient. Et même si on peut bénéficier d'une aide éclairée, habile et empreinte de compassion, l'entreprise n'est pas aisée pour autant.

La principale difficulté vient du fait que l'on est identifié au mental de telle sorte que lorsque celui-ci est remis en cause, c'est comme si c'était notre être même qui était menacé. Swâmiji faisait la distinction entre *you and your mind,* « vous et votre mental ». Sans cette distinction clairement établie en nous, il est difficile, voire impossible, de cheminer vers plus de liberté. Si nous comprenons que le mental fait notre propre malheur et qu'il s'oppose par conséquent à notre épanouissement, sa disparition ne peut plus être perçue comme une catastrophe. Et celui qui nous aide à nous en libérer est considéré comme un allié, un véritable ami. Lorsque le mental s'efface, cette force de vie et d'expansion qui nous habite ne rencontre plus d'obstacles. On pourrait ainsi comparer le mental à une chape de béton qui empêche l'herbe de pousser. Bien sûr, il arrive parfois que le béton se fissure et laisse passer quelques touffes d'herbe. Néanmoins, on peut quand même être en droit d'aspirer à beaucoup plus que cela !

Avec le recul de plus de quarante années de *sadhana* ainsi que l'observation de nombreux élèves autour d'un maître, je ne peux que constater que *manonasha* est l'enjeu le plus délicat d'un cheminement spirituel. Les forces à l'œuvre sont d'une puissance phénoménale qui a pu être comparée à un véritable champ de bataille ou à une guerre sainte intérieure. Et si l'on doute de la réalité de telles forces, il suffit de jeter un regard lucide sur la marche actuelle de notre monde pour en reconnaître la manifestation dans une version amplifiée. « Le Malin vient et s'empare », peut-on lire dans l'Évangile de Matthieu (13, 19), et cela peut être vrai, y compris au sein des écoles spirituelles elles-mêmes. Satan n'a pas grand intérêt à fréquenter les endroits qui lui sont déjà acquis. Par contre, il lui est profitable de s'investir là où a encore lieu un bras de fer entre l'illusion et la vérité. Un tel bras de fer commence à l'échelle individuelle lorsque la personne est engagée sur une voie de sagesse. C'est pour cela qu'une telle démarche ne peut s'improviser à notre gré. En matière spirituelle, remarquait Lama Denis Teundroup, « un autodidacte est un egodidacte ». Par définition, il est impossible de nous auto-prescrire des exercices ou des pratiques visant à nous libérer du mental même si, de façon accessoire, ces derniers peuvent nous être bénéfiques. Arnaud m'avait donné l'exemple d'une femme qui participait à Paris aux groupes Gurdjieff et qui était en mesure de se demander des efforts héroïques ; elle se réveillait au milieu de la nuit pour prendre une douche glacée, restait des heures à genoux les bras en croix, ou s'imposait d'autres pénitences du même genre. Lorsque le responsable du groupe lui demanda quels exercices elle avait entrepris dans la semaine et qu'elle lui en fit le bilan, il lui proposa un autre type de travail intérieur : celui de sortir dans la rue sans se mettre de rouge à lèvres ! Elle se plia alors en deux en poussant un cri déchirant, comme si on lui avait donné un coup de poignard.

Il est ainsi très important de déceler de quelle manière le mental se déguise en disciple, car si la personne est sérieusement engagée sur une voie, le mental ne va pas l'aborder de front, mais plutôt s'immiscer subrepticement en s'emparant peu à peu des rênes. Il lui propose une « pratique » distordue en interprétant des directives qui sont pourtant clairement énoncées, ou alors il en invente d'autres au nom d'une efficacité plus grande.

Jacques Vigne rapporte un récit qui illustre l'aspect vicieux du mental et comment ce dernier peut piéger le candidat à la sagesse : « Le poète soufi médiéval Faridudin Attar raconte l'histoire d'un ascète qui s'est installé dans le désert sous l'un des rares arbres qui se trouvait là pour donner de l'ombre. Il peinait et ne progressait pas dans sa pratique. Un beau jour, un oiseau dit : " Je sais pourquoi tu butes dans tes exercices ! — Dis-moi, l'oiseau, je t'écoute ! — C'est parce qu'un jour tu as vu par terre un morceau de miroir, tu as regardé ton visage dedans et tu es alors tombé en admiration devant ta propre barbe. C'est cet attachement qui te bloque dans le succès de tes pratiques !" L'ascète, furieux, se mit à arracher toute sa barbe par touffes, non sans de fortes douleurs, bien sûr. À ce moment-là, l'oiseau s'envola en riant et conclut : “Maintenant, tu as de bonnes raisons de penser à ta barbe !” [5]»

Paradoxalement, au fur et à mesure de la progression, le mental affine ses ruses de telle sorte qu'il a pu être comparé à l'hydre de Lerne, ce monstre marin de la mythologie grecque dont les têtes repoussent en double au fur et à mesure qu'elles sont tranchées.

Bien sûr, une telle description peut contribuer à décourager tout aspirant sincère et on peut alors en venir à se poser la question suivante : y a-t-il une issue ? Fort heureusement, la réponse que proposent unanimement les voies traditionnelles est affirmative. Elle insiste néanmoins sur le fait qu'il s'agit d'un dur labeur et que terrasser l'hydre était d'ailleurs l'un des douze travaux d'Hercule. Être averti de l'ampleur de la tâche permet ainsi de mobiliser toutes les ressources nécessaires, plutôt que de se laisser aller à une sorte de candeur naïve qui mise avec insouciance sur n'importe quelle forme de spiritualité-fiction.

Un enseignement spirituel efficace permet de purifier l'inconscient en profondeur, de transmuter les énergies émotionnelles négatives et d'éroder la profusion des désirs. Le mental se transforme alors en un dictateur déchu, car les fausses lois qu'il a érigées (et cela depuis l'enfance) perdent de leur pouvoir. La fausse monnaie qu'il utilise est impitoyablement contestée, ses discours et arguments sont pourfendus jusqu'à la racine, laissant peu à peu la place à notre être essentiel qui avait été jusque-là pris en otage.

5. Jacques Vigne, 3e Millénaire, *Psychologie de la « déconversion »*, juin 2018, p. 36-37.

Émerger de la négativité

■

Sophie

Swâmi Prajnânpad avait un jour posé cette grave question : « Êtes-vous prêt à voir en vous le meilleur du meilleur et le pire du pire ? » Les deux sont présents. Ce qui est à l'origine des guerres et de toutes les violences en ce moment même à la surface de la planète se trouve potentiellement en germe en chaque être humain. Par les lois infiniment complexes du karma individuel et collectif, chacun conduit son existence en étant plus ou moins soumis à la puissance de ces forces sombres qui constituent ce que Swâmi Prajnânpad appelait le mental.

Aussi, devenir véritablement adulte, c'est être de plus en plus conscient que, dans leur complexité, tous les êtres humains sont atteints de la même maladie. C'est pourquoi un sage ne ressent que compréhension et compassion pour tous, quels que soient les actes commis, aussi graves soient-ils. Il n'est plus prisonnier de la vision bourreau-victime, il ne voit partout que des victimes d'un même mal. Sa vision est de ce fait beaucoup plus profonde : il perçoit chacun comme unique manifestation de Dieu – si nous employons un terme dualiste – ou comme unique expression de l'Absolu ou de la nature de Bouddha.

Pour ne pas demeurer les marionnettes de ces dynamismes, mieux vaut d'emblée être conscient qu'ils sont potentiellement présents en soi-même et que, comme tout le monde, nous faisons preuve de plus ou moins d'égocentrisme et d'une certaine dose d'indifférence face à la souffrance d'autrui. Nous commencerons alors à entendre les messages que la vie, dans sa générosité, ne cesse de nous renvoyer sous bien des visages différents : ceux de nos enfants, de notre compagnon, de nos amis et, par-dessus tout, les scénarios répétitifs de notre propre existence. Un jour, alors que nous étions trois ou quatre à partager un thé à notre appartement avec Arnaud, l'un d'entre nous évoqua l'attitude, selon lui inadmissible, d'un élève de notre communauté. En faisant part de son indignation, et non sans humour, l'un de nous lança à Arnaud sur le ton de la supplication et comme en trépignant d'impatience : « Mais pourquoi est-ce qu'on ne peut pas tout dire ? » Arnaud rétorqua : « La question n'est pas : pourquoi est-ce qu'on ne peut pas tout dire, mais pourquoi est-ce qu'on ne peut pas tout entendre ? »

Quelques secondes d'un silence méditatif s'imposèrent sous le coup de cette réponse aussi prompte qu'imparable et qui s'adressait clairement à chacun de nous. Nous étions tous plus ou moins identifiés à cette impatience d'en découdre avec ceux qui nous excèdent. À la façon de « l'arroseur arrosé », cette inversion totale de perspective dont Arnaud avait la spécialité avait retourné la question à cent quatre-vingts degrés : vers nous-mêmes. Qu'étions-nous vraiment en mesure d'entendre à notre propre sujet alors que nous exigions que les autres entendent leurs quatre vérités ?

Dans l'enthousiasme des débuts, certains élèves zélés peuvent supplier leur maître – à qui ils reconnaissaient la clairvoyance des âmes – de tout leur dire à leur propre sujet. Qu'il ne cherche pas à les épargner, ils seraient solides ! Qu'on leur dise enfin toute la vérité sur leur fonctionnement ! Ils étaient prêts pour le pire ! Arnaud ne prenait pas le risque de se livrer à cet exercice sous prétexte qu'on le lui demandait, considérant que cette réclamation était le plus souvent bien naïve et que, s'il avait dit ne serait-ce que le dixième de la vérité, la personne ne l'aurait pas supporté et se serait effondrée.

En effet, pour aborder ce travail sur le mental, il faut faire preuve d'un minimum de stabilité et de solidité. Paradoxalement, on a besoin de faire l'expérience d'une certaine force intérieure pour s'autoriser à être vulnérable, pour être vraiment en mesure de voir et d'entendre, de se laisser toucher sans pour autant s'écrouler. C'est pourquoi Swâmiji disait qu'il avait besoin d'egos forts, au sens de structurés et solides. Ce qui est à l'opposé d'un ego surdimensionné qui n'est d'ailleurs que la manifestation tapageuse d'un ego faible, en insécurité. Comme des pratiquants d'arts martiaux qui, par l'exercice répété, s'entraînent au retour constant à l'équilibre sous les assauts d'un adversaire qui cherche à les déstabiliser, il s'agit de se familiariser à l'idée que le pire du pire demeure en nous sans que cela nous mette à terre, car c'est une loi universelle.

Le petit livre de Red Hawk, *L'observation de soi*[1], condense en quelques brefs chapitres des instructions concrètes et universelles pour tout pratiquant spirituel désireux d'aborder cet art délicat de s'observer sans jugement. C'est le cœur de la voie enseignée par Swâmi Prajnânpad : VOIR. Lee Lozowick parlait de cultiver *a ruthless self honesty,* « une impitoyable honnêteté », mais cela ne signifie pas de se maltraiter après s'être accablé de

1.Red Hawk, *L'Observation de soi,* Altess, 2011.

constats affligeants. C'est même tout le contraire. L'expression « impitoyable honnêteté » renvoie plutôt à une attitude droite, intègre, qui ne cherche pas à minimiser la gravité des symptômes. Selon l'image maintes fois utilisée par Arnaud : est-on prêt à faire preuve, en ce domaine, de la même rigueur et de la même neutralité qu'un chercheur scientifique observant au microscope une tumeur ou un crachat afin de découvrir un remède au cancer ou à la tuberculose ?

« Voir et reconnaître » est synonyme de « voir et accepter ». S'il devait y avoir un mantra sur la voie transmise par Arnaud Desjardins, cela pourrait être celui-là. Le terme de « voir » était utilisé par Swâmi Prajnânpad dans son sens le plus sacré : « voir ce qui est tel que c'est » est un accomplissement spirituel élevé. C'est le propre du sage parvenu à la complète libération des illusions. Voir, c'est le but et c'est aussi le chemin. « La vérité vous rendra libres[2]. » La vérité est aussi la condition *sine qua non* pour vivre en paix.

La grande majorité d'entre nous n'avons malheureusement aucune référence dans notre passé, aucun exemple probant d'un adulte qui nous aurait montré la beauté et la noblesse de cette exigeante honnêteté envers soi, bienveillante sans pour autant être complaisante. Nous avons, au contraire, pris l'habitude de nous accabler sous le poids des reproches quand nos observations nous déçoivent. Car il est vrai que « la connaissance de soi est, au début, une série de mauvaises nouvelles ! » : relativement à l'idéal de soi évidemment ! Ce que nous appelons injustement « voir » ou « observation de soi » se colore aussitôt

2. Jean, 8, 32.

de mépris, de honte, de culpabilité : un sentiment de déception de soi-même qui fait le lit du découragement. Lors d'un entretien, Thierry Martin, bras droit d'Arnaud à Hauteville et aujourd'hui enseignant sur cette voie, partageait avec lui le fruit de ses propres observations au sujet de lui-même. Arnaud l'arrêta : « Voir, c'est le bonheur de voir. Si c'est la douleur de voir, ce n'est pas voir. »

Pour le chercheur de vérité, toute découverte est une victoire, quoi que ce soit qui est vu, fût-ce la découverte d'un aspect de son égocentrisme, de sa lâcheté ou de sa mesquinerie. Pour un disciple sur la Voie, parvenir à voir est plus important que ce qui est vu. Il n'y a alors nul besoin de le qualifier de magnifique ou de terrible. Si on est vexé, déçu de ses propres constats sur soi-même, c'est qu'on est à nouveau piégé dans le registre de l'enfant, blessé dans son orgueil parce que l'image idéale de soi vient d'être égratignée. « Voir » au sens de Swâmiji, au sens le plus exigeant du terme, rend donc heureux. Et la beauté du processus, c'est que ce qui est vu, parce que justement c'est vu, perd peu à peu le pouvoir de nous manipuler à notre insu.

▪ ▪ ▪

Nous avons le droit d'aspirer au changement et de ne plus fonctionner selon les mêmes schémas mécaniques adoptés depuis l'enfance. Ces schémas précis, organisés pour constituer notre stratégie de survie, ont été absolument nécessaires à notre équilibre quand nous étions enfants et vulnérables. Pour émerger de l'infantilisme et devenir enfin adultes, l'enjeu est donc délicat : il requiert que nous abordions notre monde intérieur avec la même habileté qu'un éducateur envers un enfant perturbé ou effarouché, avec un savant dosage de bienveillance et de fermeté.

Du point de vue de la fermeté, cela peut aller jusqu'à faire preuve d'une détermination presque guerrière dans la lutte contre son propre tyran intérieur, son propre mental. C'est souvent une source de malentendu pour des pratiquants engagés sur une voie qui tient manifestement compte de la psychologie. « Entrer en amitié avec soi-même[3]» implique de considérer avec bienveillance l'enfant blessé en soi, ce qui n'est ni synonyme d'obtempérer devant chacun de ses desiderata et encore moins d'entrer en sympathie avec les mécanismes qui le tiennent en otage.

En effet, s'il s'agit de tenir compte de l'enfant en soi, il n'est en aucun cas question de lui laisser prendre le contrôle de sa vie et de ses choix. Je sais qu'il est illégal d'asseoir un enfant sur le siège du passager dans une voiture, mais pour les besoins de l'image, supposons que nous soyons au volant de notre voiture et que notre enfant soit assis à nos côtés. Soudainement, il est en proie à de fortes émotions : la colère, la détresse ou la panique. Vous n'oubliez pas que vous êtes à la fois parent ET conducteur. Vous ne ferez sans doute pas la sourde oreille vis-à-vis de sa souffrance. Ce serait faire preuve de fermeture et de déni. Vous n'allez pas non plus lui intimer de se taire et menacer d'ouvrir la portière et de le pousser au-dehors sous prétexte que ses cris et ses pleurs vous sont insupportables. Ce serait du chantage et de la répression. Mais au nom de l'amour et de la compréhension, vous n'allez pas non plus lui confier le volant

3. Titre du livre de Pema Chödrön traduit de l'anglais : *The Wisdom of No Escape and the Path of Loving-Kindness,* littéralement : « La sagesse de la non-fuite et le chemin de la bonté bienveillante ou de la gentillesse aimante. »

parce qu'il le réclame. Ce serait faiblesse et complaisance, en plus d'être très dangereux. Vous demeurez au volant tout en tenant compte de sa situation. Vous pourriez même décider d'arrêter la voiture et de faire une longue pause pour lui permettre de s'exprimer sans retenue et de retrouver ensuite son calme : mais il est tout à fait clair que c'est vous qui restez responsable. Chaque fois qu'on oublie qu'on est l'adulte, chargé de conduire, on laisse l'enfant intérieur prendre le volant. Tel un tyran, il réclame littéralement les pleins pouvoirs sur nos dires et nos faires. Reprendre sa véritable place, c'est simplement revenir à la position de l'adulte. Ni déni, ni brutalité, ni répression, ni jugement, ni complaisance… J'admets que – tout comme dans l'éducation d'un enfant – il est plus facile de dresser la longue liste des approches erronées que de sentir par soi-même le positionnement le plus juste : c'est toujours une improvisation en fonction de la situation particulière du moment.

Swâmiji disait : « Allez-vous permettre au fantôme (*bhuta* : ce qui a été) de l'enfant d'apparaître, de vaincre et de tuer l'adulte[4]? » Il est intéressant de noter que Swâmiji, par cette phrase, en appelle à notre propre fermeté en tant que disciple et en tant qu'adulte. Il utilise le mot sanscrit *bhuta* qui peut se traduire par fantôme ou spectre. Car fondamentalement, l'enfant en nous n'existe plus, ce n'est qu'une somme de souvenirs qui nous hantent à travers notre mémoire physique et émotionnelle : toutes les cellules qui nous composent aujourd'hui ont été renouvelées de multiples fois depuis que nous étions

4. Daniel Roumanoff, *Swâmi Prajnânpad, Un maître contemporain,* La Table Ronde, Paris, 2002, tome 1, p. 456.

enfant. Swâmiji n'avait de cesse de rappeler à ses élèves qu'ils ne sont plus l'enfant qu'ils pensaient être.

Manonasha, la destruction du mental, l'un des quatre piliers de l'Adhyatma Yoga[5], implique nécessairement la remise en cause de ces fonctionnements devenus réflexes. Pour protéger ce qui n'est pourtant qu'un spectre, ces mécanismes de protection se hérissent au moindre signal interprété comme une menace. Cette stratégie de survie qui a certes sauvé l'enfant psychiquement s'est muée, à l'âge adulte, en un morbide carcan, une prison qui nous condamne à vivre dans *notre* monde plutôt que dans *le* monde.

▪ ▪ ▪

L'une des erreurs les plus répandues consiste à confondre la pratique sur les pensées avec celle sur les émotions. Si on s'accorde sur le terme de « maternelles » ou « féminines » pour décrire les qualités d'accueil, de réceptivité, d'ouverture et de compassion, alors on peut dire que nous sommes appelés à manifester une attitude maternelle vis-à-vis de notre monde émotionnel. Si on désigne comme « paternelles » ou « masculines » les qualités tout aussi nécessaires de discipline, de fermeté et de discernement, alors on comprend que ce sont ces qualités précises qui sont requises face au monde de pensées négatives et destructrices, face à la folie du refus, du déni et du mensonge. Or, le conditionnement le plus répandu, l'attitude considérée comme normale parce que personne ne nous a montré autre chose, est de fonctionner très rigoureusement…

5. Yoga vers le Soi : dénomination de la voie transmise par Swâmi Prajnânpad.

à l'inverse ! Faire preuve de qualités paternelles dans le pire sens du terme, c'est manifester une sévérité vis-à-vis de nos émotions, en cherchant à les faire disparaître par la répression, le déni, le jugement, le refoulement. Et, tout au contraire, on peut adopter une attitude féminine, au plus mauvais sens du terme, en étant complaisant, confus et laxiste avec nos pensées mécaniques, les laissant se déployer et même s'emballer sans contrôle. Cette confusion entre les approches paternelle et maternelle du monde intérieur compromet non seulement la santé psychologique mais aussi la santé spirituelle.

Dans notre expérience d'enseignants, il arrive qu'un élève vienne nous confier son étonnement après qu'il a adopté une juste fermeté vis-à-vis de son mental, ne laissant plus ses pensées divaguer sans retenue. Il découvre avec surprise que cela s'avère plus simple qu'il ne le pensait et s'étonne de constater combien les bienfaits sont immédiats. C'est à ce moment qu'une question survient parfois, exprimant ce doute : est-ce que la maîtrise des pensées par la fermeté ne serait pas une forme pernicieuse de refoulement ou de déni ? Non ! C'est une hygiène de base ! C'est la condition *sine qua non* pour retrouver une attitude saine. Mais cette fermeté menace si radicalement le mental que, tel l'avocat de Satan, il tente sa dernière chance : « Objection, votre honneur ! Tout cela n'est-il pas de la pure et simple répression ?, proteste-t-il, c'est de l'anti-enseignement ! »

▪ ▪ ▪

« Quand on voit ce qu'on voit et qu'on entend ce qu'on entend… on a bien raison de penser ce qu'on pense ! » Il n'est pas courant de citer Coluche dans un livre traitant de spiritualité, pourtant cette phrase résume à merveille comment la boucle est bouclée dans une folle logique et combien difficile est la tâche qui consiste à remettre en cause « son » monde, sa vision colorée et donc mensongère de la réalité.

Nous sommes si persuadés d'avoir une perception claire de ce qui nous entoure qu'il nous est pratiquement inconcevable que nous puissions nous tromper, la déformer et l'interpréter à la vitesse de l'éclair. Comment réveiller quelqu'un qui n'a même pas conscience qu'il dort ? Comment éveiller la conscience de quelqu'un qui ne voit pas que ses propres opinions ont déjà complètement travesti sa perception d'une « réalité » qu'il pense décrire en toute neutralité ? Car cette phrase de Coluche est à la fois grotesque et parfaitement logique. Elle pourrait se retrouver dans la bouche de bien des gens, tous viscéralement convaincus de l'objectivité de leurs observations : des parents déçus de leurs enfants, des pessimistes, des racistes, des misogynes ou des militants politiques de tout acabit.

D'une façon peut-être moins caricaturale qu'un racisme invétéré, cette distorsion des perceptions par nos propres opinions conscientes ou inconscientes nous concerne tous. S'en rendre véritablement compte est sans doute l'un des aspects les plus ardus de la connaissance de soi. Il faut pour cela accepter que les événements de la vie, des plus petits aux plus dramatiques, nous remettent en cause. C'est le thème de nombreux films qui nous touchent. Le personnage principal est d'abord enlisé dans son propre monde de jugements, d'interprétations, coupé de ses proches ou de son milieu. À l'issue d'une intrigue où il se laisse bousculer par des péripéties et des rencontres, il lâche enfin « son » monde pour se laisser fondre dans une compréhension nouvelle qui lui redonne une capacité d'aimer et d'être heureux jusqu'ici inconnue : un *feel-good movie* dans le meilleur sens du terme. Après avoir visionné un tel film, on sort soulagé et heureux. On a vécu par procuration la délivrance qui nous attend sur le chemin de notre propre transformation lorsqu'un pan du mental s'écroule devant les faits, nous mettant enfin en contact avec une vérité qui n'est pas celle qu'on pensait.

Les personnes qui se sont engagées dans le communisme, pendant ou après la Seconde Guerre mondiale, étaient pour la plupart des gens fondamentalement généreux, animés d'un idéal altruiste et qui voyaient la lutte des classes comme la promesse d'une société juste, à même de procurer le bonheur à tous. Quand les informations ont commencé à leur parvenir sur les abominations de la dictature du prolétariat, l'atrocité de l'invasion soviétique en Afghanistan, la répression du Printemps de Prague..., c'est tout leur monde intérieur qui s'est trouvé menacé d'effondrement. Qu'un fait invalide ce qu'on tenait jusqu'ici pour certitude et sur lequel on avait basé le sens de notre existence, et nous voilà en proie à une dissonance majeure propre à fissurer une carapace faite d'opinions. Parmi ces anciens communistes, certains sont restés fidèles à leur credo jusqu'à leur mort, d'autres sont devenus totalement désabusés, d'autres encore ont remis courageusement leurs croyances en question et sont restés les personnes altruistes et volontaires qu'elles étaient, mais plus mûres et donc moins naïves, moins manipulables. Il faut l'honnêteté et le courage d'un véritable héros épris de vérité pour lâcher une opinion qu'on avait pourtant chérie une vie entière et se rendre à l'évidence qu'on s'était trompé. Il s'agit d'une reddition, au sens le plus noble du terme. Cette reddition est une victoire. Ce n'est une défaite que pour l'ego.

Ces qualités sont requises sur le chemin, car « la voie n'est pas pour le lâche mais pour le héros », disait Swâmiji. Je me suis souvent demandé pourquoi Arnaud insistait sur le fait que si la destruction des illusions fait mal, la vérité, elle, ne fait jamais mal. Je ne voyais pas la différence entre les deux : puisque la vérité est ce qui apparaît quand on détruit une illusion, me disais-je, pourquoi l'une ferait mal et pas l'autre ? J'ai fini par le comprendre. Le processus de destruction des illusions – parce qu'il prend du temps – est douloureux et nécessite du courage. Au cours de cette étape, on est bien souvent à moitié consentant et à moitié résistant, pas tout à fait convaincu que c'est pour notre bien. On a l'impression qu'on va nous retirer quelque chose de précieux. Mais, en vérité, lorsque la vie nous retire une illusion, non seulement on ne perd rien, puisque justement ce n'était qu'une illusion, mais on réalise qu'on a tout à gagner. Non seulement la vérité ne nous fait pas mal, mais elle nous fait du bien en nous soulageant du poids du mensonge et du déni.

Cette caractéristique du mental humain de distordre la réalité par des interprétations et des qualifications est une donnée fondamentale dont nous devons tenir compte dans la pratique de l'acceptation. Si j'ai bien compris que la voie consiste à accepter ce qui est, mais que ma vision de « ce qui est » est colorée, déformée, distordue, me voilà donc prêt à tenter d'accepter ce qui s'avère être une irréalité.

Au tout début de sa fonction d'enseignant au Québec, Éric avait expliqué la pratique de l'acceptation à une femme qui venait de lui faire part de son impatience au volant. Elle tenta de lui résumer ainsi ce qu'elle avait compris de son entretien : « Si je comprends bien, il faut que j'accepte que cet imbécile roule à trente kilomètres à l'heure avec son tracteur ? »

Si l'anecdote est plutôt drôle en elle-même, ce qui est beaucoup moins drôle, c'est de réaliser que notre façon de percevoir est tout aussi embrumée par des qualifications constantes. Elles recouvrent à notre insu une réalité que nous tentons d'accepter alors qu'elle est travestie dès le départ.

Pour nous sortir de cette ornière qui nous fait qualifier sans cesse le réel, nous avons vitalement besoin d'un guide, de quelqu'un qui voit là où, nous, nous ne voyons pas, de quelqu'un qui est libre du jugement là où nous ne sommes que préjugés, de quelqu'un qui nous conduit de l'irréel vers le réel. Cette guidance peut être très concrète, encore faut-il être conscients du mal dont nous souffrons et avoir une confiance minimale dans la bienveillance d'un guide et de ses motifs désintéressés.

J'entends souvent des personnes se qualifiant de rebelles expliquer qu'il leur est très difficile d'accepter la guidance d'une autre personne, aussi sage et généreuse soit-elle, justement parce qu'elles sont rebelles. Je comprends leur point de vue, mais je ne peux m'empêcher d'y voir un grave malentendu. Lorsqu'on commence à être lucide sur l'implacabilité de ses propres conditionnements qui, non seulement nous font souffrir, mais font aussi souffrir les êtres qui nous sont chers, lorsqu'on voit combien la mécanicité nous oblige à penser toujours de la même manière, lorsqu'on voit à quel point nos paroles et nos attitudes sont prévisibles, alors on mesure son asservissement vis-à-vis de ce qu'on appelle le mental. On se sent cruellement soumis et emprisonné. On réalise que sans aide on restera impuissant. Si on a une âme de rebelle, tant mieux. On aura le courage et l'honnêteté de voir notre véritable adversaire et notre emprisonnement pour ce qu'ils sont. On sera prêt à tous les efforts pour se libérer de ce joug. Il faut placer sa rébellion au bon endroit. De ce point de vue, on pourrait considérer tous les sages comme les plus grands rebelles devant l'Éternel.

L'ami spirituel est l'allié de cette quête de libération, il n'est là que pour servir notre plan d'évasion. Quel prisonnier cherchant à s'évader refuserait l'aide d'un complice prêt à l'aider depuis l'extérieur des murs ? Ce qui rend la tâche ardue, c'est que nous sommes plus ou moins atteints du syndrome de Stockholm : au fur et à mesure des années passées comme otage, nous avons développé une loyauté envers le mental qui nous a kidnappés et nous demande pourtant de vivre dans les limites étroites qu'il a lui-même définies pour maintenir sa loi. Dans cette confusion, la stratégie de celui qui cherche à nous libérer de notre statut d'otage devient complexe : l'ami spirituel marche sur des œufs chaque fois qu'il met en cause notre protégé.

▪ ▪ ▪

En plus de distordre les perceptions, le mental possède une redoutable habileté à nous convaincre que le refus a du bon. Nous accordons un tel crédit à son discours que nous en arrivons à croire que ce qui fait notre malheur fait notre bonheur et vice-versa. En ce sens, le refus fonctionne exactement comme une addiction. Refuser procure en effet une sensation immédiate agréable : celle de notre puissance, même illusoire…

Il y a une certaine jubilation à s'affirmer dans le « non ». On se sent exister plus intensément en s'opposant. Même si on sait que dire non n'aura aucun effet sur l'extérieur (à part éventuellement aggraver la situation), que le monde n'obéit pas à notre baguette, on aime jouir en pensée de l'autorité d'un chef d'orchestre cosmique…

Bien que nous réalisions que cet appétit insatiable pour le refus est contraire au véritable bonheur, il est difficile de renoncer à ses apparents bénéfices immédiats. Pourquoi sommes-nous à ce point fascinés par les pensées qui génèrent de la souffrance ? Pourquoi avons-nous à ce point envie de ressasser les idées noires, les colères, les frustrations, les nostalgies, quand nous savons que ça ira encore plus mal ensuite ? Pour le comprendre, il faut se pencher sur le mécanisme même du refus et découvrir à quel point il est positif pour l'ego. Avant de refuser qu'une chose soit, il faut d'abord l'avoir perçue. De façon très fugace peut-être, l'être profond a capté ce qui est bien réel. Très vite, le mental classe l'expérience dans une des deux catégories : « j'aime » ou « je n'aime pas ». Et s'il n'aime pas ce qu'il a perçu, il s'octroie le pouvoir absolu : celui de le refuser en déclamant : « Ça ne devrait pas… Il ou elle ne devrait pas ou n'aurait pas dû. » En refusant, il crée par le fait même un autre scénario, complètement imaginaire et idéal, une fiction dans laquelle ce qui aurait dû se passer selon le moi se produit en effet. Nous sommes au cinéma, mais nous sommes en même temps les metteurs en scène de notre film intérieur. La clé pour comprendre pourquoi nous sommes si attachés à ce qui pourtant nous fait souffrir, c'est que dans nos films, « ce qui devrait être » procure une excitation positive et donc très addictive pour le moi. Et c'est cela que nous ne voulons pas lâcher. Nous vivons alors sous l'illusion qu'en refusant les choses telles qu'elles sont nous devenons puissants : dans le monde virtuel de nos rêves, il n'y a en effet aucune limite à notre pouvoir. Si la négativité nous fait souffrir, ruine notre existence et fait souffrir nos proches, nous devenons très motivés à lâcher prise par rapport à cette souffrance, mais nous aimerions pouvoir le faire en continuant à nous accrocher à nos fantasmes de « ce qui devrait être » ou de « ce serait mieux si… ». Nous ressentons ces scénarios intérieurs comme positifs, alors qu'ils sont la source même de la souffrance. Souffrance et refus vont main dans la main : on ne peut pas se défaire de l'un sans abandonner l'autre.

Il existe, paraît-il, une façon d'attraper certains petits singes : il s'agit de mettre une cacahuète dans un pot. L'ouverture doit être assez large pour tout juste laisser passer une main tendue, mais trop étroite pour laisser passer un poing fermé. Le petit singe arrive à faufiler sa main pour se saisir de la cacahuète convoitée. Il cherche en vain à sortir son petit poing fermé sur son butin. Il aimerait sans doute que le pot lâche sa prise sur lui… mais il restera prisonnier si ce n'est pas lui qui lâche sa prise sur la précieuse cacahuète[6] ! Telle est notre relation au refus et au scénario idéal.

J'ai vécu pendant des années sous l'addiction au tabac, laquelle, pour être courante et parfaitement légale, n'en est pas moins extrêmement puissante. Et cette chose m'est apparue avec évidence : les pensées négatives, les refus fonctionnent exactement comme une drogue. On fume une cigarette non seulement par habitude, mais pour détendre une tension, anesthésier un malaise intérieur. Dans l'immédiat, cela fonc-

6. Je ne sais pas si cette méthode a jamais été employée ou si ce n'est qu'une légende pour nous montrer le fonctionnement humain ordinaire.

tionne et est ressenti comme positif. Mais plus on fume, plus on a besoin d'un nombre croissant de cigarettes pour calmer la même sensation désagréable de manque ou d'anxiété. Ce qui donne l'illusion de combler un manque ne fait en réalité que creuser encore plus le puits de notre insatisfaction.

Si on établit un parallèle avec un phénomène de dépendance, le refus est la drogue, la sensation de toute-puissance est l'ivresse recherchée, l'ego est celui qui vit sous l'emprise de la dépendance, et le mental son *dealer* qui lui tiendra toutes sortes de discours pour qu'il continue de consommer. Lorsqu'on engage un sevrage, autant être averti que le mental se rebellera de toutes ses forces, avec un discours des plus habiles, pour nous empêcher de pratiquer un enseignement spirituel proposant l'acceptation : ce serait alors non seulement la fin de son commerce mais sa fin à lui !

Sortir de cette dépendance en luttant contre son propre mental est difficile, mais pas impossible. Arnaud avait en haute estime le mouvement des Alcooliques Anonymes ou des Narcotiques Anonymes. Plusieurs de ses élèves parmi les plus engagés sont issus de ce mouvement et ont une immense dette de gratitude vis-à-vis de ce qu'ils y ont reçu. La première des douze étapes de sevrage proposées par les Alcooliques ou Narcotiques Anonymes est la reconnaissance de l'impuissance de la personne devant la force de l'addiction. Il s'agit donc, au tout début de la démarche, d'admettre que, sans l'aide d'une puissance supérieure, quel que soit le nom qu'on lui donne, on est impuissant à se sortir par soi-même d'un tel cercle vicieux. Cette reddition et cette humilité sont le passage obligé de tout processus de libération et font des ex-dépendants des personnes souvent bien plus à même de comprendre l'enjeu du chemin spirituel que ceux qui n'ont jamais eu à se débattre avec une dépendance et son cortège de souffrances. Ils saisissent d'emblée ce que Swâmiji veut dire lorsqu'il s'interroge sur la détermination d'éventuels candidats à se libérer de l'ivresse des intoxications émotionnelles[7].

▪ ▪ ▪

Si nous pouvions voir en temps réel – aussi nettement qu'on voit un phénomène physique se dérouler sous nos yeux – l'incidence concrète de chacune de nos ruminations sur notre propre cerveau, nous serions bien plus motivés à redresser la barre pour nous sevrer de cette nourriture mentale toxique. Nous ne sommes pas si convaincus, même après plusieurs lectures spirituelles, qu'une pensée négative supplémentaire creuse à chaque fois un peu plus profondément un sillon dans notre esprit : celui de nos mauvaises habitudes de pensée. Plus vite nous en serons convaincus, plus vite nous reprendrons les commandes intérieures pour ne pas nous laisser aller au vagabondage mental.

Si on sait bien par expérience que les idées noires et les refus induisent dans l'instant l'émotion qui leur correspond, on croit en même temps à tort qu'elles n'ont pas plus d'effet sur notre cerveau qu'un coup d'épée dans l'eau. Nous vivons dans l'illusion que nous ne pouvons pas faire grand-chose sur le moment, à part subir l'assaut de nos pensées négatives et attendre passivement qu'elles se dissipent. Bien des études en neurosciences tendent maintenant à prouver le contraire. Le psycho-

7. D. Roumanoff, *Swâmi Prajnânpad, Biographie*, La Table Ronde, 1993, p. 308.

logue québécois Mario Beauregard, docteur en neurosciences à l'université d'Arizona, et son collègue Vincent Paquette ont effectué des expériences sur le cerveau humain qui s'avèrent très éclairantes pour notre propre recherche. La stratégie qu'ils ont voulu explorer consiste à amener le cerveau des personnes en dépression à fonctionner comme celui des carmélites lorsqu'elles atteignent l'extase mystique. En enregistrant l'activité électrique du cerveau des carmélites, ils ont mis en évidence que les différentes régions du cerveau communiquent de façon très harmonieuse lorsqu'elles atteignent cet état méditatif, tandis que les mêmes enregistrements effectués avec des personnes souffrant de dépression présentent une activité totalement chaotique. « On voyait une véritable jungle cérébrale. Si on pouvait convertir en sons l'activité électrique du cerveau des carmélites lorsqu'elles vivent une expérience mystique, ce serait très mélodieux. Chez les dépressifs, par contre, on entendrait une véritable cacophonie[8] », écrivent les chercheurs.

Expérimentant la technique du biofeedback par le biais d'électrodes branchées sur les zones problématiques du cerveau d'une trentaine de personnes déprimées, ils ont demandé aux sujets de tenter d'en normaliser l'activité. Les personnes tentaient d'y parvenir par elles-mêmes, mais l'observation des chercheurs nous révèle un point clé pour notre propre pratique de contrôle des pensées négatives : « Pour plusieurs dépressifs, l'ingrédient thérapeutique majeur fut tout simplement de réaliser que leurs ruminations, leurs pensées négatives influençaient l'activité de leur cerveau et, conséquemment, leur humeur et

8. Selon l'article paru dans le journal *Le Devoir,* « La paix cérébrale des carmélites », 2 septembre 2006.

leur niveau d'anxiété. L'effet est beaucoup plus puissant quand ils comprennent par eux-mêmes que lorsqu'ils ruminent leurs pensées négatives, ils maintiennent une activité cérébrale pathologique qui entretient leurs symptômes dépressifs. Ils réalisent du coup qu'ils doivent changer de type de pensées[9]. » Ces résultats ont expérimentalement mis en évidence cette parole d'Arnaud : « Vos malheurs ne viennent pas de ce que vous avez trop d'émotions, mais de ce que vous pensez de travers. »

Une fois qu'on est vraiment convaincu de l'impact des pensées négatives sur le fonctionnement de l'esprit, le sentiment d'impuissance face au mental peut être brusquement remis en question et on peut alors récupérer un pouvoir qu'on pensait ne pas avoir : celui de dire STOP ! Ce stop ne sera sans doute pas dit une fois pour toutes. Il peut certes y avoir des récidives, mais il y a un avant et un après quand on réalise que ce pouvoir est en notre possession : cette découverte change toute notre perspective.

Daniel Morin, un des plus anciens élèves d'Arnaud et autrefois ouvrier d'usine avant d'avoir enseigné à Hauteville, avait marqué mes premières années sur ce chemin en me livrant sa propre formule pleine de sagesse populaire et d'humour pour m'enseigner cette fermeté essentielle vis-à-vis de mon mental. Il suffit de dire : « Bobby ! À la niche ! » Si cette injonction d'un maître à son chien, lui intimant de cesser immédiatement ses aboiements et de retourner à la niche, vous fait autant d'effet qu'elle a en a eu sur moi, « Bobby ! À la niche ! » pourrait de-

9. Après avoir observé pendant 20 séances d'une heure que, en changeant leurs pensées, l'activité de leur cerveau se modifiait dans le sens désiré, 74 % des sujets déprimés participant à l'étude ont vu leurs symptômes dépressifs disparaître.

venir une très bonne compagne pour votre quotidien, mettant un peu de légèreté dans votre intention de redevenir le maître en vous-même…

Je me souviens de mon propre étonnement face à une remarque d'Arnaud sur le thème de la comparaison. Nous venions de partager avec lui la difficulté, en tant qu'élèves sur le chemin, de ne pas se laisser aller au jeu de la comparaison, et donc de la jalousie, vis-à-vis des autres disciples : « Il ou elle a telle qualité que je n'ai pas, il ou elle a eu la chance d'avoir une proximité avec le maître que je n'ai pas eue, il ou elle a rencontré la voie plus jeune que moi, a progressé plus vite que moi, n'a pas eu l'enfance terrible qui fut la mienne… », toutes sortes de pensées accablantes se présentant comme objectives. En effet, la comparaison avec les autres ou avec l'idéal de soi – qui plus est, avec l'idéal spirituel de soi – est malheureusement une torture courante qu'on s'inflige avec bien peu de retenue. Or, *comparison is falsity*, « la comparaison est fausse », disait Swâmiji.

Alors que nous lui faisions part de notre impuissance devant le jeu de la comparaison et de la jalousie qu'elle génère, Arnaud nous a répondu d'un ton très tranchant et affirmé, ne laissant aucune place à la demi-mesure, qu'il fallait en arriver un jour à cette décision : « La comparaison, J'ARRÊTE ! » Une décision donc ? Exactement comme la décision d'arrêter de fumer, de se droguer ou de s'adonner à n'importe quelle forme de dépendance nuisible.

Comme en chimie lorsqu'une solution qu'on sature progressivement parvient à son point d'inflexion et cristallise d'un seul coup, le processus qui aboutit à cette décision salvatrice se prépare lentement et de façon invisible à l'œil ordinaire. On « sature » (dans le sens positif du terme) à force de constater lucidement le mécanisme du refus et ses dégâts sur son existence. Mais la cristallisation de ce « Stop ! » ne peut pas être le résultat d'une tentative volontariste de l'ego. Sous le jeu de l'action-réaction, les meilleures décisions prises dans un esprit volontariste et conquérant, dans un climat de dureté avec soi-même, finissent tôt ou tard par être sabotées par le personnage défaitiste qui peut subsister en nous.

▪ ▪ ▪

Nous disposons d'un point d'appui inestimable pour mettre en doute les arguments mensongers, les pensées négatives et les fausses lois du mental qui les sous-tendent. C'est cette vérité, qui finira peu à peu par s'imposer au fur et à mesure de nos propres observations et expériences : la pensée issue de l'émotion est toujours mensongère.

Si nous reprenons l'idée que les pensées négatives fonctionnent comme l'alcool ou comme toute autre drogue, les émotions qu'elles génèrent sont à considérer comme des signes d'ébriété. Être émus, que nous soyons emportés par la colère, la peur, la joie fugace d'un succès ou le désespoir, nous prive de notre propre lucidité, de notre intelligence et de notre faculté de penser au sens le plus noble du terme. Brutalement, on voit le monde en rose, ou en noir, pour changer de point de vue quelques instants ou quelques jours plus tard. Ce que nous appelons ordinairement « vision » est en réalité une non-vision. Mais ce n'est pas non plus une hallucination délirante. Il y a toujours une base de vérité, plus ou moins distordue par le simple fait que nous sommes ivres. Puisque le mental n'a de pouvoir que dans la mesure où nous accordons du crédit à ses propos, il va de soi qu'il fera tout pour se rendre fiable en proposant des pensées plausibles, mais qui sont en réalité embuées par l'état éthylique. Si les pensées qui nous venaient à l'esprit étaient délirantes, nous ne pourrions pas y adhérer.

Lorsqu'on a bu plusieurs verres de whisky, l'appréciation de la réalité extérieure devient plus ou moins défaillante : on sait que ce n'est pas le meilleur moment pour engager une négociation commerciale, conduire une mission diplomatique délicate ou donner un conseil éclairé à un enfant qui réclame notre aide. On n'est plus en possession de ses facultés intellectuelles habituelles ni de son intelligence émotionnelle pour apprécier la réalité telle qu'elle est. Comprendre ce principe est un préalable essentiel à quiconque veut cheminer réalistement sur la voie proposée par Swâmi Prajnânpad. Mais il faut oser le pousser jusqu'au bout, sans admettre la moindre exception : toute émotion qui nous affecte perturbe la perception du réel comme n'importe quelle substance altérant la conscience. « Vous pensez que vous voyez, mais vous ne voyez pas que vous pensez », rappelle Swâmi Prajnânpad.

Un échange entre Arnaud et une de ses élèves restera à jamais gravé dans ma mémoire pour illustrer cette vérité. Dans la grande salle de Hauteville où se tiennent des réunions du type questions-réponses sur l'enseignement, une femme prend la parole. Elle avait eu un échange houleux la veille avec un des collaborateurs-enseignants à Hauteville, dans un autre cadre plus informel, et j'avais assisté à la scène : une forte réaction s'était emparée d'elle en entendant une phrase qu'elle avait mal interprétée et, emportée par l'indignation, elle n'avait plus rien voulu entendre. Elle souhaitait informer Arnaud de ce qui s'était passé la veille et qui, selon elle, remettait en cause cet enseignant. Elle intervenait dans l'intention d'être entendue par Arnaud et surtout dans le but qu'il lui donne raison.

En mon for intérieur, je me demandais comment Arnaud allait se tirer d'une telle question. N'étant pas présent à ladite rencontre, il ne disposait que d'un seul point de vue dont il était évident qu'il était très coloré par l'émotion. Arnaud devait répondre devant une cinquantaine d'élèves réunis au nom de la Voie. Après que la femme eut parlé de longues minutes sans interruption pour nous faire part de son indignation, Arnaud tenta très gentiment une question :

« Êtes-vous émue en ce moment ? » Et la femme de répondre :

« Oui, bien sûr, je suis très fâchée. Mais parce que vous comprenez, c'est tout de même... »

Devant Arnaud et nous tous rassemblés dans la grande salle, elle poursuivait son exposé en tentant de nous rallier à sa vision des choses. Arnaud tenta une seconde fois :

« Êtes-vous émue en ce moment même ?

— Oui, je suis vraiment en colère parce que... »

Je ne me souviens plus au bout de combien de tentatives de la sorte, Arnaud a mis fin à ce qui paraissait être un dialogue de sourds. Pour la première fois, j'allais entendre une colère d'Arnaud : sa voix était d'une puissance impressionnante et les vitres tremblaient ainsi que nous tous dans la salle avec elles : « Si vous êtes émue, vos pensées n'ont pas plus de valeur que de péter quand on a mangé des haricots ! »

Cette colère d'Arnaud n'avait duré que quelques secondes. Pour la première fois, je voyais comment la compassion d'un maître nécessite parfois l'emploi de la dynamite quand toute autre approche plus conventionnelle s'avère stérile. En la coupant dans son élan de revendication, il tentait de donner à cette femme une chance d'être dans une meilleure disposition pour entendre une parole qui puisse véritablement la sortir de sa souffrance. Puis Arnaud, aussi calme que si rien ne s'était passé, a pu ensuite nous exposer avec patience – comme il l'avait fait maintes fois auparavant – pourquoi toute pensée issue de l'émotion est toujours mensongère.

Cette image grossière avait déclenché un fou rire nerveux chez quelques-uns. Moi qui suis habituellement prompte à rire au moindre prétexte, je n'ai cette fois-ci aucunement pris cette remarque comme un trait d'humour, d'abord parce qu'une colère d'Arnaud était un choc énergétique à absorber. Par ailleurs, je me sentais autant visée que cette femme, concernée par cet entêtement à vouloir que ma description de la réalité soit réputée comme fiable, alors même que je reconnais être troublée par une émotion. Il a suffi qu'Arnaud utilise cette image osée pour que j'aie pendant quelques minutes un aperçu presque insoutenable de la folie ordinaire qui nous fait prendre tellement au sérieux notre activité mentale, nos chères pensées !

Pour rester dans le registre des images que nous donne la physiologie du corps humain, on peut envisager les pensées qui se présentent dans notre cerveau comme de simples sécrétions. Bien sûr, il faut mettre à part tous les raisonnements parfaitement justes, objectifs et délibérés qui nous permettent de prendre des décisions éclairées et qui, en fait, ne représentent qu'une infime portion de notre activité cérébrale. Mais, on parle ici des pensées au sens que Swâmiji donnait à ce terme, en opposition à la vision. Le mental sécrète sans arrêt des pensées du fait d'un nombre infini de raisons, conscientes et inconscientes, selon l'humeur du matin, selon que l'on nous a souri ou pas dans la rue, selon notre passé récent ou lointain… et nous voilà fascinés par ce monde de pensées alimentées inconsciemment et qu'on prend pourtant tellement au sérieux. « Je pense que »… Pour être plus à l'aplomb de la vérité, il faudrait plutôt dire : « Ça pense… », comme le suggérait Gurdjieff. L'enseignant tibétain Mingyur Rinpoché, dans son essai remarquable, *Bonheur de la méditation*[10], parle quant à lui de « bavardage neuronal »… Les neurones ne cessent de bavarder entre eux sans nous demander notre avis. Selon leurs vieilles habitudes de commérage, ils produisent sans cesse des interprétations, des rumeurs, des opinions qui fascinent le petit moi influençable et vulnérable. Nous sommes convaincus que c'est bien nous, avec notre intelligence et usant de notre libre arbitre, qui pensons ce que nous pensons. Plus on réalise cette illusion et plus on se désidentifie de ce bavardage neuronal.

Puissions-nous tirer des leçons du nombre de fois où la pensée soi-disant objective nous a induits en erreur, nous décrivant une situation de façon biaisée, voire complètement fausse. Combien de fois la réalité n'a-t-elle pas apporté de cinglants démentis à nos interprétations réputées intelligentes ? Parfois, nous avons déduit qu'il fallait se fier à quelqu'un qui ne méritait pas notre confiance ou, au contraire, nous avons eu des soupçons vis-à-vis d'une personne dont, en réalité, il n'y avait rien à craindre.

10. Mingyur Rinpoché, *Bonheur de la méditation,* éditions Fayard, 2007.

Il s'agit de cultiver le doute, mais au bon endroit. Plus on apprend à douter des pensées sécrétées par un état émotionnel, plus, paradoxalement, on a confiance en soi. Et, inversement, plus on accorde de crédit aux pensées induites par l'émotion, plus on continue à douter de soi, habité malgré soi par un pressentiment de fausseté.

Un jour, une élève de Lee Lozowick qui connaissait par ailleurs parfaitement l'enseignement de Swâmi Prajnânpad, posa à Arnaud une question qui se présentait comme un défi. Sachant la somme impressionnante d'ouvrages qu'il avait écrits, cette femme lui demanda s'il pouvait résumer en une seule pratique l'essentiel de ce qui fait la Voie. Arnaud lui répondit que si nous mettions en doute les pensées issues de l'émotion, cela pouvait nous conduire jusqu'au bout du chemin.

C'est la sortie du cercle vicieux : pensée – émotion – pensée… La tyrannie du mental n'a de cours que par le crédit qu'on continue d'attribuer aux pensées mensongères. En injectant du doute au bon endroit, c'est la base même de son empire qui s'effrite.

Se libérer de la culpabilité

■

Éric

La culpabilité est une émotion particulièrement difficile à éradiquer, car elle est souvent enracinée si profondément qu'elle échappe à une saisie claire. À la différence de la colère ou de la tristesse, elle imprègne la conscience comme si elle n'avait pas de « contour » bien défini. On pourrait la comparer à un nuage dont l'humidité imprègne subrepticement nos vêtements alors que l'on fait une promenade en montagne. Ce n'est pas le déluge d'un orage qui s'abat tout à coup sur nous et qui nous permet de constater à quel point on est trempé. C'est plutôt un malaise lancinant, un état « poisseux » qui paralyse et dont on ne sait pas l'origine. On ressent cet état de mal-être comme un obstacle majeur à notre épanouissement et parfois il est assez fort pour nous faire réaliser à quel point notre vie est étriquée et suffocante. Cet état s'immisce dans les moindres petites circonstances de notre existence et nous fait nous sentir inadéquat, incapable ou même foncièrement mauvais. Il n'y a plus qu'à sombrer dans le jugement dépréciatif, s'accabler et mettre en place un dispositif d'autopunition pour tenter de compenser le tout dans une tentative désespérée de rachat. Cette situation malheureuse en entraîne une autre, parce que les personnes en proie à cette émotion sont les plus disposées à se laisser manipuler par leur entourage. Le contexte culturel et social joue une part importante dans le renforcement de cette émotion, car celle-ci s'accommode très bien des systèmes religieux fondés sur la distinction tranchée entre le Bien et le Mal.

L'œuvre entière de Nietzsche se dresse contre une approche manipulatoire de la religion qui entend imposer une loi moralisatrice et culpabilisante. Il souligne que c'est seulement le « Dieu moral » qui est mort et non pas la réalité spirituelle ultime. Il dénonce seulement la confusion entre le plan de la morale et celui de la mystique. « Vous dites que c'est une décomposition spontanée de Dieu, mais ce n'est qu'une mue : il se dépouille de son épiderme moral. Et bientôt vous le retrouverez par-delà le bien et le mal[1] ». Nietzsche s'en prend à l'idéal, en tant qu'il est facteur d'illusions, et à un système de fausses valeurs qui engendrent l'hypocrisie, le ressentiment, la culpabilité, la peur du châtiment et la quête d'une récompense.

Après m'être installé au Québec, j'ai pu découvrir et mesurer toute l'incidence qu'a eue le catholicisme sur l'ensemble de la société et comment les valeurs morales sont devenues un moyen de coercition sur plusieurs générations. Je pourrais en donner une illustration très caricaturale, mais néanmoins révélatrice de la mentalité de toute une époque. Il s'agit d'un homme dans la quarantaine m'évoquant un souvenir remontant à ses cinq ans. Il s'était rendu avec sa tante à l'église lors de la célébration d'une messe. À l'issue de la cérémonie, une petite corbeille pour la quête circule de mains en mains et lorsqu'elle arrive à sa hauteur, il veut y déposer une pièce. Celle-ci lui échappe et tombe à terre. Sa tante se tourne alors vers lui et lui

1. Nietzsche, *La Volonté de puissance,* T. II, chap. 407.

dit, sur un ton glacé et avec un regard accusateur : « Jésus va te punir pour ça! » Après tant d'années, ce souvenir le plongeait encore dans une grande culpabilité et une terreur insoutenable. Bien sûr, cette tante avait sa névrose particulière, mais il ne faut pas oublier que ce sont les éducateurs qui instillent la culpabilité dans le psychisme des enfants dès leur plus jeune âge. Le mental des adultes les déforme en leur apprenant à se diviser contre eux-mêmes par le jugement et la comparaison.

Un travail à la fois long et laborieux est nécessaire pour se départir de telles distorsions. Lorsque l'on s'engage dans une voie spirituelle, ces travers se retrouvent parfois transposés dans ce nouveau contexte et il est fréquent de voir des personnes qui ne se considèrent pas à la hauteur, ou pas dignes du grand but tel que les enseignements le proposent. Quand Arnaud avait enjoint à ses élèves de « viser haut », il contrecarrait cette tendance à la dépréciation en prenant à revers cette image négative de soi-même ainsi que toute fausse humilité ou attitude timorée se déguisant en qualité spirituelle. Il nous invitait à ne pas avoir froid aux yeux et à oser avoir une réelle ambition. Il nous avait donné un jour, comme métaphore, l'exemple d'une usine de construction automobile dont on trouverait normal qu'elle ne produise jamais, en bout de chaîne de montage, une seule voiture à même de rouler. Nisargadatta Maharaj disait de même : « Plus hauts seront vos buts et plus vastes vos désirs, plus vous aurez d'énergie pour les réaliser. » Voilà qui contredit les croyances habituelles selon lesquelles il est de bon ton de faire profil bas, de réprimer l'énergie en nous pour ne pas trop s'affirmer et de suivre le penchant de la culpabilité comme si elle allait nous mener à une quelconque réalisation spirituelle.

Dans la posture de méditation par exemple, le port de la tête est très important. Cette posture ressemble à la stature de ces femmes indiennes ou africaines qui portent un pot au sommet de leur tête. La beauté ainsi que la noblesse naturelle qui se dégagent d'une telle attitude proviennent avant tout de la justesse, c'est-à-dire de sa conformité avec les lois (équilibre, gravité, etc.). Ces femmes ne sont pas fières mais dignes, elles ne sont pas arrogantes mais nobles. Il doit en être de même avec la posture de méditation qui manifeste de telles qualités intrinsèques à nous-mêmes. À l'inverse, garder la tête penchée en avant et le dos légèrement voûté est généralement le signe, non pas d'une profonde intériorité, mais plutôt d'une incapacité à s'ouvrir à plus vaste tout en restant dans le confort de ses propres complications émotionnelles et psychologiques. L'attitude de componction peut être ambiguë et n'être en réalité que l'expression de la culpabilité ou d'un air affecté de gravité.

Le chemin de la transformation intérieure ne passe pas par le jugement d'un aspect ou un autre de soi-même ni par le fait de se rabaisser à ses propres yeux. Ce n'est pas le reproche qui est transformateur, mais l'accueil, l'acceptation et la vision neutre de ce qui est. Ainsi, toute condamnation est une forme de rejet qui génère la division et renforce par conséquent ce que l'on cherche à éliminer. Cette direction est sans issue et ressemble à un cercle infernal, parce que la division intérieure ne fait que se renforcer. Swâmi Prajnânpad l'explique en ces termes à un disciple indien, Sumangal Prakash : « Il n'y a rien à réprimer, il n'y a pas de censure, pas de considération de bien ou de mal. Car, en tout premier lieu, le jugement de valeur en lui-même est faux, c'est une illusion [...]. J'ai deux yeux. Si quelque chose arrive à l'un d'eux et si l'autre n'a rien, vais-je arracher le mauvais œil et le jeter ? Non. Je l'accepte comme il est. Je le laisse là où il est et j'utilise l'autre œil. Je les accepte tous les deux comme ils sont. Je ne rejette pas l'œil endommagé. Je ne lui refuse pas son existence parce qu'il est là. De la même façon, je ne peux me détruire. Je ne peux pas m'ôter une partie de moi-même. Je dois tout intégrer… Aucune division à l'intérieur de moi… Cette division seule est la source de tous les malheurs et de toutes les souffrances[2]. »

En tant que source fondamentale de division intérieure, la culpabilité est donc une composante psychologique très pernicieuse dont les conséquences sont dévastatrices. Le mental l'utilise en inoculant la croyance : « je suis mauvais » ou « je ne le mérite pas », et en imposant l'interdiction d'être heureux. Cette obsession de ne pas être à la hauteur – très commune dans les milieux spirituels – a parfois pour conséquence d'engendrer une certaine fascination ou confiance naïve à l'égard de ceux qui, au contraire, n'ont pas de scrupules à affirmer leurs propres certitudes avec une forte conviction. Une personne qui est très sûre d'elle-même et qui se place en situation d'enseigner va facilement en imposer à ceux qui sont au contraire pétris de doutes à l'égard d'eux-mêmes.

Cette émotion de culpabilité peut se jumeler avec un complexe d'infériorité qui se manifeste sous la forme d'une réaction inverse et se traduit par la prétention, l'arrogance, la fausse assurance et le complexe de supériorité. Dans un contexte spirituel, cela donne des personnes qui prétendent avoir atteint

2. Swâmi Prajnânpad, *L'Expérience de l'unité,* L'Originel, 1986, p. 153.

l'Éveil ou qui affirment sans ciller vivre constamment dans l'« ici et maintenant ».

Si la culpabilité est destructrice psychologiquement et contre-productive spirituellement, il est toutefois important de la distinguer de ce que l'on pourrait appeler le remords de conscience. À ce sujet, Gurdjieff a forgé plusieurs formules compliquées pour en souligner l'importance tout en remarquant qu'il ne relève pas du domaine de la morale ordinaire et du mental, mais d'une conscience plus profonde, non pas acquise en fonction du milieu extérieur, mais innée et universelle. Il parle d'« impulsion êtrique divine » ou d'« impulsion divine fondamentale de conscience morale objective ». Même si on retrouve l'expression de « conscience morale » dans cette dernière définition, elle ne concerne plus toutes les influences issues de l'éducation et de la religion, mais un niveau de conscience inhérent à notre être même, en résonnance avec des lois supérieures qu'il qualifie de divines et objectives.

Une des tâches de tout aspirant sur la Voie est d'entrer en contact avec ce niveau de soi-même ou de le ramener à la surface. Cela exige une grande honnêteté et le courage de voir la souffrance que l'on peut infliger aux autres par notre propre inconscience. La profondeur de cette prise de conscience peut amener un réel changement, alors que le simple fait de se sentir honteux et coupable n'a aucune incidence sur nous-même ou sur notre comportement futur. C'est même le contraire. La dépréciation de soi-même apporte une énergie dans la mauvaise direction et les promesses que l'on peut faire à partir d'un tel état d'esprit n'ont aucune valeur puisqu'elles ne font que renforcer le cercle vicieux lui-même.

Lorsque les Pères du Désert mentionnaient « la voie des larmes », ils parlaient de cette réalisation unificatrice et transformatrice et non pas de dépression ou de négativité. Maurice Nicoll, un disciple de Gurdjieff, raconte qu'il accompagna un jour ce dernier à Londres avec l'intention de trouver une maison pour y fonder son Institut. Lorsqu'ils visitèrent une maison qui était à vendre, Gurdjieff ne dit pas un mot, mais en voyant une petite pièce au rez-de-chaussée, il fit une remarque que quelqu'un traduisit en ces termes : « pièce pour confession ». Maurice Nicoll eut alors un choc, car il pensait que le travail, la démarche spirituelle, n'avait rien à voir avec la confession au sens ordinaire du terme. Gurdjieff ne donna pas plus d'explication, mais Nicoll comprit qu'il ne s'agissait pas tant d'une pièce extérieure que de l'importance de se « confesser » à soi-même, autrement dit de découvrir que l'on est dans l'erreur et d'en réaliser profondément toutes les incidences sur soi et sur autrui. Le travail spirituel ne consiste donc pas à s'accabler et à se déprécier, mais à voir la vérité grâce à une conscience accrue, à la vigilance et à la compréhension.

Arnaud nous a rapporté un jour l'expérience qu'a faite un homme alors qu'il l'accompagnait dans un travail d'introspection profonde. Cet homme avait retrouvé diverses émotions très douloureuses reliées à son enfance, mais une souffrance d'une intensité extrême était apparue en lien avec un épisode beaucoup plus tardif, alors qu'il était jeune homme. Adolescent, il avait certes commis quelques menus larcins, mais, ce jour-là, il avait arraché et volé à une vieille femme son sac à main alors qu'elle venait de toucher sa pension mensuelle. Cette réminiscence était assez vive et détaillée pour réveiller chez lui une souffrance comparable à nulle autre : il avait réalisé de tout son être ce qu'il avait fait. Il s'agit d'une véritable bascule du monde intérieur habituel vers un niveau d'être d'un tout autre ordre.

Ce fut sans doute le cas pour le pharisien Saul à l'époque de Jésus. Il persécutait ses disciples avec acharnement avant que ne s'opère sa *métanoïa* que l'on traduit par « conversion », mais qui concerne avant tout un changement de niveau de conscience intérieur. Dans la tradition tibétaine, Milarépa, au XIe siècle, est aussi un exemple illustre qui, de façon similaire, a vécu cette « impulsion êtrique divine » après avoir pratiqué la magie noire et fait s'effondrer une maison sur une famille entière, lors d'une noce, pour se venger des malheurs que l'on avait infligés à sa mère.

Tôt ou tard, au cours du cheminement spirituel, la rencontre avec la profondeur de ce type de remords de conscience est inévitable. Ce dernier opère une cristallisation définitive en nous-même en pulvérisant un pan entier du mental, libérant ainsi une conscience plus fine, à même de connaître la souffrance d'autrui comme si c'était la nôtre. Il n'y a plus de différence, plus de séparation. Il s'ensuit un changement d'attitude ou de comportement immédiat et radical. Ce n'est plus de l'ordre de la bonne volonté à l'intérieur des anciens fonctionnements, mais plutôt un effondrement brutal des fonctionnements eux-mêmes.

La culpabilité est une émotion égocentrique qui n'apporte jamais aucun changement, ni pour soi ni pour les autres. Le remords de conscience au contraire prend en compte l'intérêt d'autrui. Il ouvre la porte à l'amour véritable et à la compassion.

Dans la gueule du tigre

■

Sophie

Au cours d'une retraite à Mangalam, Arnaud reçoit quelques élèves pour le thé. Parmi eux, Maya, une ancienne, partage avec fierté quelques photos qui la montrent souriante, dans une interaction – presque un corps à corps – avec un énorme tigre, une expérience sur mesure pour la septuagénaire qui semble pratiquer de façon plutôt radicale *L'Audace de vivre*, à moins que ce ne soit *Pour une mort sans peur*[1] ! La photo fait mouche : Arnaud aimerait vivre la même expérience.

L'expérience est possible dans une sorte de minuscule zoo dont je prends les coordonnées et je me charge d'organiser cette sortie qui promet d'être divertissante, non seulement pour Arnaud, mais pour nous tous. Purna et Paula, des invités disciples de Lee Lozowick, sont en effet de passage avec leurs jeunes enfants. Voilà un programme parfait pour notre petit groupe d'âge très hétéroclite.

Malheureusement, j'apprends que l'expérience d'interaction avec le tigre de la photo n'est possible que pour une personne à la fois, sans spectateurs. Ceux-ci pourraient communiquer malgré eux une certaine nervosité dans ce moment de complicité à haut risque… On me prévient également qu'avant de partager l'intimité physique du tigre, il faut compter un peu de temps pour que le dresseur dispense une formation de base sur les rudiments de communication avec ce dangereux prédateur.

Devant ces contraintes, Arnaud décide de renoncer à l'expérience personnelle avec le tigre pour privilégier l'esprit d'une « sortie de famille » : nous irons dans ce minuscule zoo pour une simple visite, avec tout de même une possibilité d'interagir avec certains animaux moins redoutables que le félin : des lynx, des perroquets, des singes, des renards et des loups.

Nous voici tous dans ce lieu qui tient plus d'une ferme exotique que d'un zoo. L'éleveur nous y accueille chaleureusement. Il nous accompagne tout au long de la visite pour nous présenter ses animaux. Il sait qu'un certain monsieur Arnaud, le plus âgé d'entre nous, aurait aimé vivre une interaction avec son tigre.

On nous présente d'abord un perroquet ara qui vient se percher sur la tête d'Arnaud. Puis un singe capucin qui, après avoir sauté d'épaule en épaule sur presque tous les membres de notre petit cercle de onze personnes, décide de s'arrêter sur son épaule et de ne plus en bouger. Nous sommes tous ébahis devant le discernement spirituel de ce petit singe qui n'a pas hésité un instant avant d'attribuer à l'être le plus évolué et le plus sage d'entre nous le mérite de lui servir de siège. Le dresseur nous extirpe assez vite de la brume de nos interprétations spirituelles. Lorsqu'ils ont le choix, ces petits singes élisent toujours le plus ancien de leurs congénères pour se jucher sur lui : il est moins passionnel et moins émotionnel que les plus jeunes et donc plus susceptible de leur procurer un sentiment de protection et de sécurité. N'empêche, ce capucin avait « pris refuge » en Arnaud qui était le plus sûr des choix : il s'agissait, certes, du plus ancien des grands singes présents, mais surtout du seul de l'assistance à être radicalement libre des émotions perturbatrices. Libre à un point qu'il est difficile de se représenter. Arnaud n'allait d'ailleurs pas tarder à nous en donner un témoignage sans équivoque.

Alors que nous nous projetons avec attendrissement sur ce petit singe si intelligent, le dresseur, dont le métier et littéralement la survie reposent sur un solide instinct, comprend que ce monsieur Arnaud est une sorte d'alpha pour nous tous. « Qui est-il pour vous au juste ? Votre père ? » Nous répondons évasivement : « Oui, en quelque sorte… » Il ajoute : « Et je vois que monsieur a une relation particulière avec les animaux. » En effet. Et voilà que le dresseur se dit prêt à introduire Arnaud auprès de ses tigres pour quelques instants, faisant fi de ses propres règlements. Nous ne pourrons certes pas aller jusqu'à la pose photo « tigre debout avec ses pattes sur les épaules » comme sur le cliché de notre amie Maya. Mais nous serons tous bel et bien dans la même pièce qu'un tigre, et Arnaud pourra se tenir à l'avant, tout proche du félin.

Avec malice, Arnaud demande que nous prenions des photos : il nous dit avec humour qu'il veut revenir en France avec une pièce à conviction, preuve irréfutable qu'il est la réincarnation de Soham Swâmi, un maître de notre lignée ! Soham Swâmi, aussi nommé le « Swâmi aux tigres », était le maître de Niralamba Swâmi, lui-même maître de Swâmi Prajnânpad.

Dans sa biographie de Swâmi Prajnânpad, Daniel Roumanoff nous parle de cet ancêtre spirituel : « Soham Swâmi était un homme très courageux. Il fut le premier Indien qui ait formé une troupe de cirque et là, il jouait avec des tigres vivants, à mains nues, sans aucune torche (à la main), sans rien du tout. Et comment faisait-il pour jouer ? Soham Swâmi racontait ensuite à tout le monde : “Voyez-vous, ces animaux adorent jouer. Ils ont la passion de jouer. Mais leur faim doit d'abord être satisfaite.” Et quand le tigre était rassasié, il jouait avec lui. Puis, il prenait un enfant de deux ou trois ans, le mettait dans la cage et le tigre jouait avec lui pendant quelques temps, puis il le laissait ressortir. C'était un homme audacieux et complètement libre. Et aussi tellement méthodique ! »

L'humour d'Arnaud ne suffit pas à apaiser la nervosité bien palpable dans la pièce. Nous l'accompagnons dans cette folie avec une confiance toute relative... Personnellement, je me dis que si le dresseur sent qu'il le peut, c'est qu'il le peut. Notre fille, branchée sur la même fréquence, se montre non seulement confiante, mais enthousiaste de voir enfin un tigre sans qu'il soit derrière des barreaux. Ma névrose optimiste – ou ma confiance innée, c'est selon le point de vue – est tout de même refroidie par une consigne de sécurité adressée à notre ami Purna, un homme à la stature imposante qui tient son bébé de six mois dans les bras : « Monsieur, tenez-vous au fond avec votre bébé, ce serait juste un snack[1] pour le tigre ! »

Le dresseur part chercher le fauve. Nous surveillons la porte qui va s'ouvrir d'un instant à l'autre. Véronique Desjardins, sur un ton mêlé d'humour et d'appréhension, lance un ultime appel à la raison à son mari en citant la phrase de Swâmiji la

1. Une collation, un goûter.

plus à propos dans pareille circonstance : « *Arnaud, is it really necessary ?* »

Le tigre entre, tenu en laisse par le dresseur, une laisse parfaitement adaptée à un caniche : stupeur parmi nous ! Pour la première fois, nous faisons l'expérience viscérale d'être de simples proies démunies face à un prédateur aussi magnifique et imposant que dangereux. Les barreaux, ou plutôt l'absence de barreaux entre un fauve et nous, c'est ce qui fait toute la différence quand vous croisez cette lueur menaçante dans son regard. Arnaud se tient devant nous tous et laisse le tigre venir à sa rencontre. Il ose une caresse sur son dos.

Puis, sans crier gare, sans qu'aucun signe préalable nous ait mis en alerte, le félin ouvre sa gueule et, dans un geste furtif, se retourne sur Arnaud pour refermer ses mâchoires sur son genou. Le tigre relâche sa prise après cet avertissement musclé qui visait sans doute à asseoir sa dominance sur lui, la petite caresse n'ayant peut-être pas été appréciée pour ce qu'elle était. Les choses ne se passant pas comme prévu, le visage du dresseur s'assombrit, ce qui ne me rassure plus du tout. Il met rapidement fin à cette rencontre en conduisant le tigre dans sa cage. Il lui lance ensuite son repas, un poulet congelé que le félin déchire de ses mâchoires en nous défiant du regard comme si des éclairs de feu sortaient de ses pupilles.

Pendant les quelques secondes d'effroi qu'a duré la scène dont nous ne savions pas sur le moment jusqu'où elle irait, jusqu'où elle pourrait dégénérer, nous avions les yeux rivés sur Arnaud. Et sa réaction était sidérante. Plus exactement, son absence de réaction. Il n'avait pas cillé, son visage était resté détendu et ouvert, alors que son genou se trouvait pris en étau dans la gueule d'un tigre ! Pas même l'esquisse d'une crispation ou d'une grimace exprimant la crainte… Nous mesurions silencieusement ce que cela impliquait, mais je ne tenais plus en place et lançai :

« Arnaud ! Vous n'avez pas eu peur ?

— Non. »

Nous sommes repartis après qu'Arnaud eut remercié chaleureusement le dresseur de lui avoir offert cette expérience. Un peu plus tard, quand Éric questionna plus précisément Arnaud sur ce qu'il avait vécu au moment où le tigre l'avait mordu, celui-ci répondit : « C'était comme si j'étais au deuxième étage », une formule imagée pour évoquer l'expérience du désengagement de la conscience, de la désidentification du moi.

Combien de fois, en quarante ans d'enseignement, nous avait-il expliqué, avec toutes sortes d'images, cette possibilité d'une liberté radicale dont témoignent les sages, l'accomplissement ultime de l'être humain étant cette liberté vis-à-vis de tout ce à quoi nous nous identifions : notre histoire personnelle, nos pensées, nos émotions et, plus radicalement encore, notre corps. Combien de chapitres avait-il écrits sur ce thème ? Combien de réunions avait-il passées à expliquer inlassablement à ses élèves qu'on peut s'échapper de la prison de l'identification ? Ce jour-là, Arnaud nous a servi une démonstration magistrale de liberté face à l'émotion la plus viscérale, la plus animale : la peur devant un réel danger pour sa vie.

Bien sûr, s'il s'était agi d'une voiture fonçant sur lui à vive allure, il aurait eu le réflexe de sauver sa vie en bondissant pour se mettre à l'abri du danger. Mais en l'occurrence, il n'y avait nulle fuite possible hors des mâchoires du tigre. Et si la peur s'était imposée, elle lui aurait probablement dicté des réactions qui non seulement ne l'auraient pas sauvé, mais auraient même aggravé la situation en propageant plus encore de nervosité chez les spectateurs et chez le tigre lui-même. Arnaud n'était pas dépourvu de ce si naturel et essentiel instinct de survie, mais il était libre de l'émotion de peur qui y est habituellement associée.

Mais l'histoire n'est pas finie.

Nous pensions tous que le tigre avait seulement servi un léger coup de semonce à Arnaud. Le soir venu, Véronique m'appelle à la maison :

« Arnaud a une blessure à l'arrière du genou qui a saigné. Toi qui as grandi dans une ferme, peux-tu me dire si le tigre pourrait lui avoir transmis le tétanos ? »

Je lui réponds : « Je ne sais pas, nous n'avions pas de tigres à la ferme ! »

Le lendemain, au restaurant, Arnaud, dans une candeur tout enfantine, relève son pantalon et nous montre sa plaie, seul souvenir qu'il aura du tigre puisque aucune photo n'a été prise dans la stupeur générale et la brièveté de l'interaction.

Je réalise alors que la pression des crocs de l'animal a été plus puissante que je ne l'avais imaginé et que cela avait donc dû être relativement douloureux. Arnaud commente qu'en effet, cela lui avait fait mal, mais qu'il n'avait pas voulu montrer de signes de douleur devant le dresseur par considération pour lui. Cet homme lui avait offert un privilège, avait fait une exception, en lui donnant cette opportunité, ce moment de proximité avec son tigre sans formation préalable et, qui plus est, en acceptant la présence d'une douzaine de spectateurs dans la pièce. Arnaud ne voulait pas qu'il se sente coupable de quoi que ce soit, ni qu'il ressente un quelconque reproche implicite de l'un d'entre nous.

J'étais profondément touchée. Être à la merci d'un tigre n'avait eu aucun pouvoir d'affecter la générosité et la bienveillance naturelles qu'il avait pour les autres : par gratitude pour cet homme qu'il ne connaissait pas quelques heures plus tôt, il s'était abstenu de toute réaction de douleur.

Nous tous qui le voyions vivre au quotidien savions bien que ses journées étaient sans cesse orientées vers ce qu'il pouvait faire pour aider, encore et toujours, pour soulager la souffrance des autres. Nous savions aussi qu'il le faisait le cœur animé par la gratitude pour ce qu'il avait reçu de son propre maître. Nous sentions qu'il était établi dans une paix d'un autre ordre, que les vicissitudes du quotidien ne pouvaient pas perturber. Mais, jusqu'à ce jour-là, je n'avais pas mesuré jusqu'à quelle extrémité cela était vrai ni combien radicale était cette inversion de la perspective ordinaire. Ni la perspective de perdre une jambe, ni même celle de mourir n'avaient réussi à le distraire de « l'autre ».

Sur sa tombe à Hauteville a été inscrite cette sentence de Swâmiji au sujet de son disciple : *Arnaud has a golden heart*, « Arnaud a un cœur en or. » Quelques années avant sa mort, quand on lui avait demandé l'épitaphe qu'il souhaiterait sur sa sépulture, il avait répondu avec humour : « C'était un chic type » et aussi « La libération c'est possible, mais c'est pas de la tarte ! »

L'émotion en question

■

Éric

Si l'on étudie les principales voies traditionnelles de transformation, on va constater qu'il y a des points communs, des constantes décelables en deçà des divergences apparentes. On retrouve en particulier comme dénominateurs communs le thème de la vigilance et celui de l'équanimité, ce que l'on appelait autrefois l'égalité d'âme. C'est ce dernier thème que nous allons aborder maintenant, plus précisément celui des émotions et de leur disparition progressive. Ce thème est particulièrement délicat et il peut faire l'objet de nombreuses méprises. Il est en effet difficile de mettre en doute plus à fond notre expérience courante et d'être prêt à reconsidérer la manière dont nous avons fonctionné jusqu'à présent.

La première chose qui peut heurter est l'intention même de vouloir remettre en question les émotions. Pour la plupart d'entre nous, les émotions sont le sel de la vie et il semble, à première vue, presque inhumain d'imaginer en être dépourvu. Même si on peut s'accorder pour dire qu'il n'est pas heureux de ressentir de la haine, de la peur, de la colère ou du désespoir, il n'en reste pas moins que le fait même d'éprouver des émotions est partout encouragé et valorisé. Tout est fait autour de nous pour les entretenir et même les attiser. De plus, elles semblent inéluctables, car depuis notre tendre enfance elles s'imposent à nous et nous sommes habitués à les éprouver, quand ce n'est pas, le plus souvent, les subir. *A priori*, l'idée de ne plus ressentir d'émotions ne nous fait pas envie, car nous nous imaginons que cela aboutirait à un état passablement morne et dévitalisé. Il faut avoir rencontré des êtres avec une certaine stature spirituelle pour se rendre compte que ce n'est pas le cas. Leur témoignage vivant et lumineux laisse entrevoir une réalité d'un autre ordre derrière le voile obscurcissant que constituent les émotions conflictuelles. Cette réalité n'est pas une abstraction parce qu'elle relève d'un cœur purifié d'où peuvent alors émaner librement la bonté, la compassion, l'amour véritable et la paix. Swâmi Prajnânpad appelait de tels états des « sentiments », qu'il distinguait radicalement de ce qu'il appelait les « émotions ». C'est une question de vocabulaire, mais cette distinction peut nous aider à voir plus clair. Les émotions sont l'affirmation de notre ego et il est important de comprendre leur genèse si on veut s'en affranchir. Pour simplifier le propos, nous en resterons aux émotions négatives, car tout le monde s'accorde à reconnaître qu'elles ne sont pas souhaitables (sans toutefois pour autant envisager nécessairement une ascèse pour les éradiquer).

Bien que, depuis notre enfance, nous ayons baigné dans l'atmosphère émotionnelle de ceux qui nous ont élevés et que nous ayons été habitués à réagir aux circonstances que nous avons rencontrées, il faut néanmoins prendre un certain recul pour examiner la nature même de l'émotion et comprendre aussi l'intérêt d'être peu à peu en mesure de nous dégager de son emprise.

Lorsqu'une émotion apparaît dans le corps, celle-ci se manifeste en nous sous la forme d'une perturbation physiologique.

Selon l'intensité de l'émotion, cette perturbation peut être plus ou moins grande – et donc évidente – mais, même si elle est légère, il est possible de nous en rendre compte en ressentant une sensation d'une qualité particulière. Si notre vigilance et notre présence à nous-même sont suffisamment affinées, la moindre petite perturbation pourra être décelée. C'est ainsi qu'un travail intérieur peut commencer.

Être ému veut dire : « être mu hors de soi » (*e-mu*), c'est-à-dire déplacé de son axe, dans un état de déséquilibre. Le plus souvent, on ressent un certain malaise ou une tension. Cet état est désagréable et il attire de ce fait notre attention. Or la manifestation énergétique, et même parfois spectaculaire, de l'émotion nous fait oublier deux points extrêmement importants. *Le premier est que l'émotion est toujours précédée d'une pensée et le second, que cette pensée est toujours l'expression d'un refus de la réalité dans l'instant.*

La plupart du temps, cette pensée initiale nous échappe sur le moment, car elle traverse notre esprit en un éclair. En faisant un effort particulier, il peut être possible de la retracer *a posteriori*. On découvre alors que la nature essentielle de cette pensée correspond à *un refus* de ce qui est dans l'instant. Ce refus apparaît à la vitesse d'un réflexe conditionné et se présente sous la forme d'une pensée : « cela devrait être autrement ». Le mental conteste la réalité de ce qui se présente dans le moment et entend en proposer une autre version. Cette pensée est fausse puisqu'elle souhaite imposer une « réalité » fictive à la place de la seule et unique vérité de l'instant. Chögyam Trungpa Rinpoché nous prévient : « Il est inutile d'intenter des procès cosmiques interminables… » Cela se traduit par un cri du cœur du genre : « Ah! Non », ou encore : « C'est pas vrai ! » Le plus surprenant est que pour nier ce qui est, il faut avoir tout d'abord constaté et reconnu que cela est. Après ce premier constat, le mouvement suivant est alors tout de suite la négation ou le déni de cette même réalité. C'est ainsi que fonctionne le mental, car on ne peut pas nier une chose qui n'existe pas au préalable pour nous. L'homme de Néandertal par exemple ne peut pas nier la réalité du trafic urbain, ni Louis XIV, la réalité du réchauffement climatique parce que cela n'existe pas pour eux. Très curieusement, la négation de ce qui est ne peut donc intervenir qu'après avoir reconnu – même de façon très fugace – la réalité de ce qui est. Le mental tente ainsi désespérément d'oblitérer ce qui a bien été perçu dans un premier temps.

Selon la formule du Vedanta, la vérité est « une-sans-un-second ». Ce qui se présente dans l'instant, quoi que ce soit, s'impose donc avec évidence. Or, la pensée de négation conteste cette évidence. C'est la raison pour laquelle notre système tout entier se retrouve dans un état d'impuissance et d'impossibilité, car la réalité ne peut être modifiée en un clin d'œil par le prétendu pouvoir de notre esprit. La perturbation émotionnelle est ainsi le symptôme qui nous signale la présence de la pensée fausse. Elle est comme une alarme nous prévenant que nous avons quitté le réel et que le mental s'affole dans une vaine tentative de lui substituer une composition de son cru.

« Cela devrait être autrement » : trop tard !

L'émotion est une sorte d'excitation et d'onde de choc dans le corps tout entier à la suite d'une pensée qui est erronée parce qu'elle tente de contrer l'évidence du moment présent, qui pourtant s'impose inéluctablement.

Lorsque les traditions spirituelles proposent une purification des émotions, c'est parce qu'elles reconnaissent la nature illusoire de la pensée d'origine. Du point de vue de la sagesse, ou tout simplement du bon sens, aucune pensée qui conteste la vérité de ce qui est dans l'instant ne peut être légitime. Ce point est difficile à admettre et les arguments avancés en faveur de la justification de l'émotion sont nombreux, mais ils reposent sur une expérience très superficielle. En effet, les habitudes dans notre manière de fonctionner sont tout autant profondes que persistantes, et les résistances à les remettre en cause ne sont pas faciles à dépasser. Néanmoins, les sages de toutes les époques attestent, non seulement par leur enseignement mais aussi par leur exemple même, d'une telle possibilité. C'est d'ailleurs ce point essentiel qui marque la différence entre un être réalisé et un être ordinaire non transformé.

La remise en cause des émotions négatives, mais aussi des émotions positives, représente un véritable défi. En effet, on a du mal à imaginer que leur disparition ne soit pas une perte désastreuse, mais qu'elle laisse au contraire la place à une fonction supérieure du cœur – l'intelligence du cœur – qui révèle alors une richesse insoupçonnée de sentiments. À cet égard, les émotions positives, bien qu'agréables, sont un obstacle de même nature que les émotions négatives. La raison en est qu'elles procèdent du même mécanisme de décalage par rapport au réel. L'émotion positive est le produit d'un artifice mental fondé sur une comparaison qui n'a pas lieu d'être. La pensée implicite se présente alors sous cette forme : « ce qui arrive aurait pu ne pas arriver ou cela aurait pu être pire ». Il en découle une impression de soulagement agréable ou une excitation positive. Ce ressenti est bien réel quoique produit par une fiction, puisque c'est une pensée de comparaison qui en est l'origine. En progressant peu à peu sur le chemin, on finira par découvrir que les émotions positives nous volent en définitive un bien encore plus précieux.

L'émotion positive peut être vive et intense, mais elle ne revêt pas la qualité subtile et profonde du sentiment. De plus, elle est instable et passagère. Elle engendre inévitablement, à un moment ou un autre, une réaction de force opposée, ce qui laisse au bout du compte un goût de vide, de regret ou d'insatisfaction. L'emportement qu'elle génère nous prive même de la capacité d'apprécier ce que nous sommes en train de vivre parce qu'il n'y a plus de centre de conscience stable, mais seulement une réaction mécanique qui nous entraîne et nous absorbe. « À ces mots, le Corbeau ne se sent pas de joie… », est-il dit dans la fable. De quelle joie ou de quel bonheur s'agit-il réellement dans ce cas ? À cet égard, les enseignements font allusion à du miel sur une lame de rasoir. Ainsi, il n'y a pas à sacrifier ou à renoncer à quoi que ce soit. Pour prendre une analogie : qui voudrait, en toute connaissance de cause, se départir d'un billet de cinq cents dollars pour un billet de cinq dollars ?

Dans toutes les ascèses, quels que soient leur origine et le contexte dans lequel elles se développent, il y a toujours un travail de purification à entreprendre. Cette purification n'est pas tant d'ordre moral que d'ordre technique, pour ainsi dire. La *praxis*, c'est-à-dire l'ascèse, est, selon Évagre le Pontique (IVe siècle) : « La méthode spirituelle qui vise à purifier la partie passionnée de l'âme. » Certes, les méthodes peuvent être très variées, mais le fond de la démarche est universel, car, ainsi que le souligne l'Évangile : « C'est du cœur que viennent les mauvaises pensées, les meurtres, les adultères, les impudicités, les vols, les faux témoignages, les calomnies » (Mt 15, 19). Une manière de décrire – à travers cette énumération – toute la palette des émotions négatives dont il s'agit de se libérer. Le soufisme, la mystique de l'Islam, tout autant que le *Lankâvatâra Sûtra* parlent des « voiles » qui recouvrent le cœur et qui nous empêchent d'accéder à notre nature véritable. Il y a donc une corrélation étroite entre le fait de se débarrasser des voiles qui nous obscurcissent et celui d'accéder à la Réalité ultime. Dans son *Traité sur les Béatitudes*, Grégoire de Nysse pose clairement la question : « Mais pour voir Dieu, comment purifier le cœur ? ». Et dans un tout autre contexte, celui du Vedanta, Swâmi Prajnânpad affirme que « le mental, une fois libéré de ses scories, n'est autre que Brahman », Brahman signifiant l'Absolu, neutre et inconditionné.

Il s'agit donc bien de s'attaquer aux tendances habituelles qui génèrent en nous la souffrance et nous exilent de notre réalité la plus profonde.

Le terme sanscrit qui désigne la souffrance est *dukkha*, mais celui-ci a aussi le sens de « détresse, agitation, mal-être ». Cette remise en ordre peut ressembler à une psychothérapie dans la mesure où, relativement parlant, il s'agit bien d'aller mieux : la voie de l'Adhyatma Yoga propose sans équivoque un travail de nettoyage du mental et de purification de l'inconscient, mais ce qui compte est l'intention réelle qui préside à ce travail. L'engouement de la méditation laïque est sans doute dû au fait qu'elle propose de guérir du stress et de la dépression, mais elle ne nous propose pas pour autant de nous conduire à la réalisation du Soi. Dans une démarche traditionnelle, l'intention est de purifier le mental et de le rendre transparent à la dimension divine en nous. Avec beaucoup de réalisme, Nisargadatta Maharaj nous dit que « pour aller au-delà du mental, vous devez avoir un mental en parfait état. Vous ne pouvez laisser le désordre derrière vous et aller de l'avant. Il semble que " ramasser vos rebuts " soit une loi universelle et une loi équitable, par-dessus le marché[1] ».

Si on veut s'engager sérieusement dans une voie de transformation intérieure, on ne peut donc pas faire l'économie de ce que Mâ Anandamayi comparait au récurage d'une mare. On soupçonne que cette image renvoie à une tâche ingrate, passablement laborieuse et malodorante ! Et il faut toute la détermination et le courage nécessaires pour traverser tous les états intérieurs que cela implique. Tout le monde veut bien se débarrasser de ses émotions les plus pénibles, mais il est plus rare qu'on soit prêt à payer le prix qu'exige la reconnaissance en nous « du pire du pire » et de chercher à connaître l'ampleur réelle de ce qui nous emprisonne. Bien que l'on veuille naturellement se libérer de la souffrance, curieusement l'attachement à celle-ci et aux émotions négatives est néanmoins très puissant. Pour ne pas être démasqué, le mental se protège sans cesse, se réfugie dans la résistance ou la complaisance « en se lovant, comme le remarque Trungpa Rinpoché, dans la familiarité et le confort de ses propres complications émotives ». Se libérer peu à peu de ses tendances habituelles n'est donc pas

1. Nisargadatta Maharaj, *Je Suis*, Les Deux Océans, 1982, p. 144.

une mince affaire. L'épitaphe humoristique qu'avait proposée Arnaud pour lui-même : « La libération, c'est pas de la tarte ! », fait écho à la remarque souvent reprise en français par Sensei Deshimaru : « C'est pas du gâteau ! »

Dans le processus d'une *sadhana* bien conduite, « les nœuds du cœur » vont peu à peu se dissoudre ou se dénouer de telle sorte que les émotions seront de moins en moins nombreuses, de moins en moins intenses et de moins en moins durables. Il se peut, cependant, qu'au cours d'un tel processus des émotions refoulées resurgissent à la surface de la conscience, donnant ainsi l'impression que l'on régresse ou que l'on s'oriente dans la mauvaise direction. Dans la tradition biblique et patristique, l'*apatheia* est le terme utilisé pour désigner ce que le moine cherche à atteindre. *Apatheia* ne signifie pas « apathie », « insensibilité » ou « impassibilité », mais plutôt « état non pathologique », et doit être compris comme le fait d'être dépourvu d'émotions. Cette définition est lourde de conséquences, car elle laisse entendre qu'intrinsèquement « toute émotion est pathologique ». Elle ne l'est sans doute pas du point de vue psychologique et clinique, mais elle l'est du point de vue spirituel, puisqu'elle trouve son origine dans un refus de la réalité de l'instant. Elle est une forme à la fois d'aberration et de souffrance. L'émotion, le fait d'être ému, signifie, par le fait même d'être soumis à une perturbation, que l'on est exilé de soi-même, déplacé de son centre et en déséquilibre. Swâmi Prajnânpad parle de « l'ivresse de l'intoxication émotionnelle » et compare ainsi celui qui est en proie à une émotion à quelqu'un qui serait en état d'ébriété : il voit double et ne sait plus ce qu'il fait. Il souligne que la réaction émotionnelle est « un signe qui vous montre que vous n'êtes plus dans le vrai », ce qui, pour un chercheur spirituel plaçant la vérité au-dessus de tout, implique qu'il doit envisager de sérieux réajustements.

La diminution des émotions devient alors un critère concret de notre évolution intérieure et de notre maturité. Notre niveau d'être est sans cesse testé et mis à l'épreuve au cours de notre vie quotidienne parce que les circonstances extérieures viennent nous défier en réveillant ce que nous portons encore de latent en nous. L'histoire d'un chrétien des premiers siècles qui avait été insulté par ceux qui n'appartenaient pas à la même secte que lui nous en apporte une illustration intéressante. Au bout de deux heures d'injures, on lui dit : « Et ton Dieu est bien incapable de faire un miracle ! » Il répond alors : « Il vient d'en faire un sous vos yeux. Cela fait deux heures que vous m'insultez et je n'ai pas ressenti la moindre émotion. » Il s'agit bien d'un miracle en effet, car, si l'on se place du point de vue ordinaire, une telle situation ne peut que faire lever colère, indignation ou haine d'autrui. En montrant qu'il échappe aux émotions mécaniques et réactionnelles, ce chrétien prouve qu'il n'est plus soumis aux fonctionnements psychologiques communs qui apparaissent la plupart du temps dans ce genre de situation.

L'argument qui vient à l'esprit est alors de considérer que c'est un signe de faiblesse et de lâcheté : ne rien dire, ne rien faire, et donc subir l'injustice en silence. En fait, cette anecdote n'aborde pas le sujet de l'action, mais veut surtout insister sur le fait que réagir émotionnellement n'est pas une fatalité ou une obligation et qu'il est possible de s'en abstenir et d'accéder à une liberté intérieure. Une anecdote semblable est rapportée au sujet du Bouddha. Un homme vient le trouver pour le couvrir d'injures. Le Bouddha lui dit : « Supposez que vous me tendiez un présent et que je ne le saisisse pas, qu'advient-il ? » L'homme lui répond : « Il me resterait dans les mains. » Alors le Bouddha lui rétorque : « Eh bien, c'est exactement ce que je fais avec vos injures ! »

Ce que propose la sagesse n'a rien à voir avec ce que l'homme ordinaire considère pourtant comme normal, en particulier le fait d'éprouver des émotions. Il paraît même étrange de considérer qu'on puisse s'en libérer tant elles font partie de notre existence courante. Un sage n'a pas d'émotions ? « Une brique non plus », ajoute Swâmiji. Et pourtant il y a une grande différence.

Étant donné le mode de fonctionnement habituel, il est bien difficile d'imaginer que l'absence d'émotions n'est pas équivalente à un état apathique et sans saveur. En réalité, il n'en est rien et les sages que j'ai pu rencontrer témoignaient au contraire d'une énergie, d'un humour et d'une joie de vivre hautement enviables. La question que cela soulève est de savoir à quelle norme on se réfère. Il y a un dicton qui dit que « lorsque tout le monde a tort, tout le monde a raison ». En d'autres termes, l'étalon de mesure ou de référence n'est pas « l'homme véritable » du taoïsme (*tchen-jen*), l'homme parfait (l'*Insâm kàmil*) de la mystique musulmane ou le *jivan-mukta,* le libéré vivant de la tradition indienne, mais simplement le niveau d'être correspondant à un dénominateur commun chez l'être humain ordinaire, c'est-à-dire non accompli. Or, du point de vue spirituel, l'état ordinaire équivaut à une maladie, une anormalité quand ce n'est pas même parfois décrit comme un état de mort-vivant. Il y a cette parole forte de lama Denis Tendroup qui a forgé le terme « normosé » pour dire « normalement névrosé ». L'Inde ancienne affirme que « lorsque tous les hommes marcheront à quatre pattes, celui qui marchera debout sera considéré comme un fou ». Swâmiji disait que l'évolution intérieure nous fait passer de l'anormal au normal, puis du normal au supranormal. Dans sa perspective, le simple fait d'être normal était déjà un haut accomplissement, parce que relativement rare. Alors qu'il séjournait en France, un de ses disciples, Daniel Roumanoff, l'avait invité quelques jours à la campagne. Il avait proposé à Swâmiji de se promener dans son village de Normandie un jour de marché. À l'issue d'une matinée de promenade au milieu de la foule, Swâmiji avait constaté de façon laconique : « Je n'ai vu qu'une seule personne normale. » Daniel s'est alors empressé de demander : « Qui ? » et Swâmiji lui a simplement répondu : « Une jeune femme vendant des légumes à un étal. »

Même si le but ultime de l'existence humaine nous paraît difficile à atteindre, il n'en demeure pas moins qu'il est important de rester fidèle au véritable étalon de mesure et non pas de tenter de le réaménager pour qu'il corresponde à notre propre niveau actuel. Un sage tel que Lao-Tseu, par exemple, considère que le saint n'a point d'afflictions humaines et qu'« il garde son cœur indistinctement simple envers ce qui est sous le ciel » (ch. 49), « simple » signifiant ici non pas « humble », mais « non troublé », unifié et tranquille parce que sans aucune perturbation. Il s'agit de la même « tranquillité constante » dont parle, dans un tout autre contexte culturel, Jean Cassien, le maître du monachisme occidental, au IVe siècle. Le *Yoga*

Vashistha auquel se référait Swâmiji avec les Upanishad déclare dans la même ligne : « L'homme sage demeure entièrement concentré en lui-même et sa tranquillité est comparable à la fixité d'un sommet himalayen, immuable en tout temps et en toutes saisons. Cet état d'âme parvient à maturité avec le temps et s'acquiert par une pratique constante du *Yoga* (d'une Voie) et par le service du Maître. Alors, le yogi est libéré aussi bien de la souffrance que de la peur et dépasse les illusions et les afflictions du monde ; il ne craint pas de perdre cet état[2]. »

Une des caractéristiques du sage est donc bien le fait qu'il soit d'humeur égale en toutes circonstances et parfaitement « équanime ». Tchouang-Tseu le déclare sans ambages : « Le sage n'a ni colère, ni tristesse, ni joie », une définition qui, à elle seule, peut faire frémir d'inquiétude ou de révolte ! Au chapitre VII de son œuvre, il donne une définition plus large : « L'esprit de l'homme parfait est comme un miroir. Il ne se ment pas avec les choses et il ne les prévoit pas. Il répond aux choses mais ne les retient pas. C'est pourquoi l'homme parfait est capable de s'occuper des choses avec succès, *mais il n'est pas affecté par elles.* »

Une telle description correspond à l'image que tout un chacun se fait du sage. En effet, on peut dire que, « instinctivement », ou « intuitivement », un être d'une grande stature spirituelle ne sera jamais représenté comme étant soumis aux émotions négatives courantes. S'il l'était, plus rien ne le distinguerait du commun des mortels et il ne serait plus nécessaire d'en faire grand cas. Ainsi, soit la sagesse suprême existe – et

2. *Le Monde est dans l'âme* (Yoga Vasishtha), Arché, Milan, 1977, p. 12.

se manifeste en particulier avec ce critère d'absence d'émotions – soit elle n'existe pas – et alors tous ceux ou celles à travers les époques qui ont semblé incarner cet état ne sont en fait que des menteurs ou des personnes qui se leurrent elles-mêmes. Il n'y a pas d'autres possibilités.

Sans considérer que mon maître soit le plus grand, je peux attester qu'il ne fonctionnait plus selon les critères habituels, et que c'est précisément à cause de cela qu'il pouvait être une réelle source d'inspiration. Sa propre épouse pouvait apporter à cet égard le témoignage suivant : « Je vis avec Arnaud depuis deux décennies et je peux vous dire que ce qui crée des émotions chez les autres n'en crée pas chez lui. Il n'est pas le seul, d'autres que lui ont atteint ce niveau de sérénité, c'est le but du chemin[3]. »

Dans des circonstances extrêmes comme un œdème aigu du poumon où il était à quelques minutes de la mort par suffocation, il pouvait, entre deux souffles, continuer à dire pour apaiser son entourage : « Om », « Amen », confirmant ainsi que « toutes les émotions et pas seulement la peur, viennent de la non-acceptation[4] ».

L'objectif ou le but détermine le moyen pour s'y rendre et c'est ce qui explique pourquoi, dans un chemin authentique, la légitimité des émotions est radicalement mise en cause. Cet aspect est sans doute l'un de ceux qui sont les plus difficiles à admettre, tellement cette perspective heurte tout ce que nous avons vécu nous-mêmes depuis notre naissance. Nisargadatta

3. A. Desjardins et V. Desjardins, *La Traversée vers l'autre rive*, L'Originel, 2010, p. 188.
4. Swâmi Prajnânpad, *ABC d'une sagesse*, La Table Ronde, 1998, p. 64.

l'énonce en ces termes : « Les réactions émotionnelles nées de l'ignorance ou de la distraction ne sont jamais justifiées. Recherchez un esprit clair et un cœur clair[5]. » Or une étude très approfondie passant par la connaissance de soi montre que toutes les émotions sont issues de l'ignorance, c'est-à-dire de l'absence d'une vision claire de la réalité. L'émotion elle-même prouve que l'on n'est plus dans le vrai parce qu'elle ne peut apparaître que lorsqu'il y a une négation de ce qui est dans l'instant. C'est la raison pour laquelle Swâmiji affirme catégoriquement : *Emotion is never justified,* « l'émotion n'est jamais justifiée ».

Bien entendu, il faut comprendre correctement cette formule, car elle est souvent interprétée à tort comme une accusation, une condamnation, autrement dit un autre jugement de valeur. En réalité, il faut l'entendre comme si l'on disait qu'il n'est pas justifié de considérer que deux et deux font cinq. Par ailleurs, cela n'empêche pas d'entreprendre un travail précis et subtil sur l'énergie émotionnelle elle-même pour la transformer. En même temps, la contestation de sa légitimité intrinsèque doit demeurer catégorique. Dans son dernier livre, *La Paix toujours présente,* que certains considèrent comme son testament spirituel, Arnaud a pris grand soin de marteler la nécessité impérative de cette contestation radicale : « L'émotion n'est jamais justifiée, il n'y a pas à nuancer ou assouplir ce jamais[6]» ; ou encore : « Réfléchissez à cette affirmation de Swâmiji, mais n'essayez pas, si vous voulez progresser, de l'adoucir, de l'assouplir, de la nuancer[7]. » Et, rejoignant les grands prin-

5. Nisargadatta Maharaj, *Je suis,* Les Deux Océans, 1982, p. 36.
6. A. Desjardins, *La Paix toujours présente,* La Table Ronde, Paris, 2011, p. 75.
7. *Ibid.*, p. 77.

cipes de la sagesse universelle, il précise une fois de plus que « la présence d'émotions proprement dites est la preuve irrécusable que l'ego n'a pas complètement disparu, que la non-dualité n'a pas été atteinte[8] ». Il affirme sans ambiguïté : « La disparition progressive des émotions est capitale sur la voie[9]. »

Cette insistance est une manière de nous mettre en garde contre les glissements d'interprétation qui ont pour but de préserver les anciennes façons de fonctionner et de sauvegarder ainsi le droit de continuer à éprouver des émotions. La tentation est grande d'essayer de trouver des parades pour éviter la radicalité « impitoyable » de cette approche.

L'une d'entre elles consiste à considérer que la peur et la colère sont des « émotions naturelles », autrement dit, légitimes. L'exemple qui est souvent donné est celui de l'animal qui, grâce à sa peur devant un danger, peut fuir pour s'y soustraire. La peur est alors indispensable pour assurer la survie. Aussi instinctif que puisse être ce mécanisme de défense, il n'est cependant pas transposable lorsqu'il s'agit d'un être réalisé. Celui-ci a dépassé la condition humaine ordinaire et à plus forte raison la condition animale. Il y a d'innombrables histoires qui relatent que non seulement des maîtres spirituels, mais aussi des disciples accomplis, ont complètement transcendé la peur – incluant bien sûr la peur de la mort elle-même devant un danger imminent.

Tout en n'étant plus identifié au corps, un sage qui traverserait une avenue regarderait quand même à droite et à gauche

8. *Ibid*, p. 76
9. *Ibid*, p. 77.

pour ne pas se faire renverser par une voiture. Il pourrait aussi éventuellement faire un brusque écart pour esquiver un véhicule sur le point de le heurter. C'est une question de bon sens. Puisque, comme le répète Swâmi Prajnânpad, « aucun type de trouble émotionnel n'est jamais justifié[10]», la colère en fait aussi partie. Considérer qu'elle est simplement légitime parce que certains sages eux-mêmes l'ont manifestée est une erreur. On sait que Jésus a renversé avec fureur les tables des marchands du Temple, que la grande sainte bengalie, Mâ Anandamayi, ou le très doux Swâmi Ramdas ont pu faire montre de colères tonitruantes.

Il y a cependant, dans ce cas, une différence essentielle avec une quelconque colère ordinaire : elle n'est pas le signe d'une réaction égotique de refus à l'égard de ce qui est, mais un acte de pure compassion qui s'exprime sous la forme courroucée pour éduquer un disciple – et éventuellement l'arracher à une perception erronée qui pourrait lui être préjudiciable. Cette réponse du maître fait partie de l'arsenal dont il dispose parmi ses « moyens habiles ». La plupart du temps, il n'en fait un usage que très parcimonieux, car cette attitude relève plutôt d'une mesure d'exception. Il m'a été donné d'assister à plusieurs reprises à une colère de ce genre de la part d'Arnaud et, une autre fois, de la part de Sensei Deshimaru. L'énergie générée est alors immense et percute au plus profond de l'être (même lorsqu'elle ne nous est pas directement adressée). Un jour, Arnaud avait convoqué une personne dans son bureau et avait fait appeler Gilles Farcet pour qu'il soit témoin de la scène. Après que cette personne eut essuyé une colère specta-

10. Swâmi Prajnânpad, *L'Expérience de l'unité*, L'Originel, 1986, p. 169.

culaire et qu'elle eut quitté la pièce, Arnaud se tourna alors vers Gilles avec un calme absolu et lui dit : « Il faut parfois utiliser de la dynamite ! »

Dans son dernier livre, Arnaud rappelle donc l'importance de la non-compromission par rapport à toutes les émotions et le danger qu'il y a à admettre que certaines d'entre elles puissent être normales alors que d'autres ne le seraient pas. Il écrit : « Ne vous engagez pas dans des subtilités du genre : “il y a quand même différents types d'émotions”. Il s'agit de toutes les émotions[11]. » Pas d'échappatoire donc, et il est même impossible de continuer à vouloir préserver son « droit » à être agacé ! Un disciple de Gurdjieff, Maurice Nicoll, rapporte le saisissement qu'il éprouva alors que, énervé par la résistance d'un matériau au cours d'un travail qu'il effectuait avec Gurdjieff, il entendit celui-ci lui répéter plusieurs fois : « Nécessité être homme[12]! » Le moindre énervement, la moindre irritation, la moindre impatience tombent sans aucune ambiguïté dans la catégorie des émotions. Même s'il s'agit d'une intensité atténuée, elles peuvent néanmoins ouvrir la porte à la colère et peut-être à la haine elle-même, d'où ce sage conseil : « Que le soleil ne se couche pas sur votre irritation[13]. »

Dans un autre registre, le fait d'être choqué, outré, ulcéré fait aussi partie de la catégorie des émotions, même si celles-ci semblent se ranger du côté de la morale ou du bon droit.

11. A. Desjardins, *La Paix toujours présente*, La Table Ronde, Paris, 2011, p. 79.
12. M. Nicoll, *Psychological commentaries on the teaching of Gurdjieff and Ouspensky*, vol. V, Shambala, 1984, p. 1758.
13. Éph. 4, 26.

Arnaud nous a dit un jour que, si on se laissait aller à de telles émotions, même au sujet de la Shoah par exemple, nous deviendrions alors complices des bourreaux. Cela signifie que nous serions de la même façon sous le pouvoir du mental lui-même, de l'ignorance et du cortège d'émotions négatives qui en découlent et, par conséquent, participant pleinement à la cause première engendrant la plupart des tragédies humaines de cet ordre.

Dans l'enseignement transmis par Gurdjieff, l'éradication des émotions fait aussi partie du travail intérieur incontournable qu'il s'agit d'entreprendre. Dans sa terminologie, le centre émotionnel est le lieu où apparaissent toutes les perturbations et afflictions caractérisant l'homme immature et mécanique. Le témoignage de Maurice Nicoll est significatif à cet égard : « En une occasion, j'ai entendu Gurdjieff dire : “Nous devons détruire notre Centre émotionnel”. Étant encore très jeune dans le Travail, j'ai pensé que cela devait être une chose terrible et combien tout deviendrait dur et cruel si notre Centre émotionnel était détruit. Quand je suis devenu plus ancien dans le Travail, j'ai réalisé très clairement ce que cela voulait dire[14]. » Et Nicoll ajoute que pour atteindre un niveau d'être supérieur, la purification du Centre émotionnel signifie à proprement parler la destruction de celui-ci tel qu'il se présente à nous maintenant, c'est-à-dire, dit-il, nos difficultés réactionnelles, notre sensibilité égotique, nos petits sentiments personnels à propos des uns et des autres, notre paquet très sensible de préférences, de ce que l'on aime et de ce que l'on n'aime pas. En résumé,

14. M. Nicoll, *Psychological commentaries on the teaching of Gurdjieff and Ouspensky*, vol. III, Shambala, 1984, p. 855.

conclut-il, toutes les émotions qui nous gouvernent et qui sont par définition égocentriques et mesquines. Si l'on est honnête, ce tableau sans complaisance se révèle finalement objectif.

Seule cette indispensable destruction peut permettre le réveil d'un *Higher Emotionnal Center*, un « centre émotionnel supérieur » qu'on pourrait appeler ici le « cœur » et qui, lui seul, peut être réceptif à des influences très fines et d'un autre ordre. Cette alchimie des émotions transmute le plomb en or, c'est-à-dire que la stupidité du cœur devient l'intelligence du cœur. Les émotions disparaissent pour laisser la place aux sentiments : la bienveillance, la gratitude, l'amour, la compassion, la paix (qui dépasse toute compréhension), la joie (qui demeure), la félicité. « Tant que l'émotion est là, dit Swâmiji, il ne peut y avoir de sentiment, l'émotion engloutit tous les sentiments[15]. »

En se plaçant ainsi dans cette perspective plus large qui laisse entrevoir une tout autre manière de vivre et d'éprouver, la remise en question des émotions revêt alors un sens beaucoup plus clair et profond. Cette « effervescence des énergies internes et du mental », selon la terminologie tibétaine, devient moins souhaitable qu'il n'y paraît et l'on peut commencer à avoir de sérieux doutes quant à la légitimité de ce que l'on considère a priori comme étant « le sel et le levain de notre existence[16]».

Comme dans toutes les traditions spirituelles authentiques, le bouddhisme tibétain consacre des pratiques très spécifiques et élaborées pour éradiquer les émotions. Dans un enseigne-

15. Swâmi Prajnânpad, *L'Expérience de l'unité*, L'Originel, 1986, p. 180.
16. Denise Desjardins, *Petit Traité de l'émotion*, La Table Ronde, 1996, p. 7.

ment à ce sujet, Lama Guendune Rinpoché distingue plusieurs niveaux de pratiquants : « Pour le pratiquant supérieur, dès que les émotions apparaissent dans l'esprit, elles seront anéanties[17]. »

Autant par une analyse poussée que par une vigilance aiguë et une vision pénétrante, le pratiquant en arrive à reconnaître que tout vient de son propre esprit. « Par cette reconnaissance, explique Lama Guendune Rinpoché, nous nous débarrassons de la saisie mentale qui nous fait produire toutes les émotions et, peu à peu, nous développons une activité purificatrice, jusqu'à ce que l'esprit et le comportement soient complètement libérés de leurs voiles au point que nous ayons une manifestation complètement pure : c'est l'obtention de l'Éveil, de l'état de Bouddha[18]. »

Un autre maître tibétain respecté, Bokar Rinpoché, indique de la même façon : « Admettre que notre esprit est imbibé par les passions-émotions et reconnaître qu'elles sont un ennemi est un premier pas indispensable. Décider ensuite de faire en sorte de les dissiper ; et tant qu'on l'on se refuse à le faire, on ne peut pas vraiment dire qu'on pratique une voie spirituelle et aucun progrès n'est possible. »

Décrit de cette manière, le chemin spirituel paraît à la fois bien difficile et ambitieux. Consacrer son existence à œuvrer pour se libérer des émotions et accéder aux sentiments devient un véritable enjeu. Cette distinction de vocabulaire utilisée par Swâmi Prajnânpad est très utile pour le chercheur puisque *emotion* et *feeling* ne concernent pas le même niveau de réalité.

17. Lama Guendune Rinpoché, *Les Émotions*, éditions Dzambala, 1991, p. 45.
18. *Ibid.*, p. 23.

Le langage courant ne fait pas de différence entre les deux. On peut tout aussi bien dire, par exemple, un « sentiment de culpabilité » ou de haine en mentionnant ces émotions. Un jour, Arnaud m'a demandé de lui apporter un dictionnaire afin de voir par curiosité comment l'émotion était définie. Elle était décrite comme étant un sentiment. Et en se référant alors au mot « sentiment », la définition disait que c'était une « émotion » !

En français, Matthieu Ricard utilise l'expression « émotion positive » pour désigner ce qui relève en fait de l'ordre du sentiment selon le lexique qu'utilise Swâmi Prajnânpad. Les émotions, qu'elles soient positives ou négatives, relèvent en effet toutes les deux de la même catégorie d'obscurcissement, à la différence du sentiment qui, lui, se situe au-delà de la dualité propre au mental.

Il y a un passage célèbre dans les Évangiles (Jean 21, 15-17) qui marque bien la différence entre les deux niveaux[19]. Il s'agit de cet échange entre Jésus et Pierre au cours duquel Jésus lui demande : « M'aimes-tu? » Ici, pour le verbe « aimer », deux mots différents sont utilisés : *agapan* et *philein*. Le premier se réfère à l'amour-émotion qui est attachement, passion et toujours mécanique, alors que l'amour-sentiment (si l'on s'accorde à adopter cette terminologie distincte) est infiniment subtil, inconditionnel et toujours conscient. Lao-Tseu souligne cette même distinction lorsqu'il remarque que « … dans ce monde mélangé, le sage est sans émotions aucune et a les mêmes sentiments pour tous ».

19. Cf. *Jésus parlait araméen*, Le Relié, 2000, p. 290-295.

Lorsqu'on peut approcher de tels êtres affranchis, notre conviction profonde se renforce quant à la nécessité incontournable d'œuvrer à l'effacement progressif de toutes nos émotions quelles qu'elles soient : « Les sages, bien que prenant part aux activités extérieures ou intérieures, dit Swâmi Prajnânpad, ne sont ni troublés ni perturbés[20]. » Un chemin concret se dessine alors et, tout au long de ce chemin, des balises très claires nous permettent de vérifier si l'on se dirige dans la bonne direction.

20. D. Roumanoff, *Swâmi Prajnânpad, un maître contemporain*, vol. 2, La Table Ronde, 2002, p. 158.

Compassion oblige

■

Sophie

Une femme qui venait souvent à Hauteville demeurait cependant toujours négative, critique, pleine de jugements, et finalement très malheureuse. Rien ne semblait fonctionner pour elle et son cas semblait sans espoir. Celui qui tentait au mieux de l'accompagner dans son difficile parcours avait eu le sentiment d'avoir fait tout son possible sans qu'aucun changement ne se produise. À bout de patience, il finit par lui dire sur le ton de la provocation : « Aussi longtemps que tu veux rester dans ta merde, restes-y ! » Des mois plus tard, quand Arnaud fut informé de cet échange, il fit ce commentaire : « Un maître spirituel ne peut pas dire : "Aussi longtemps que tu veux rester dans ta merde, restes-y !" Il dit : "Aussi longtemps que vous resterez dans votre merde, j'y resterai avec vous". »

Finalement, Arnaud ne faisait que formuler dans le langage populaire ce que les bouddhistes appellent le vœu du boddhisattva. Pour eux, l'Éveil ultime, tel que l'a connu le Bouddha, signifie atteindre le nirvâna, sortir enfin de l'illusion du *samsara,* ce cycle infernal des morts et des renaissances qui nous replonge à chaque incarnation dans les mailles d'un karma où la souffrance est inéluctable. La peur, la souffrance, la maladie, la séparation et la mort sont les dénominateurs communs de toute existence. Mais un être qui fait le vœu du boddhisattva, comme l'a fait le Dalaï-Lama, formule l'intention de se réincarner encore et encore, de revenir jusqu'à ce que le dernier être sensible sur cette Terre soit enfin libéré de la souffrance. Plutôt que de jouir éternellement des fruits de sa pratique, parfaitement établi dans le nirvâna, il replongera dans le cycle et le chaos du *samsara* par pure compassion pour tous ceux qui en demeurent encore prisonniers. Que l'idée de la réincarnation vous paraisse tout à fait cohérente et évidente ou, au contraire, complètement farfelue et erronée, que vous doutiez de la possibilité que tous les êtres soient un jour libérés de la souffrance, là n'est pas la question. L'essentiel est le principe qui sous-tend ce vœu et qui devrait être au cœur de tout parcours spirituel : la compassion envers tous les êtres vivants, parce qu'ils sont tous potentiellement soumis à la souffrance.

Une authentique communion avec l'autre ne nous laissera jamais « pénard » ! Elle nous obligera à renoncer au confort psychologique et spirituel bien mérité dont on rêve de jouir tranquillement après des années d'effort et de pratique. Car, si on ne vit plus dans l'illusion d'être séparé de l'autre, d'un certain point de vue, on pourrait dire que ce qui lui arrive nous arrive aussi.

Mais tant que l'ego est là – et partons du principe qu'il sera là pour un long moment –, l'idée qu'il se fait de l'Éveil ou de la Libération n'est qu'une autre sorte de rêve égotique : Moi avec un M majuscule, mais éveillé ! Soyons francs : pendant bien longtemps, notre vision du chemin est centrée sur « moi », ce qui me fera progresser « moi », ce qui me rendra heureux « moi ». On cherche avant tout à tirer son épingle du jeu par les moyens habiles qu'offre une voie spirituelle. Mises à part quelques personnes que nous considérons comme les ingrédients nécessaires à la recette de notre bonheur personnel, les autres restent à l'arrière-plan de nos préoccupations, parfois même très loin derrière. Cette intention égocentrique est bien légitime et naturelle, elle n'est pas honteuse. C'est simplement la vérité de l'être humain non encore transformé, réalité avec laquelle on doit se réconcilier en toute lucidité. Par la pratique de ce qu'Arnaud appelait un « égoïsme intelligent », l'intention de cœur va progressivement s'élargir en incluant les autres. Parce qu'on se sentira de moins en moins séparé des autres, leur bonheur fera partie de ce qu'on considérera comme de son plus haut intérêt. C'est comme cela qu'on peut comprendre la façon dont Swâmiji exprime la progression sur le chemin : « Moi seulement – moi et les autres – les autres et moi – les autres seulement. » Cette affirmation peut nous effrayer si nous la comprenons comme l'annihilation sacrificielle du moi au bénéfice des autres. Swâmiji décrivait plutôt ce processus comme éminemment positif : un épanouissement de l'être au début étriqué, une croissance qui fait que le moi devient de plus en plus inclusif à mesure qu'il progresse vers la maturité. Dans cette perspective, « les autres seulement » pourrait aussi bien se dire « moi seulement », mais un moi qui n'a plus rien à voir avec celui du début : un moi qui inclut maintenant l'univers entier, sans séparation.

Dans l'intention de lui présenter notre petite fille qui venait tout juste de naître et à qui nous avions donné un prénom tibétain, nous avions voulu rendre visite à Khen Rinpoché, un maître tibétain de la première génération de l'exil de son peuple, ayant étudié sur les mêmes bancs d'école que le Dalaï-Lama.

Nous l'avions auparavant reçu comme invité à Mangalam : lors de notre grand rassemblement annuel, il avait donné un enseignement sur les vœux du boddhisattva. Mais c'était avant tout de son être même que filtrait toute la sagesse du bouddhisme : il émanait de lui une joie et une compassion contagieuses. Ce jour-là, il allait donc nous accorder une entrevue dans son centre, près de Montréal. À peine étions-nous installés dans une petite pièce où il nous recevait avec notre nouveau-né pour partager le thé, il se tourna vers nous avec intensité pour nous poser d'emblée cette question plutôt inhabituelle pour engager une conversation : *Are you happy ?* Étions-nous heureux ? En choeur, nous répondîmes « oui »... Le vieux Rinpoché se mit à irradier de joie et, se parlant à lui-même, répéta : *Thank you ! Thank you ! Thank you !...* C'était bouleversant. Nous ne pouvions visiblement pas lui faire de plus beau cadeau que d'être nous-mêmes heureux.

Cet état de communion naturel et spontané qui nous fait ressentir comme nôtre le bonheur d'autrui a cependant son corollaire. Il sonne le glas de l'indifférence à la souffrance de l'autre. Bien sûr, nous dirions tous que nous nous sentons concernés par ceux avec qui nous partageons une histoire commune ou une affinité particulière. Nous pourrions en déduire que nous ne sommes pas fondamentalement indifférents, ce qui serait une conclusion trop rapide et superficielle. Il est incohérent de prétendre à une transformation spirituelle en se contentant de cette exclusivité. Pourquoi réserver nos sentiments à une poignée d'individus choisis appartenant au même groupe que nous, que celui-ci soit cimenté par les liens du sang, de la religion, du sport, de l'appartenance politique ou de la complicité intellectuelle ou même spirituelle ? Si nous voulons vraiment remettre en cause l'étanchéité de l'ego, si nous manquons d'air dans nos limites actuelles et aspirons à la vastitude, attendons-nous à ce que les frontières habituelles de ce que nous considérons comme « notre tribu » soient repoussées bien au-delà de notre zone de confort actuelle.

Pour cela, il va s'agir de remettre en question nos *buffers*[1], ces tampons qui se sont mis en place malgré nous pour amortir l'impact des événements douloureux. Lorsque nous étions enfant, leur fonction était de protéger une sensibilité à la fois vive et fragile que nous ne pouvions pas exposer à tous les vents. Se départir de ces tampons sans risquer de déséquilibrer l'ensemble de sa structure psychologique est chose délicate. Cela requiert une solidité intérieure dont on ne peut faire l'expérience que par le développement d'un enracinement fiable. Seul cet enracinement peut conférer la stabilité nécessaire pour ressentir pleinement.

Il n'existe pas de recette miracle pour que se construise en soi ce fond solide, cette base, cette structure intérieure. C'est un long travail, mais il en vaut la peine. Car il faudra bien qu'on se sente peu à peu soutenu de l'intérieur pour éprouver pleinement toute une gamme de sentiments vulnérables sans être soi-même ébranlé et emporté par les souffrances d'autrui. C'est la totalité d'un chemin qui prend en charge cette rééducation, entre autres par la présence au corps, l'accueil des émotions et l'entraînement de l'esprit. Beaucoup de personnes travaillant au contact des malades, des détenus, des gens en détresse peuvent

1. Terme souvent utilisé par M. Gurdjieff.

avoir une grande facilité à entrer en résonance empathique avec le vécu douloureux des autres. Mais nous savons aussi que nombre d'entre eux en arrivent à un épuisement émotionnel. Cela doit nous alerter et nous faire réfléchir sur la nécessité d'un entraînement particulier. Comment envisager réalistement sa propre progression vers la vulnérabilité de façon à devenir capable de la soutenir dans la durée ?

Au fur et à mesure du cheminement, il devient évident que la paix du cœur tant recherchée n'implique en aucun cas le fait de s'insensibiliser ou de se détacher de la souffrance d'autrui. Un être éveillé fait l'expérience simultanée d'une paix et d'une joie indicibles, mais aussi d'un cœur brisé puisqu'il n'a plus aucune protection, aucune armure face à la souffrance de l'autre.

Il existe une vidéo éloquente où l'on peut voir le Dalaï-Lama faisant un commentaire du texte de Shantideva, *La Marche vers l'Éveil*. Au milieu de son intervention, alors qu'il évoque toutes les souffrances portées par la Terre, une tristesse lui tenaille la gorge et des sanglots silencieux le secouent alors qu'il dépose son front sur le micro pendant de longues secondes.

J'étais encore très jeune quand j'ai entendu Lee Lozowick nous mettre en garde, lors d'une réunion qu'il animait à Paris : « Vous voulez l'Éveil ? Mais il n'est pas certain que vous allez aimer ça ! ».

Cela m'intriguait, car on m'avait toujours parlé d'Éveil dans des termes si positifs que jamais je n'avais pu imaginer que je pourrais être déçue si, par chance, une telle expérience devait m'advenir. J'ai senti qu'il disait là une chose vraie et essentielle, mais sans trop comprendre pourquoi. Puis, les années de fréquentation d'Arnaud à Mangalam m'ont donné bien des éléments pour comprendre que l'idée que je me faisais de l'Éveil ou de la Libération à vingt-cinq ans était totalement naïve. Il est bien difficile en effet, de là où nous sommes, de nous représenter ce qu'est l'expérience du sage, ce que Swâmiji appelait la parfaite neutralité et la philosophie antique, l'équanimité ou l'égalité d'âme.

Cette vision immature de l'Éveil n'est bien souvent qu'une compensation d'un ego frustré, un rêve de revanche sur l'existence, une revendication de l'enfant blessé en nous. Gilles Farcet, enseignant parmi les plus anciens élèves d'Arnaud, avait rédigé une parodie de la célèbre chanson d'Aznavour : *Je me voyais déjà (en haut de l'affiche)* qu'il avait lui-même interprétée lors d'un spectacle à Hauteville. Dans cette satire, le haut de l'affiche est devenu le haut de l'estrade où les enseignants prennent place pour transmettre dans la grande salle de l'ashram. Et l'artiste à qui le succès et la gloire continueront d'échapper s'est mué en pratiquant en quête du statut d'éveillé et qui finira dans la même désillusion… Cette chanson a su nous faire rire de nous de façon très efficace, d'autant plus que nous savions que derrière tout humour de bouffon, la vérité est dite toute crue. En voici quelques strophes choisies :

JE ME VOYAIS DÉJÀ EN HAUT DE L'ESTRADE…
Tout jeune encore j'ai voulu méditer
Bien décidé à très vite progresser
La tête farcie de spiritualité
J'étais certain d'être bientôt éveillé
Je faisais partie des purs, des initiés

Le chemin était ma revanche, ma fierté
Je regardais de haut la mécanicité
Des pauvres gars complètement emportés
Je me voyais déjà en haut de l'estrade
Posture impeccable, vénéré de tous, le regard lointain
Je me voyais déjà en haut de l'estrade
Détaché de tout, mais très satisfait d'être au bout du chemin
[...]
Je me voyais déjà grand Jivan Mukta[2]
Plein de compassion pour les pauvres cons
bourrés d'émotions.

Si on réalise qu'avec les années on a fini par regarder ainsi de haut ceux qui sont « encore » empêtrés dans le fatras de leur souffrance émotionnelle, c'est qu'il y a une erreur de perspective, une grave méprise sur le cap. Le critère de l'avancement spirituel, c'est au contraire de se sentir de plus en plus relié, de moins en moins séparé de tous ceux qui croisent notre chemin, fût-ce des personnes qui ne partagent aucune de nos valeurs. Sinon, c'est que le chemin spirituel a été récupéré par l'ego pour faire de soi-même quelqu'un de spécial, un nanti condescendant à l'égard de ceux qu'on juge comme de pauvres imbéciles enlisés dans l'illusion. Et peut-être que, du haut de sa propre estrade intérieure, on prétend même pouvoir les aider. Or le véritable amour – la communion – suppose qu'on se sente sur un pied d'égalité avec l'autre, sans distance ni séparation vis-à-vis de lui.

2. « Libéré vivant », en sanscrit.

« Veux-tu tirer un homme de la fange et des immondices ? Alors, ne prétends pas lui tendre une main secourable d'en haut : ce n'est pas suffisant. Descends toi-même à son niveau, et mets-toi dans la fange, marche aussi dans les immondices. C'est là que tu peux le saisir à pleins bras, fortement, pour remonter avec lui dans la lumière. » (Parole de Rabbi Shlomo, in Martin Buber, *Récits hassidiques*.)

Arnaud nous a dit : « Tout manque d'amour est une infidélité au maître. La fidélité au maître, c'est la qualité d'amour que nous avons dans le quotidien envers des êtres non éveillés, non transformés. »

Dans un moment informel, lors d'un de ses séjours au Québec, nous avions abordé avec lui la situation de crise que vivait un de nos amis français, également élève sur la Voie. Nous donnions les dernières nouvelles le concernant et elles n'étaient pas brillantes. Comme il arrive dans certains parcours de vie complexes, cette personne faisait face à un entrelacs de difficultés psychologiques et existentielles qui l'avait conduite à une crise spirituelle dont elle semblait ne pas pouvoir sortir, et ce depuis des années. Alors que nous évoquions notre ami, nous étions tous mus par une affection sincère et par le souhait qu'il puisse enfin émerger de cette période troublée. Nous n'étions ni dans le jugement ni dans la fermeture, tout au contraire. Aussi, nous fûmes tous surpris par le ton de voix énergique qu'employa Arnaud pour nous interrompre. Il nous dit en substance : « Oh ! Je sais, je me souviens (sous-entendu lorsque j'étais comme vous, encore soumis au sens de la séparation). On a de la peine parce que l'autre souffre, le pauvre ! On se sent triste, on aimerait l'aider. Mais en même temps, on continue à sentir en soi-même : "Heureusement, ce n'est pas à moi que ça arrive ! Ce n'est pas mon problème." Tandis que pour moi : quand Samuel[3] va mal, c'est MON problème ! Quand Isabelle va mal, c'est MON problème ! »

Le ton de sa voix était déchirant. Nous étions pris de vertige devant l'abîme qui distinguait notre expérience de la compassion de celle d'un être dépourvu d'ego et donc de tout rempart intérieur face à la souffrance de son prochain. Après les quelques secondes qui suivirent ce coup de semonce, Arnaud reprit le fil de la conversation comme si de rien n'était. Ce qu'il venait de partager n'avait affecté en rien sa capacité à être totalement disponible au flux de la vie la minute suivante.

Jamais Arnaud ne m'avait laissé entrevoir aussi nettement ce que pouvait être son vécu intime face à la souffrance d'autrui. Il avait plutôt insisté jusqu'ici sur le fait qu'il percevait avant tout la profondeur d'une personne en deçà de ses problèmes et difficultés – parfois cruelles – du moment. Il était branché sur notre dimension spirituelle à tous, quand bien même nous nous en sentions coupés, exilés. C'est ce qui faisait de chaque échange intime avec lui un moment d'une qualité unique. Nous nous sentions reconnus dans notre essence, dans notre noblesse et notre dignité intrinsèques, et cela nous permettait d'amorcer une désidentification salutaire. Ma névrose ou mes difficultés, même les pires crises qui me secouent et qui font partie de mon parcours, de mon karma, rien de tout cela ne définit ce que je suis réellement. Arnaud nous ramenait ainsi à la grande affirmation des Upanishad en nous rappelant : « Toi aussi, tu es Cela ! » Ses années de pratique, qui avaient

3. J'utilise ici des noms fictifs, mais Arnaud cita alors deux personnes qui traversaient alors une période très éprouvante.

fini par faire des décennies, lui avaient conféré une perception plus vaste des personnes et des situations. Il ne se laissait pas piéger par la surface des choses. Il nous confiait souvent que cela apparaissait à ses yeux comme un immense malentendu. En effet, tous les enseignements spirituels affirment : « Vous êtes déjà les héritiers du Royaume et vous errez dans les rues pour mendier quelques pièces. Quelle méprise ! Vous êtes déjà ce que vous prétendez chercher ! »

Paradoxalement, quand nous étions auprès d'Arnaud et que nous lui confiions nos douleurs existentielles les plus intimes, il pouvait en même temps se montrer plus concerné que ne peut l'être votre meilleur ami. Je me souviens comment j'avais été décontenancée par sa réponse lorsque je m'étais ouverte à lui, en entretien, au sujet d'une situation bien concrète qui me préoccupait au plus haut point. Cette difficulté nourrissait en moi de vives inquiétudes pour mon propre avenir et même pour celui de mes enfants. Je m'attendais à une réponse classique de gourou qui m'aurait exhortée à revenir au moment présent, à dénoncer le refus à l'origine de mes pensées, à reconnaître que mes émotions déformaient ma perception de la réalité. J'étais prête à entendre un enseignement qui puisse arracher les voiles d'illusion dans lesquels j'étais emmêlée. Au lieu de cela, il me répondit : « Ce que vous venez de me dire est à fendre le cœur ! » Je le sentais absolument sincère, dans une parfaite communion avec moi, telle que j'étais en cet instant. Loin de prendre de haut mes confidences de mère angoissée, il compatissait avec moi et me prenait vraiment au sérieux. Une fois de plus, il venait de déjouer mes prédictions. Ce jour-là, au lieu d'un entretien à caractère métaphysique ou d'un exposé sur la pratique, Arnaud, plein de sollicitude et de bon sens, me montra quelles étaient les décisions concrètes qu'il nous encourageait, Éric et moi, à prendre dès maintenant pour prévenir le pire.

Ce qui est inusité, c'est d'être en relation avec quelqu'un qui se sent concerné au plus haut point par ce qui nous arrive sans pourtant être impliqué personnellement. Avec nos proches, il y a inévitablement une interférence avec leurs propres peurs ou leurs propres désirs. Là, on sentait au contraire l'absence totale de réaction personnelle de sa part. Il est très difficile de comprendre la notion de neutralité telle que l'enseigne Swâmiji. Ce mot ne fait d'ailleurs souvent pas très envie. Mais la neutralité du maître est paradoxalement plus positive que le positif lui-même. C'est une transparence totale qui laisse la bienveillance naturelle, présente en chacun, s'exprimer sans obstacle.

La sagesse universelle dont Arnaud n'était qu'un des témoins éclairés n'est donc en rien une posture de l'esprit froide et détachée. À en croire l'homme que j'observais au quotidien, vivre dans cette perception du monde supposait une sensibilité aiguisée allant de pair avec une immense vulnérabilité à la souffrance humaine. La sagesse sans la compassion manque d'humanité. La compassion sans la sagesse manque de discernement.

On peut alors comprendre pourquoi le chemin a souvent été décrit comme une lente préparation de l'organisme afin qu'il soit assez fiable – aux niveaux physique, émotionnel et mental – pour supporter pareille réceptivité. On pourrait envisager toute pratique spirituelle comme un entraînement méthodique conçu pour transformer l'organe de perception que nous sommes.

Il arrive parfois que quelqu'un qui n'a pourtant suivi aucune pratique particulière fasse l'expérience inattendue d'un moment d'unité, on pourrait même dire d'un éveil, mais qui serait cependant temporaire. Sans crier gare, une bascule se produit au sein de la conscience et la notion d'individualité séparée s'évanouit subrepticement pour laisser place à une conscience unitive et lumineuse qui plonge la personne dans un état de béatitude. Ces moments de grâce relatés, par exemple, dans les récits de processus de mort imminente laissent un souvenir inoubliable. Puisqu'elle ne peut pas être durablement intégrée par un organisme non préparé, une telle percée de l'Être s'inscrit dans la mémoire et nourrira une nostalgie spirituelle jusqu'au dernier souffle.

Ce type d'expérience aussi merveilleuse qu'inattendue peut ainsi survenir chez quelqu'un qui ne s'y attend absolument pas. Tel fut le cas d'un homme dans la cinquantaine qui n'avait jamais lu un livre de spiritualité et n'avait jamais eu idée de se mettre en quête d'une voie ou d'un guide. Il était un modèle de réussite selon les critères de notre société. Après de hautes études, il avait déjà accompli une belle carrière qui lui avait valu d'occuper des postes de responsabilité. En plus de la reconnaissance professionnelle, cet homme jouissait d'une aisance financière qui allait de pair avec sa réussite sociale.

Soudain, quelque chose d'inexplicable le fit basculer : il se sentit aimé inconditionnellement. Puis il fut lui-même transporté dans un état d'amour inconditionnel pour tout ce qui l'entourait. Les limites de son individualité s'étaient dissoutes dans une conscience d'une vastitude infinie où régnait une évidence : l'interdépendance de tous les êtres vivants et la toute-puissance d'une conscience aussi lumineuse que bienveillante.

L'école et la société en général ne nous ont nullement préparés à ce que ce genre de révélation puisse nous tomber sur la tête comme la foudre. Cet homme n'avait ni lu ni entendu aucun témoignage qui pût se référer de près ou de loin à son expérience. Bien que cela continuât de lui apparaître plus réel que le mode de perception ordinaire où il était retombé quelques jours après, il se questionnait maintenant sur son propre équilibre mental. Avait-il été en proie à un accès de folie ? Avait-il vécu une hallucination ou un délire ? Ou bien était-ce l'inverse : était-ce le mode de perception habituel qui était pur délire, pure illusion ? Il était très embarrassé, seul avec son secret, lorsqu'il manifesta le souhait de nous rencontrer pour nous confier son histoire. Il avait l'espoir que, peut-être, nous ne le prendrions pas pour un fou. Éric sortit alors de sa bibliothèque quelques ouvrages appartenant à différentes traditions spirituelles pour lui faire lire des passages qui témoignaient de la réalité ultime telle qu'elle a été décrite par des êtres réalisés. Il en était sidéré. Les mots avaient été écrits il y a cinq ans, cinq cents ans, voire deux mille ans. Ces inconnus formulaient, mieux qu'il ne pouvait le faire lui-même, l'expérience intime qui avait été la sienne alors qu'il n'avait rien demandé.

Une autre fois, il revint nous parler de cet état merveilleux, car il rêvait d'en refaire l'expérience sans toutefois se dire encore prêt à s'engager dans une quelconque démarche au long terme. Ce jour-là, il rajouta à son récit un élément nouveau qu'il n'avait pas pensé à évoquer la première fois. Il nous dit qu'au moment où ce sentiment d'amour inconditionnel dilatait encore sa poitrine, il lui apparut nettement que ce qu'il était en train de vivre impliquerait d'assumer une responsabilité vis-à-vis de la souffrance des autres. Demeurer dans cet état avait pour corollaire qu'il ne pourrait plus y rester indifférent et que des choix drastiques devraient en découler. Trop d'éléments de sa vie actuelle lui semblaient tourner le dos à ce qui lui avait été révélé : cela exigerait une profonde mise en cohérence. Allait-il consentir aux bouleversements que cette nouvelle priorité apporterait dans le concret de son existence ? Un refus monta alors de la profondeur. Son cœur se ferma à la perspective de payer un tel prix. Sa vision de l'Absolu s'évanouit alors pour ne plus être qu'un merveilleux souvenir.

Le seul signe avant-coureur de cette subite expérience spirituelle avait été ce tout aussi inexplicable phénomène survenu quelques années plus tôt : cet homme passionné de chasse depuis sa tendre enfance et grand amateur de viande fut brutalement incapable d'appuyer sur une gâchette. Donner la mort à un animal, ce qu'il avait fait d'innombrables fois par le passé, était mystérieusement devenu au-dessus de ses forces[4]. La bonté fondamentale veut s'exprimer et, s'il le faut, elle est prête à le faire malgré nous !

4. Je n'entre pas ici dans le débat sur le végétarisme mais il est certain que tuer un animal ne peut pas être banalisé : notre ami devenu sensible à la vie animale à l'autre bout de sa carabine ne pouvait en tout cas plus le concevoir comme un simple loisir ou un divertissement.

Alors qu'on l'interrogeait sur la nature précise de l'expérience qui était la sienne quand il s'immergeait dans le silence à la fin des réunions avec ses élèves, Arnaud donna cette réponse : « De même que la lumière blanche peut se manifester aussi comme les sept couleurs réfractées par un prisme, ce silence comprend diverses facettes dont une immense gratitude pour toutes les rencontres décisives qui ont jalonné mes années de recherche, un ressenti intime de perfection et un sentiment intense de solidarité avec l'immensité de la souffrance dans le monde. [...] Il n'y a plus aucune peur des autres, il n'y a plus aucune demande adressée aux autres, mais il y a un intense ressenti de toute cette souffrance... Cela me rappelle ce que disait Yvan Amar : une *obligation*. Il ne s'agit pas de “mon éveil, ma libération”, il s'agit de contribuer à diminuer la souffrance dans le monde[5] ».

On est très loin de toutes les techniques « novatrices » ou « révolutionnaires » qui nous proposent l'extase en nous épargnant non seulement le ressenti de la souffrance d'autrui, mais aussi la « plaie » d'un engagement dans une pratique spirituelle assidue. Ces méthodes se présentent comme des « outils », selon ce terme en vogue bien rassurant pour l'ego qui reste ainsi aux commandes de ce qui n'est vu que comme un instrument. Elles ne doivent pas remettre en question « le droit au refus » et tout le fonctionnement émotionnel ordinaire qui en découle, teinté d'un égocentrisme plus ou moins reconnu et assumé. Le « marché spirituel » est saturé d'offres qui proposent autant de techniques censées satisfaire cette revendication du moi : faire l'expérience de l'extraordinaire en demeurant soi-même... très ordinaire !

5. Arnaud et Emmanuel Desjardins, *Spiritualité, de quoi s'agit-il ?* La Table Ronde, p. 236.

Ces approches sont symptomatiques de notre société basée sur des valeurs mercantiles : même l'expérience spirituelle se présente comme un bien de consommation, comme le seraient les offres d'un magnifique voyage à l'étranger. Nous devrions obtenir une chose qui nous fait envie simplement parce que nous la revendiquons ou parce que nous sommes prêts à en payer le prix financièrement. Nous sommes influencés par le discours ambiant de la facilité et de l'immédiateté, y compris dans la recherche spirituelle.

L'obsession tout occidentale de l'efficacité et de la performance nous piège constamment en nous faisant négliger la valeur de ce qui ne s'obtient que par la patience. Tout cela fait de nous de parfaits candidats à l'illusion : on veut croire à des méthodes rapides qui nous permettraient d'accéder quasiment tels quels à des expériences de supra-conscience. Selon ce point de vue, il n'est pas nécessaire – ce serait même contre-productif (!) – de faire des efforts pour se transformer. Parce que notre culture technologique a été capable d'envoyer des hommes dans l'espace et de percer le secret de la matière, nous – Occidentaux contemporains – devrions obtenir d'emblée ce que des générations de disciples ont considéré comme le fruit éventuel d'une vie entière de consécration et d'ascèse. Il s'agirait de revendiquer ce qui n'est qu'un faux privilège : le droit de continuer à être complaisants avec des fonctionnements égocentriques et une relative insensibilité à la souffrance des autres. Or, il n'y a en ce domaine aucun raccourci. *You will have to pay the full price*, « Vous aurez à payer le prix complet », disait Swâmi Prajnânpad. Mais ce prix n'est pas financier. Et sur le chemin spirituel, il n'y a pas de période des soldes !

Dans son livre d'entretiens avec son fils Emmanuel, Arnaud tire les conclusions de sa longue expérience d'accompagnement et de l'aspect à « double tranchant » des expériences de supra-conscience : « La réalité montre que la plupart des personnes qui ont connu des expériences très fortes ou qui entrent facilement dans des états de méditation profonds peuvent ensuite être emportées par des passions, des fureurs et des anxiétés. C'est très déroutant pour l'entourage. Quelqu'un qui apparaissait comme un grand méditant, qui parlait au plus haut niveau, le voilà qui tremble de peur parce qu'on lui a découvert un nodule cancéreux ou qui se traîne aux pieds d'une femme décidée à le quitter. [...] Il y a un tel contraste entre la réalité de la vie quotidienne et la beauté de l'expérience que celle-ci peut induire une très forte nostalgie chez le chercheur spirituel. Du coup, au lieu de se confronter à ses zones d'ombre et à ses dysfonctionnements très terre à terre, il aura tendance à délaisser la pratique ingrate pour essayer de revivre d'autres expériences semblables. Alors que le but de la spiritualité est de vivre ici et maintenant, l'expérience spirituelle condamne celui qui la digère mal à vivre une nostalgie de cet état extraordinaire et dans l'attente qu'il se reproduise[6]. »

Quelle que soit la voie qui est la nôtre, il s'agit peu à peu d'entrer dans un esprit de service, de dédier nos efforts à plus grand que nous, et aussi à ceux qui nous entourent et ont tout simplement besoin de notre soutien. Servir est le plus grand privilège de l'être humain. Arnaud nous rappelait sans cesse

6. Arnaud et Emmanuel Desjardins, *Spiritualité, de quoi s'agit-il ?* La Table Ronde, Paris, p. 226.

qu'un maître ne se ressent pas comme « maître », mais avant tout comme « serviteur » : un serviteur de la vérité, un serviteur de la Voie et, très concrètement, un serviteur de tous ceux qui viennent à lui pour obtenir son aide. J'ai eu la chance d'approcher des maîtres spirituels aux styles et aux méthodes on ne peut plus divers : le maître américain Lee Lozowick, le sage hindou Chandra Swâmi, le maître tibétain Khen Rinpoché, le soufi algérien Cheikh Khaled Bentounes ou sa consœur turque Cheikha Nur et, bien sûr, Arnaud lui-même.

Ce qui m'a émerveillée, à chaque fois, c'est de sentir que j'avais affaire à des serviteurs au sens le plus plein et le plus noble du terme. Et cela m'a fait incroyablement envie. Non pas que j'aie une tendance à l'abnégation, bien au contraire : cela m'est apparu comme le sommet de l'accomplissement humain et le garant de la joie véritable. La communauté de la maître soufie Cheikha Nur s'inscrit dans la lignée du grand mystique Rûmî. Les pratiques de l'hospitalité et du service y sont au cœur de l'ascèse. Elle nous confiait que lorsqu'elle veut « punir » un élève, elle le prive pour un temps du privilège de servir !

On débute bien souvent son parcours spirituel avec pour seule motivation de se sauver soi-même de sa propre souffrance : on demande en quelque sorte au chemin et à notre guide de nous aider à tirer notre épingle du jeu. C'est une fonction qu'ils remplissent plutôt bien, dans la mesure du possible. La Voie rend en effet plus intelligent : on arrête peu à peu de perpétuer des fonctionnements fondamentalement préjudiciables. Mais, au fur et à mesure que les obstacles intérieurs sont levés, c'est la bonté fondamentale qui prend le relais de la motivation : elle est présente en chacun et ne demande qu'à s'exprimer. Elle finit tout naturellement par imprégner la pratique. Il ne s'agit donc pas de la forcer, mais de simplement la laisser infuser ses actes et ses paroles.

Nadège Amar, une enseignante parmi les plus anciennes élèves de Chandra Swâmi, parlait avec beaucoup de conviction de l'importance du service et de la joie qu'il procure. Sur cette voie enseignée par son maître hindou, le service – pas seulement auprès des plus démunis – joue en effet un rôle central, en plus des longues heures de méditation quotidiennes, de la pratique des mantras et des retraites en silence. Une personne qui participait à la conversation voulut apporter cette distinction : « Quant à nous (sous-entendu : élèves d'Arnaud), nous ne sommes pas sur une voie de service mais sur une voie de connaissance. » Ce sont en effet des dénominations utilisées en Inde pour se repérer entre les grandes écoles de sagesse. En même temps, cette distinction reste théorique : la voie enseignée par Swâmi Prajnânpad est tout autant une voie de service, même si elle se cache sous d'autres apparences. Quelle serait sinon la signification du but formulé par « l'autre seulement » si ce n'est l'accomplissement dans le service ? Quelle que soit l'école dont on se réclame, si on ne finit pas un jour par se sentir sur une voie de service[7], on risque fort de se retrouver sur une voie de garage !

7. Le jeu de mots fonctionne au Québec où le terme « voie de service » désigne une voie de desserte qui longe une autoroute.

La voie du cœur

■

Éric

> « *Ce qui est la lucidité pour un yogin n'est rien d'autre que l'adoration ou l'hommage du Soi.* »
>
> *Yoga Vâsishtha* cité par Swâmi Prajnânpad

Il peut sembler étrange de s'intéresser à la dévotion lorsque l'on est soi-même engagé non pas dans une voie officielle de *bhakti*, mais dans une voie de connaissance et en particulier d'Advaïta Vedanta. Les deux voies sont répertoriées de façon bien distincte car, si le but est toujours unique, la méthodologie peut varier du tout au tout.

Du point de vue le plus extérieur, la voie dévotionnelle comprend des rituels, des chants, des prières et invocations, des mantras, alors que la voie de la connaissance est dépouillée parce qu'elle repose plutôt sur l'étude de textes, la réflexion, la pratique de l'observation de soi et la méditation. L'écart semble d'autant plus grand que la notion de dévotion évoque le plus souvent des clichés mettant en avant une attitude dévote et émotionnelle où la naïveté et la superstition jouent un grand rôle. La dévotion devient alors synonyme d'effusion sentimentale et ostentatoire pour ne pas dire d'hystérie. Il peut arriver que cela soit le cas, mais il reste difficile de la réduire à des exagérations plus ou moins pathologiques.

Toute voie comporte cependant des dangers qui lui sont propres. Certaines pratiques dévotionnelles peuvent être utilisées « juste pour stupéfier le mental », comme le disait Swâmi Prajnânpad. Elles peuvent induire un état d'exaltation et d'intensité, mais ne pas conduire nécessairement à une plus grande clarté ou compassion. Il est ainsi tout à fait possible, même avec la meilleure volonté et toute la sincérité dont on peut être capable, de se fourvoyer sans s'en rendre compte. La dévotion en tant que sentiment pur fait pourtant partie intégrante de toute voie spirituelle, y compris celles qui mettent l'accent sur la connaissance, mais elle ne relève en rien du simple sentimentalisme. « L'amour ne fait pas de sentiment », a pu dire Yvan Amar. Le cœur est en effet toujours au centre d'une démarche authentique, mais il ne s'agit pas de n'importe quel cœur. Le cœur dont on parle sur la voie est avant tout un instrument de connaissance. Ainsi, la dévotion va nécessairement y trouver sa place, même si elle peut rester très intériorisée.

Swâmi Prajnânpad avait cité un jour le *Yoga Vasishtha* énonçant : « Ce qui est la lucidité pour un yogi n'est rien d'autre que l'adoration ou l'hommage du Soi[1]. ». On y retrouve ici le thème de la vigilance associée au cœur, mais aussi l'importance d'une disposition intérieure particulière pour suivre un chemin de transformation.

Le sens du mot tibétain *meugu*, qui est traduit par « dévotion », peut nous aider à préciser certaines nuances. *Meu* a le sens d'aspiration ou d'inspiration (*meupa* étant une sorte

1. D. Roumanoff, *Un maître contemporain*, vol .1, La Table Ronde, 2002, p. 383.

d'élan du cœur) et *gu* signifie respect et humilité au sens d'une appréciation et d'une certaine réserve[2]. La dévotion est avant tout le respect de ce qui est sacré dans une attitude de réceptivité et de disponibilité. Elle correspond ainsi à un état intériorisé, intime et discret plutôt qu'à une démonstration extérieure, même si elle peut s'exprimer sous une forme ou une autre. Il y a, à cet égard, un geste du maître américain Lee Lozowick qui m'avait beaucoup frappé. Il avait remarqué que la fleur qui était disposée en offrande devant la photo de son propre maître, Yogi Ramsuratkumar, était orientée non pas vers le yogi lui-même, mais vers l'assistance. Cela faisait sans doute un tableau plus esthétique avec la photo et la petite composition florale, mais cette disposition ne correspondait plus à l'intention première qui est d'honorer le maître et de lui faire symboliquement une offrande. Ce détail pourra paraître assez insignifiant à certains, mais il est pourtant chargé d'une signification profonde qui demande à être explorée au fur et à mesure de notre cheminement sur la voie.

Ce cheminement suppose la relation au maître dans la mesure où il est évident que l'on ne peut pas se guider soi-même. Il est en effet naïf de supposer que l'on puisse sortir de l'illusion de notre mental par nos seules forces. Puisqu'il est question de la transformation profonde de notre être, l'aide qu'apporte le maître n'est pas seulement d'ordre technique, mais engage le cœur jusqu'à des niveaux qui restent pendant longtemps insoupçonnés, et la dévotion se place inévitablement dans la trajectoire. L'idée selon laquelle cette dévotion peut se développer en s'ouvrant d'emblée à la Nature ou à la Vie sans passer par

2. Lama Denis Teundroup, *Revue Dharma*, décembre 2002.

un être humain particulier est quelque peu idéaliste. L'étude objective des grandes traditions montre, sans équivoque possible, la nécessité d'une chaîne de transmission de maître à élève. À la fin de l'un de ses nombreux séjours à Mangalam, son ashram au Québec, Arnaud m'avait confié lors d'une de nos promenades : « L'essentiel, c'est la *baraka*, les bénédictions de la lignée. » La *baraka* est un terme arabe qui désigne la bénédiction et l'influence spirituelle qui se transmettent de maître à élève. On peut comprendre, dans ce contexte subtil, le rôle prépondérant que joue la dévotion. Celle-ci réunit au niveau du cœur à la fois l'ouverture, l'aspiration, la consécration et le respect de la sacralité.

À part quelques exceptions, c'est grâce au maître ou « ami spirituel » et à la relation profonde qui s'établit avec lui que nous pouvons découvrir en nous puis développer une dévotion authentique. Sans cette dernière, la progression sur la voie est compromise car, comme dans toute autre entreprise, il est difficile de réussir quand le cœur n'y est pas. Chögyam Trungpa Rinpoché affirme que « sans dévotion ou abandon, nous ne pouvons désapprendre ». Tel est pourtant le propos de toute *sadhana* : se défaire progressivement de tout ce qui a été surajouté à notre essence propre. Dans un autre enseignement, ce maître tibétain précise que le maître nous habilite à entrer en rapport avec une autre dimension, « avec notre univers agrandi ». « Sans lui, dit-il, il est impossible de faire cette expérience correctement, entièrement. Et la dévotion est le seul moyen d'établir une relation avec le maître. La dévotion doit franchir diverses étapes de dévoilement jusqu'à ce que l'élève voie le monde simplement, sans détour, sans imposer ses constructions.

C'est ce qu'on appelle la santé mentale de base. La dévotion est un moyen de ramener l'élève au ras des pâquerettes et de lui permettre de cultiver sa santé mentale de base grâce aux défis que présente constamment la relation au maître. Il faut commencer très simplement. Il faut donner : s'ouvrir et étaler son moi. Il faut offrir son moi en cadeau à l'ami spirituel. Si l'on en est incapable, la voie ne commence jamais faute d'une base de travail[3]. »

Qu'advient-il alors lorsque le maître disparaît ou lorsqu'on s'engage sur une voie après le départ du maître ? La dévotion est-elle encore possible ? Fort heureusement, la réponse est « oui ». Tout dépend de la confiance avec laquelle l'aspirant s'engage sur la voie, du zèle avec lequel il applique les instructions qu'il reçoit et de l'ouverture aux influences qui imprègnent l'ashram du maître. On peut tout à fait concevoir qu'un nouvel arrivant soit d'une maturité spirituelle beaucoup plus grande qu'un élève ancien ayant côtoyé le maître pendant des années, et qu'il soit à même de bénéficier pleinement de tout ce que le maître a légué. J'ai entendu un jour un soufi raconter une histoire qui, bien qu'exceptionnelle, est néanmoins significative. Au XIXe siècle, il y avait au Maroc un homme très simple, un artisan père de famille qui voulait ardemment rencontrer un maître. Son obsession intérieure était de pouvoir découvrir son maître. Il le chercha pendant des années et, un jour, il rencontra un homme lumineux. Il se dit : « Voilà ! Cet homme est mon maître. C'est lui ! » Il alla le voir et lui dit : « Vous êtes mon maître. » Le sage lui répondit : « Non, je ne suis pas ton maître. Continue ta recherche. » Il poursuivit donc sa recherche et

3. Chogyam Trungpa Rinpoché, *Le Cœur du sujet,* Le Seuil, 1993, p. 114.

cela dura encore plusieurs décennies. Et puis, un beau jour, il rencontra un autre homme qui fit naître en lui une certitude : « Cette fois ça y est, c'est lui mon maître ! » Il s'approcha alors de ce sage et lui dit : « Vous êtes mon maître. » Ce dernier lui répondit : « Oui, en effet, je suis ton maître mais tu as déjà accompli tout le chemin ! » L'intensité de sa quête, la ferveur de son aspiration lui avaient en elles-mêmes permis de parcourir tout le processus de purification. Sa dévotion à la vérité et sa demande intense d'être aidé l'ont mené jusqu'au but.

Même si un tel parcours reste exceptionnel, il n'en demeure pas moins que celui ou celle qui s'engage de tout cœur sur une voie va nécessairement attirer tout ce dont il ou elle a besoin pour continuer à progresser, le plus important étant d'être unifié et, par conséquent, d'être en mesure de placer tous ses œufs dans le même panier. Ce dernier point est délicat car il faut bien choisir le panier ! Avant de s'engager, il appartient à l'aspirant de tester l'enseignant et de vérifier si la voie qu'il aborde lui correspond. En même temps, cela représente pour le mental un risque majeur, car celui-ci cherche habituellement à se ménager des sorties de secours.

Le fait même d'avoir approché un maître n'est pas en soi une garantie, car les possibilités de fuite sont nombreuses et le mental est capable de tout, y compris de transformer la présence du maître en obstacle. C'est ce qu'explique le XVe Karmapa, un grand maître de la lignée Kagyupa du bouddhisme tibétain, lorsqu'il déclare : « De ceux qui m'ont vu, nul n'ira dans les existences inférieures, mais de ceux qui vivent avec moi, nul n'ira dans les existences supérieures[4]. » La raison en est que

4. Kalou Rinpoché, *La Voie du Bouddha,* Le Seuil, 1993, p. 262.

ceux qui rencontrent le Karmapa le cœur ouvert, avec un état d'esprit positif, remplis de confiance et de dévotion, établissent une connexion spirituelle contribuant à leur libération, alors que ceux qui vivent auprès de lui risquent de se laisser aller à toutes sortes de projections, à des opinions et à des réactions négatives qui vont leur être spirituellement préjudiciables.

La dévotion authentique est considérée comme le soleil qui frappe une montagne enneigée. Celui-ci représente l'influence spirituelle du maître et la fonte des neiges, les flots d'inspiration qui purifient les impuretés. Tout dépend en définitive de quelle manière le maître est perçu puisque, selon cette perception, la dévotion peut se développer ou pas.

Si elle ne verse pas dans le sentimentalisme ou l'infantilisme, la dévotion permet la transmission et la transformation. La clarté du regard que porte l'élève sur le maître détermine ainsi en exacte proportion la profondeur et la puissance de ce qu'il va recevoir. Tout en appartenant à la tradition tibétaine, le texte qui suit concerne une réalité universelle et il est par conséquent transposable dans un tout autre contexte de guidance spirituelle :

Considérer le lama comme un bouddha
Transmet l'influence spirituelle du bouddha ;
Considérer le lama comme bodhisattva
Transmet l'influence d'un bodhisattva ;
Considérer le lama comme bon ami spirituel
Transmet une influence spirituelle correspondante ;
Considérer le lama comme un être ordinaire
Ne transmet aucune influence spirituelle.

La dévotion étant un sentiment véritable qui naît au niveau du cœur, elle va inévitablement rencontrer des obstacles provenant de nos « a priori » émotionnels et intellectuels. Elle peut être perçue en effet comme une faiblesse, une sensibilité qui fragilise ou une sorte de mièvrerie indigne d'un être raisonnable et bien ancré dans la réalité objective. Pourtant, si on prend l'exemple bien connu de Matthieu Ricard, on peut constater qu'il allie les plus hautes qualités intellectuelles avec une intensité de dévotion admirable. Un reportage de la télévision française le suit dans des montagnes éloignées de l'Himalaya où il part à la rencontre de l'un de ses maîtres et, en assistant à l'intimité de ces retrouvailles, il est bien difficile de ne pas ressentir tout l'enjeu, la beauté et la profondeur d'une relation de cette nature. Lorsqu'il parachevait ses recherches à l'Institut Pasteur, les deux prix Nobel François Jacob et Étienne Wolf le voyaient comme un futur prix Nobel en biologie moléculaire, mais cela ne l'a pas empêché par la suite de dormir pendant treize années au pied du lit de son maître, Dilgo Khyentsé Rinpoché !

La dévotion peut aussi être instantanée comme si elle était la manifestation spontanée d'une connexion subtile indépendante des conditionnements habituels, des décisions de l'ego ou des conventions. La première rencontre de Denise Desjardins avec Swâmiji montre de façon exemplaire comment la qualité d'une telle rencontre transcende les préjugés les mieux établis. Tout en se rendant auprès de lui, elle avait pris la ferme décision de ne pas se prosterner devant lui. La raison principale était qu'elle ne voulait pas trahir, en quelque sorte, la relation si profonde qu'elle avait avec Mâ Anandamayi. Mais quand elle a vu arriver Swâmiji, lorsqu'elle a perçu sa présence et sa prestance, elle a immédiatement fait un *pranâm*, c'est-à-dire une prosternation au sol. L'élan du cœur a primé sur toutes les préconceptions et toutes les décisions qu'elle avait prises, aussi justifiées qu'elles aient pu paraître à leur niveau. Cet élan, ce geste, condense et inclut tout ce qu'est la dévotion. Je me souviens qu'un jour Arnaud nous a dit une parole qu'il ne faut pas mésinterpréter : « Plus vous faites de *pranâm*, mieux cela vaut. » Ce n'était pas une invitation à nous aliéner ou à nous soumettre stupidement à une autorité que l'on redoute et admire à la fois, mais plutôt un encouragement à réunir ensemble le corps, le cœur et la tête pour offrir notre ego à une réalité qui le dépasse infiniment.

Même si, culturellement, un tel geste nous est étranger – sauf encore dans certains monastères chrétiens – le sens profond de cette attitude reste à découvrir car il n'est pas acquis une fois pour toutes. Il évolue au fur et à mesure qu'évolue notre propre niveau d'être et, à l'intérieur de cette progression générale, il peut encore y avoir des variantes selon notre disposition intérieure du moment.

Si l'on aborde la dévotion dans une perspective intériorisée, et non pas en tant que manifestation extérieure propre aux voies dites dévotionnelles, il est intéressant de noter que celle-ci est au cœur de toute démarche spirituelle elle-même. Si Arnaud m'a demandé d'intervenir lors d'une grande assemblée annuelle de la sangha sur la place de la dévotion dans la voie proposée par Swâmi Prajnânpad, c'est parce qu'elle est inhérente à toute voie spirituelle. Pour reprendre le titre de l'un de ses livres : toute voie est « la voie du cœur ».

Un grand sage contemporain comme Ramana Maharshi par exemple – un des archétypes du sage engagé dans la voie du *jnâna* (connaissance) – a écrit des hymnes à la gloire de la montagne Arunachala considérée comme le siège de Shiva. Ramana Maharshi déclarait que « *bhakti* et *jnâna* sont une seule et même chose ». Ces propos rejoignent les thèmes de l'amour et de la connaissance ou, en termes bouddhistes, de la sagesse et de la compassion. La sagesse sans la compassion est inhumaine. La compassion sans la sagesse est stupide. Ce sont les deux ailes d'un même oiseau.

Un autre sage, Nisargadatta Maharaj, pur advaïtin s'il en est, faisait quotidiennement des *pûjâs* (rituels) devant la photo de son maître. Il pouvait aussi jouer des cymbales et même danser. Un jour, un Occidental bien rationnel comme nous tous l'interrogea : « Mais enfin, vous êtes un pur vedantin, pourquoi faites-vous des *pûjâs* tous les matins ? » Il répondit : « C'est la coutume ici et cela ne peut faire de mal à personne ! » Dans un premier temps, j'ai trouvé que cette réponse était plutôt minimaliste ! En réalité, compte tenu sans doute de son interlocuteur, il avait choisi de ne pas s'étaler en commentaires pour essayer d'expliquer le sens profond de son attitude de dévotion, un peu comme s'il ne voulait pas laisser un intrus pénétrer négligemment dans un espace sacré d'intimité.

Cela n'est pas sans rappeler une situation que j'ai vécue à Hauteville auprès d'Arnaud. Il devait y recevoir deux journalistes pour la journée et, étant très occupé le matin, il m'avait chargé de les accueillir en début de journée et de leur tenir compagnie. Je fis leur connaissance et quand Arnaud fut dégagé de ses obligations il les accompagna pour leur faire visiter Hauteville. Nous nous retrouvâmes dans la grande salle, le lieu où est dispensé l'enseignement, et Arnaud présenta la photo des sages figurant sur les murs. À un moment donné, Arnaud désigna la photo de Mâ Anandamayi et un des journalistes lui demanda sur un ton très machinal : « Et vous l'avez connue ? » Arnaud resta silencieux et fit la sourde oreille en passant à autre chose. Je me suis dit qu'il y avait certainement là quelque chose d'important comme : « On ne peut pas dire qu'on a "connu" Mâ Anandamayi. » C'est totalement d'un autre ordre. Ce silence d'Arnaud m'apparut très intense et chargé de significations. Mâ, aussi célèbre soit-elle, ne peut être placée sur le même plan que n'importe quelle autre « personnalité ». Il ne peut être question de se targuer d'avoir pu approcher une célébrité ou surtout de prétendre la « connaître ». Par cette attitude, Arnaud dépassait les convenances sociales apparentes. Il semblait même ne pas suivre les règles habituelles de l'hospitalité ou de la bienséance.

En regard de la sacralité de sa relation à Mâ et de la dévotion à son égard, les normes conventionnelles ne sont que de peu de poids. Il suffit de relire le chapitre qu'Arnaud lui a consacré dans son premier livre, *Ashrams,* pour pressentir la nature de ce qui est en jeu. Finalement, la rencontre avec ces deux journalistes s'est très bien passée, mais ce qui a pu paraître comme un détail se révèle être, au fond, d'un grand enseignement.

Ce qui est le plus profond et précieux n'est pas nécessairement ce qui est le plus visible. De la même manière que des bijoux de grand prix ne sont pas accrochés au mur d'un vestibule, à l'entrée d'une maison, mais plutôt rangés dans un coffret en un endroit retiré, ce qui a trait à la dimension spirituelle de l'être ne peut être traité de façon banale et désinvolte. L'attitude requise en ce qui concerne la relation au maître, que celui-ci soit encore vivant ou ayant, comme on dit en Inde, « quitté son corps », relève d'une précaution similaire. Même si un enseignement peut être présenté de façon logique, rationnelle et donc rigoureuse, il ne peut cependant pas être réduit à de simples formulations, aussi imparables soient-elles du point de vue strictement intellectuel.

Lorsque le livre remarquable du philosophe André Comte-Sponville[5] a été publié, Arnaud, après l'avoir lu, m'avait fait cette remarque : « Tout ce qui est dans ce livre est du Swâmiji, mais tout Swâmiji n'est pas dans ce livre. » Non pas que ce petit livre de moins de cent vingt pages aurait dû en contenir huit cents ou même mille pour développer plus en détail la notion d'acceptation de ce qui est... Mais il faudrait par exemple intégrer aussi le fait que cette hutte au toit de chaume où il recevait ses élèves était devenue un espace sacré, que la présence de Swâmiji rayonnait l'amour inconditionnel ou encore laissait transparaître une autre dimension comme en témoigne Madhu Sudan Khan qui l'avait rencontré en 1943 : « ... il rayonnait de son corps une lumière telle que je n'en avais jamais vu auparavant [...]. Je finissais une ablution matinale et me dirigeais vers la chambre de Swâmiji pour le saluer. Je le trouvais assis droit sur sa chaise, totalement immobile, et je sentais en sa présence, à cette heure matinale, une sensation m'envahir comme si j'étais frappé d'une sorte de terreur sacrée[6]. » Ce qui est situé au plus

5. A. Comte-Sponville, *De l'autre côté du désespoir, Introduction à la pensée de Swâmi Prajnânpad,* L'Originel, 1997.
6. D. Roumanoff, *Swâmi Prajnânpad, Biographie,* La Table Ronde, 1993, p. 350 et 355.

profond du cœur se traduit par la qualité d'une atmosphère qui devient presque palpable et qui suscite naturellement un élan comme celui de joindre les mains, de placer la main sur sa poitrine ou encore de s'incliner, voire de se prosterner front au sol. J'ai à cet égard un souvenir inoubliable de l'arrivée imminente de Sa Sainteté le Dalaï-Lama dans un petit temple tibétain situé en banlieue de Montréal. Quelques centaines de personnes étaient rassemblées pour l'occasion, appartenant principalement à la communauté vietnamienne, et il se dégageait de ce groupe une telle intensité qu'elle aurait pu faire fondre le cœur le plus endurci.

Lors d'une retraite particulière à Mangalam que nous appelions le « séjour Channa » – du nom de l'ashram de Swâmiji au Bengale – et qui était animée par Arnaud et son épouse, Véronique, Arnaud a évoqué une réalité de cet ordre. Alors qu'ils avaient tous les deux passé, peu de temps auparavant, une semaine auprès d'un maître soufi du Maghreb et de sa communauté, il en ressortait que ce groupe de disciples était animé par une grande ferveur. Par contraste, Arnaud avait fait la remarque que le groupe rassemblé autour de lui était plutôt « une foule amorphe ». Il reprenait en cela une expression de Swâmiji : *a-morphe* voulant dire sans forme, c'est-à-dire sans cohésion, sans structure réelle ou intention convergeant vers un même but essentiel. Et il a noté que l'un posait une question au sujet du problème qu'il avait avec un collègue, une autre une question au sujet de la relation à son fils, un autre au sujet de ses problèmes financiers ou encore de santé. Il en vint à dire : « Et si l'on regardait le cœur de chacun de ces disciples soufis, c'était plutôt : Allah, Allah, Allah, Allah. »

Dans l'Islam mystique, ce qui est appelé « l'extinction dans le maître » est la première porte à franchir dans le domaine de la réalisation spirituelle. Ce maître pouvait être une montagne, comme c'était curieusement le cas avec Ramana Maharshi, ou encore Jésus pour un chrétien, même si ce dernier était accompagné par un Ancien dans le cas des premiers siècles, ou un *staretz* dans l'orthodoxie (un père spirituel).

Dans sa jeunesse, Swâmi Prajnânpad lui-même écrivait des hymnes dévotionnels, des chants et des poèmes. Bien qu'il se fût distingué plus tard par la puissance de son intellect et la rigueur de son esprit scientifique, il témoignait aussi par là de son extrême sensibilité et de son ouverture à la dimension sacrée de l'existence humaine. En tant que maître, il invite le disciple à dépasser le monde des formes et des attachements ordinaires pour venir le rejoindre au niveau de l'essence.

En 1959, il écrivit les mots suivants à un disciple indien : « Voulez-vous continuer à vous accrocher uniquement à une tendresse et à un amour fragiles et vous tenir éloigné de Swâmiji ? Ne voulez-vous pas plonger dans l'océan insondable et inépuisable de l'amour de Swâmiji et être un avec lui ? » Ces paroles pourront sembler quelque peu emphatiques, pourtant, elles interpellent tout chercheur spirituel et désignent une réalité vitale qui est de l'ordre du sentiment le plus pur : la communion. La formulation de Swâmiji est intéressante et présente un jeu d'opposition entre « se tenir éloigné » – se tenir campé sur une position – et le fait de « plonger » qui est au contraire un élan du cœur et de l'être tout entier. « Se tenir » est aux antipodes d'« être un avec », car la communion signifie la proximité absolue. D'après ce court texte, on peut comprendre que tout dépend de la nature et de la profondeur de ce qui est ressenti. L'amour et la tendresse fragiles concernent le domaine émotionnel et donc de l'attachement, tandis que l'autre « amour » qu'évoque Swâmiji est une qualité de sentiment que tout disciple sérieusement engagé aspire à incarner.

Bien sûr, avant d'accéder à une dévotion authentique, il se peut qu'il y ait quelques déviations durant le parcours. Il m'est arrivé en Occident de me retrouver dans des contextes dévotionnels qui m'ont laissé un goût particulier, proche d'une certaine suspicion, car je devinais bien l'état d'exaltation dans lequel certaines personnes se complaisaient. Je ne pouvais m'empêcher de me questionner. Quand ces personnes vont retomber de leur état et qu'elles vont retrouver leurs difficultés psychologiques habituelles, qu'est-ce qui va pouvoir constituer pour elles un chemin complet ?

Parmi les formes dévoyées de dévotion, il peut y avoir une sorte d'admiration réductrice – et peut-être séductrice aussi – au cours de laquelle nous essayons de nous approprier le maître. Dans cette catégorie se trouve ce que Trungpa appelait le « dévot chauvin » et il essayait patiemment de pourfendre cette attitude. Un jour, un étudiant habitué à côtoyer les grands rinpochés se prosterna selon la coutume devant chacun d'entre eux. Quand il arriva devant Trungpa Rinpoché, il se prosterna de la même façon. Trungpa Rinpoché regarda le sol autour de lui et lui demanda : « Avez-vous perdu quelque chose ? » Malgré un élan sincère du cœur, nous pouvons quand même nous égarer complètement.

La dévotion authentique ne consiste pas donc pas à être exclusif (fût-ce à l'égard du maître lui-même), mais plutôt à être, au nom du maître et de ce qu'il enseigne, inclusif à l'égard de l'autre. Il m'a fallu pas mal de déconvenues et de mises au point pour être amené à le comprendre et à le mettre en pratique.

Il existe aussi une autre forme d'admiration du maître assez distordue qui, elle, se manifeste paradoxalement, non plus en termes d'attraction, mais en termes de répulsion : plutôt que de l'amour, le maître génère au contraire de la peur et de la crainte. C'est une réaction très commune qu'il faudra également traverser d'une façon ou d'une autre. Il peut arriver aussi que l'admiration soit accompagnée d'une réserve et d'une distance : le maître devient inaccessible ou encore est perçu comme étant la cause de tous nos problèmes.

Traditionnellement, l'image de l'apprenti-disciple qui chemine est celle d'une fleur qui s'ouvre progressivement jusqu'à l'épanouissement. C'est aussi le sens de l'image qu'utilisait Swâmiji en montrant son poing fermé qui s'ouvrait de plus en plus jusqu'à l'ouverture complète de sa main. Il y a dans les lettres que Swâmi Prajnânpad a adressées à ses élèves de véritables trésors, et notamment ces quelques mots qui figurent dans une lettre adressée à Arnaud (18 janvier 1968) où l'on voit la place que Swâmiji attribue à la dévotion : « De la gratitude et de l'amour ! Vous pourriez plutôt voir la chose dans son processus progressif à partir du "deux" vers le "un" ; deux → moins deux → un peu moins deux → encore moins deux → deux s'évanouissent en un : la haine → la crainte → le respect → la gratitude → la dévotion → l'amour ! Du sens de la séparation vers le sentiment de l'unité ! → Une transition aisée, graduelle et du fond du cœur. »

Quand on connaît la signification du mot « amour » pour Swâmiji, un terme qu'il utilisait très peu et qui renvoie non pas à l'amour-attachement mais à l'amour-sentiment – par conséquent dénué d'ego et inconditionnel –, on peut alors mesurer toute l'importance qu'il accorde à la dévotion, située juste au-dessous, à la marche précédente. La dévotion va au-delà même de la gratitude et elle est l'antichambre de l'amour véritable. Elle est assez subtile pour conduire naturellement à la communion. Dans sa lettre, Swâmiji sépare ou plutôt relie chacun des mots par une flèche pour montrer qu'il s'agit d'un processus dynamique et évolutif dans lequel la dévotion joue un rôle déterminant. Cette lettre est certes adressée à une personne en particulier, à savoir Arnaud, mais cette « formule » peut concerner tout un chacun dans la mesure où elle exprime, de manière condensée, l'essentiel du cheminement spirituel en lui-même.

Le grand maître du Vedanta, Shankarâchârya, aborde aussi la dévotion dans un de ses textes fondateurs : *Le plus beau fleuron de la discrimination.* Outre que cet ouvrage classique comporte un hymne au gourou, ce sage affirme : « Entre tous les moyens qui concourent à la libération, c'est à la dévotion que revient la place d'honneur. L'effort auquel se livre le pratiquant pour réaliser sa propre et véritable nature, nous lui donnons le nom de dévotion. Celle-ci apparaît ainsi autant comme une pratique d'efforts et d'élans qui nous permettent d'avancer que comme l'émergence du sentiment, le fruit de l'ascèse ou le parfum qu'exhale une fleur qui s'ouvre. »

La dévotion n'entame donc en rien le sens du discernement ou la clarté incisive de la vision. Elle peut être au cœur de la voie sans en amoindrir pour autant son côté réaliste et pragmatique. À ce titre, il est important de noter que la dévotion est complètement chevillée avec la pratique et que la pratique est complètement chevillée avec la dévotion. On ne peut séparer les deux.

La dévotion, comprise comme le moteur alimenté par la qualité du lien avec le maître, est véritablement ce qui va permettre de traverser ce qu'il y a à traverser. C'est un support intérieur très délicat qui va nous aider et nous soutenir car, sans lui, nous courons le risque d'être découragés ou perdus. Ce lien de nature subtile est très précieux et même indispensable parce qu'il nous aidera à traverser les remises en cause incontournables. C'est ce lien qui nous permettra, pour paraphraser le thérapeute bouddhiste Mark Epstein, de « tomber en morceaux sans s'effondrer ».

Il peut arriver parfois qu'on reste bloqué dans un système de fonctionnement suffocant ou dans une logique interne qui tourne en rond. Je me souviens avoir dit un jour à Arnaud, au cours d'un entretien, que je me mettais sur la pointe des pieds de ma compréhension du moment et que, pourtant, je n'arrivais pas à accéder au stade suivant. Cela peut arriver sur la voie. À ce moment-là, nous nous trouvons dans une sorte d'état intermédiaire particulièrement inconfortable, piégé à un certain niveau tout en sentant qu'il faudrait passer à un autre. Cet état intermédiaire est en quelque sorte un *bardo* et c'est le lien de cœur au maître qui nous permettra justement de le traverser sans dévier, sans nous décourager ni nous enfermer dans une révolte frustrée, afin de maintenir le cap jusqu'à ce que cette nouvelle compréhension s'installe.

Pour une personne engagée sur une voie de non-dualité, la dévotion peut susciter de la méfiance parce qu'elle peut être considérée comme un ressenti jugé trop primaire ou trop infantile. En considérant qu'il est capital de porter le maître dans son cœur, on peut arguer qu'à un certain niveau cela relève du transfert. Mais peu à peu, même à ce niveau-là, les choses peuvent aussi se transformer. Swâmi Prajnânpad faisait une grande différence entre les transferts de l'ordre de l'émotion ou de la réactivité et ce qu'il appelait la dévotion. Il précise ainsi dans une de ses lettres : « Dans le sentiment de dévotion positif, il y a un enrichissement, mais pas dans le transfert. Le fait même de sentir : j'ai reçu, le fait même que je me sente enrichi engendre un sentiment de plénitude qui vous ouvre totalement à celui dont vous avez reçu. C'est cela la reconnaissance, cela vous vide de l'ego[7]. » En ce sens, la dévotion (*sańga)* n'est pas une émotion ni un transfert, mais penche du côté du sentiment de reconnaissance. La dévotion – lorsqu'elle implique la relation à un maître – constitue la trame du lien à ce maître et ce lien va aller en s'approfondissant au fur et à mesure de la *sadhana*.

Le contexte alchimique à l'intérieur duquel la transformation se produit provient à la fois du fait que l'élève est intensément motivé à vouloir être de plus en plus libre et qu'il est aussi de plus en plus engagé auprès du maître et de l'enseignement

7. D. Roumanoff, *Swâmi Prajnânpad, un maître contemporain*, vol. 2, p. 276.

qu'il propose. Un élève de Swâmiji a pu lui-même écrire en ces termes : « Je vous porte toujours dans mon cœur, alors pourquoi suis-je entraîné vers la *maya* illusoire et les attachements mondains ? » Et Swâmiji lui donna la réponse suivante : « Ce que vous écrivez est erroné. Se souvenir de Swâmiji n'est pas chérir l'image de Swâmiji dans son cœur. Se souvenir, c'est se rappeler de la vérité de toutes les instructions que vous avez reçues. »

On voit ici comment le maître ne cherche pas à focaliser l'énergie du disciple sur sa personne, mais sur ce qu'il lui transmet, à savoir un enseignement et une pratique. Si la dévotion de l'élève ne se traduit pas en actes concrets et en incarnation d'une pratique, elle n'est alors qu'un sentimentalisme naïf et fumeux !

Dans les traditions orientales, le service du gourou joue un rôle important et il est souvent mal reçu de la part des Occidentaux qui y voient une aliénation de leur liberté. La raison principale d'un tel rejet est due à une méprise quant à la réalité même du maître. Ce dernier est avant tout le porte-parole de la vérité, il est le Serviteur, avec un « S » majuscule, de la vérité.

Pour l'apprenti-disciple, il est impérativement nécessaire au niveau du cœur d'apprendre à servir le serviteur. On demanda un jour à Dostoïevski ce qu'il choisirait s'il avait à décider entre le Christ ou la Vérité. Il choisit le Christ. Cette réponse se présente comme le sublime de la dévotion, mais en fait elle est aberrante. Il s'agit toujours de servir la vérité sans compromission, c'est-à-dire servir le dharma en tant qu'enseignement et en tant que réalité dans la manière dont nous nous situons dans notre vie courante, par rapport aux autres et aux situations : servir en gardant le lien intime avec le maître, toujours dans le souvenir de la vérité de ses instructions. Le don véritable est celui de notre propre pratique jusqu'à ce que celle-ci devienne, comme on dit, une « seconde nature ». Je me souviens que, dans un groupe restreint, Arnaud avait déclaré : « Arrêtez de m'offrir des chocolats et du vin… offrez-moi votre pratique ! » Voilà bien un cadeau réel et consistant que nous pourrions offrir à notre maître. Nous affranchir de nos névroses est aussi un très beau cadeau, tout comme essayer d'incarner ce que l'on a intégré de l'enseignement dans nos relations à autrui.

Se souvenir et assimiler la vérité des instructions qui nous ont été transmises passe certes par l'intelligence, mais surtout par le cœur. Si le cœur a une telle importance – y compris dans une voie de *jnâna* – c'est parce qu'il est un instrument de connaissance. À la fin d'un chapitre qui s'intitule « Plaidoyer pour le cœur », Arnaud écrit : « Souvenez-vous : le chemin commence avec le cœur, se poursuit avec le cœur et se finit avec le cœur. » C'est le même mot, mais ce n'est plus le même cœur. La motivation de notre pratique s'ancre à ce niveau et c'est le cœur lui-même qui va se souvenir du contenu des instructions.

Nous considérons comme rare et précieux ce qui a de la valeur à nos propres yeux et nous pouvons de ce fait le retenir avec beaucoup plus de facilité. Ce n'est donc pas une question de foi, mais plutôt une question d'appréciation et de compréhension. Il est important de réaliser que ce qui nous est offert sur la voie est d'une grande rareté et, par conséquent, extrêmement précieux. La valeur que nous attribuons à la voie et à l'enseignement détermine tout le reste. Quand une des disciples de Lee Lozowick lui a demandé un jour : « Qu'est-ce que la dévotion ? », il a répondu laconiquement : « La consécration.

Autre question ? » C'est comme si la réponse était tellement évidente qu'il n'était pas nécessaire de s'attarder sur le sujet. La consécration est l'expression de la dévotion, sa manifestation naturelle. Elle peut se traduire sous de nombreuses formes et demeurer aussi discrète qu'inaperçue.

À la fin d'une grande assemblée annuelle à l'ashram de Hauteville, alors que les centaines de personnes avaient quitté le lieu à la fin de la dernière intervention, quelques-unes d'entre elles restèrent pour remettre les choses en place. Avec énergie et efficacité, elles enroulaient les câbles d'électricité, empilaient les nombreuses chaises et les rassemblaient en un même endroit. Arnaud, qui était en conversation non loin de là, vint les retrouver et leur déclara avec un sourire radieux : « Ah… voilà, pour moi, ça, c'est la véritable dévotion ! » Il n'y avait pas d'éclats ni d'attitudes flamboyantes, juste un service désintéressé, un élan du cœur pour une activité on ne peut plus profane : ranger des chaises. Les apparences peuvent donc être trompeuses et ce ne sont pas nécessairement ceux qui clament haut et fort la dimension mystique qui sont les plus dévoués ou au service d'autrui.

La dévotion entendue dans son sens le plus profond a une valeur inestimable. Si on ne tombe pas dans les préjugés fréquents à son sujet, elle ouvre alors une perspective d'une grande richesse qu'il appartient à chacun de découvrir.

Il n'est pas inutile de rappeler, pour conclure, qu'une piété affichée peut fort bien s'accompagner d'une inadaptation à la réalité ou toute autre sorte de faiblesse et d'incompétence comme l'illustre avec humour cette histoire de Mullah Nasrudin.

Nasrudin se rend un jour chez un tailleur pour se faire faire une nouvelle *djellaba*.

« Pourrais-tu me faire une *djellaba* bleue ?

— Certainement, avec l'aide de Dieu.

— Quand pourras-tu la confectionner ?

— Dans une semaine, avec l'aide de Dieu.

— Veux-tu être payé d'avance ?

— Avec l'aide de Dieu, oui, j'aimerais bien. »

Une semaine plus tard :

« Ma *djellaba* est-elle prête ?

— Non, je n'ai pas pu, ma femme est tombée malade, mais elle a guéri avec l'aide de Dieu.

— Quand vas-tu pouvoir la terminer ?

— Dans trois jours, avec l'aide de Dieu. »

Trois jours après :

« Alors, ma *djellaba* ?

— Je manque de tissu, mais avec l'aide de Dieu… »

Là, Nasrudin le coupe et lui dit :

« Bon, maintenant je suis pressé, essaie de faire sans l'aide de Dieu, ça te retarde… »

Leçon de communion

■

Sophie

La quintessence de l'enseignement de Swâmi Prajnânpad se trouve exprimée en ces quelques lignes retranscrites d'un entretien avec l'un de ses disciples :

Oui, toujours oui.
Quelqu'un dit quelque chose, oui il dit cela
Quelque chose arrive : oui, oui.
Ce simple oui, calme, délibéré, à l'aise.
Ceci est l'accomplissement le plus élevé
Parce qu'il n'y a rien pour le troubler.
Il n'y a aucune altérité nulle part.
Ainsi, cela devient Un sans second et c'est Vous[1].

La communion, le fait d'être un avec l'autre, n'importe quel autre, sans exception, est à la fois le chemin et l'aboutissement du chemin. Swâmiji affirme que cette pratique peut nous conduire jusqu'à la perfection du sentiment d'unité. Un jour qu'Emmanuel Desjardins, assis aux côtés de son père, s'adressait à une assemblée pour témoigner de son parcours, il dit que, s'il fallait choisir entre la communion et l'enseignement, il choisirait la communion. Arnaud le coupe alors, non pour le

1. Swâmi Prajnânpad, *Ceci, ici, à présent*. Entretiens avec Frédérick Leboyer, éditions Accarias l'Originel, 2006, p. 381-382.

contredire, mais au contraire pour l'appuyer avec force : « Mais la communion, C'EST l'enseignement ! »

L'une des difficultés inhérentes à cette voie, c'est qu'étant très logique et rationnelle, elle peut sembler au départ simple et accessible, car il est vite fait de confondre la carte et le territoire. La conception qu'on se fait de cette pratique peut devenir assez rapidement claire, après l'étude de quelques livres, mais sa maîtrise réelle ne peut, elle, s'acquérir qu'après des années de répétition d'un même entraînement. Comme dans tous les autres types d'apprentissages, les élèves aimeraient qu'on leur parle d'autres choses, de pratiques plus élaborées, plus exotiques, distrayantes ou excitantes, qui auraient au moins l'avantage de démontrer clairement qu'ils ont franchi plusieurs classes et qu'ils ne sont plus des débutants.

L'exercice auquel nous convie sans relâche cet enseignement, c'est la transformation d'un « non » en « oui ». C'est le b.a.-ba de la pratique transmise par Arnaud Desjardins à la suite de son propre maître, mais un b.a.-ba qui, bizarrement, se pratique de la maternelle à l'université. Dans le système scolaire, ce serait totalement absurde. C'est pourtant ce qui se passe sur la voie enseignée par Swâmi Prajnânpad. Il n'y a pas un enseignement pour débutants et un autre avec des notions et des pratiques plus complexes pour les élèves intermédiaires, puis enfin des enseignements ésotériques, gardés secrets et qui seraient réservés aux disciples confirmés. Tout est dit et écrit dès le départ, accessible à tous sans distinction de niveau. Dès mon arrivée à Hauteville, j'avais bien compris la stupidité de refuser que ce qui est soit. Simplement parce que ce qui est, est ; c'est sans appel. « Ce qui devrait être » est une construction mentale qui n'a aucune réalité dans l'instant. Proclamer que les choses devraient être autres que ce qu'elles sont, non seulement ne me donne aucun pouvoir sur le réel, qui se fiche bien de ce que je pense de lui, mais me rend impuissante, maladroite, malheureuse, frustrée et divisée. La clé est simple : accepter l'évidence, ce qui est, tel que c'est, ici et maintenant. Et, sur cette base, agir. *Yes and do !*, disait Swâmiji. C'est le début, le milieu et la fin du programme.

Cette façon d'envisager la progression n'aurait rien de surprenant aux yeux d'un étudiant en arts martiaux. Le maître de mon maître d'aïkido, un très vieux Japonais dixième dan qui avait été disciple du fondateur, Maître Ueshiba, s'est exercé aux techniques de base jusqu'à sa mort. Lorsqu'on avait la chance de le voir faire une démonstration, on ne pouvait manquer de constater que la profondeur de sa pratique lui conférait une maîtrise de l'énergie complètement hors norme. D'un point de vue superficiel, on aurait pu dire qu'il exécutait les mêmes techniques simples auxquelles nous nous exercions à notre niveau, mais pour un œil averti, il était évident que ce maître agissait à partir d'un tout autre niveau de conscience. C'est ce qui donnait toute sa puissance et toute sa grâce à chacun de ses mouvements.

Nous tâtonnons plus ou moins longtemps pour découvrir ce geste intérieur de conversion du « non » en « oui », puis nous l'oublions ou nous redevenons gauches, ne sachant plus que faire. Ou bien, nous y arrivons quand les circonstances sont propices, mais plus du tout quand elles deviennent adverses.

À l'opposé, on peut être aisément dans l'acceptation quand la vie frappe fort, dans des situations qu'on pourrait qualifier de dramatiques ou en tout cas exigeantes, et rester tout aussi incapable d'acceptation quand on tache sa chemise ou qu'on se retrouve pris dans un embouteillage.

Pour mieux illustrer cette difficulté et même ce défi qui consiste à toujours revenir à l'enseignement de base – dont la compréhension profonde ne peut s'affiner qu'avec le temps et l'effort – je vais exposer un échantillon personnel qui a été pour moi l'objet d'une grande leçon sur la voie. Je le décortiquerai aussi minutieusement que possible pour en extraire ce qu'il peut avoir d'universel : la résistance de l'élève à apprendre les leçons difficiles… et la façon dont un maître peut œuvrer si on lui offre le contexte pour qu'il nous aide. Cette leçon rébarbative, c'était que je demeure en communion avec une personne qui m'en voulait, me critiquait, m'était devenue hostile. Le contexte propice à cet apprentissage aura été celui des longs séjours qu'Arnaud faisait à Mangalam, où j'ai pu le questionner à plusieurs reprises.

Cet automne-là, à l'arrivée d'Arnaud et Véronique à Mangalam, je traversais une situation de crise avec une personne qui faisait partie de l'équipe de l'ashram et qui avait été une amie proche et même un soutien précieux dans mes premières années d'intégration au Québec. Alors que nous avions vécu une grande complicité, elle manifestait à présent une fermeture à mon égard et à l'égard d'Éric, nourrissant visiblement des reproches sans que ceux-ci nous soient clairement formulés. Je faisais de mon côté tout mon possible, à l'intérieur de la compréhension que j'avais des causes de sa souffrance, pour apaiser la relation, pour satisfaire certaines de ses revendications que j'essayais de deviner, posant des actes que j'estimais comme autant de mains tendues pour sortir de ce conflit. Mes initiatives ne portaient malheureusement pas leurs fruits, sans que j'arrive à comprendre pourquoi. J'étais triste, blessée et, chaque fois qu'on me rapportait ses propos critiques, immanquablement jaillissait en moi ce cri du cœur : « C'est injuste ! C'est faux ! »

J'étais enferrée dans cette relation de plus en plus tendue. Le terme « enferré » illustre le sentiment que j'avais d'être malgré moi embarquée dans un train, sans pouvoir actionner aucun aiguillage qui changerait sa trajectoire : ses rails conduisaient à de plus en plus de division, de plus en plus de jugement. Je me sentais justifiée de refuser le comportement de cette personne, car je pensais, comme tout le monde dans ce genre de situations, avoir des arguments objectifs pour affirmer qu'elle distordait la réalité, que je voyais clair et qu'elle ne faisait rien pour améliorer la situation alors que je m'y escrimais.

Plus profondément, je ne souffrais pas seulement en tant que « victime de l'autre », mais avant tout de ma propre incapacité à aimer et à mettre en pratique – à cet endroit précis – l'enseignement si précieux que pourtant je croyais avoir compris et intégré. J'avais suivi cet enseignement depuis plus de dix ans, lu tous les livres, cumulé de nombreuses retraites à l'ashram, bénéficié au fil des ans d'un grand nombre d'entretiens en tête-à-tête avec Arnaud ou l'un des enseignants qu'il avait formés. Si tout cela ne devait pas faire de différence dans une situation comme celle-ci, dans ce conflit somme toute banal comme beaucoup de personnes doivent un jour en traverser, toute ma quête n'était-elle pas vaine ? Si je ne parvenais pas à cheminer vers ma propre paix du cœur face à cette personne, simplement parce qu'elle m'en voulait, c'est que cet enseignement n'avait pas tenu ses promesses. Était-ce parce qu'il était en lui-même limité, juste théorique, voire inefficace ? Je ne l'ai jamais pensé. Était-ce parce que quelque chose d'essentiel m'échappait, parce que quelque chose manquait de rigueur et de précision dans ma pratique sur la voie ? C'était la conclusion qui s'imposait.

J'étais sur la pointe des pieds de mon niveau d'être, au meilleur de mes bonnes intentions et de ma sincérité, et je devais reconnaître mon impuissance. Je ne voulais pas être complice du discours intérieur qui veut toujours attribuer à l'autre la responsabilité de sa souffrance. Ce que j'espérais d'Arnaud, ce n'était pas qu'il résolve ce conflit, ni qu'il me console, me rassure ou me donne raison. Plus que jamais, je voulais qu'il m'enseigne ce qu'il savait, ce qui, pour le moment, me paraissait totalement inaccessible. J'avais vu Arnaud aimer tous ceux qui l'approchaient : son cœur était incroyablement vaste. J'avais vu que sur lui, la médisance des uns et des autres, les ressentiments, l'ingratitude de certains de ses élèves… rien n'y faisait, rien n'avait le pouvoir de fermer son cœur. C'était à donner le vertige. Et cela faisait vraiment envie.

Dans cet état de pression intérieure qu'Arnaud n'ignorait pas, je saisis l'opportunité de m'adresser à lui à la fin d'un repas informel à la maison :

« Arnaud, en relation avec cette personne qui m'est maintenant hostile, quand elle se plaint ou qu'on me rapporte ses dires, je suis incapable de m'accrocher à ma chaise, je dirais même de m'accrocher à mon zafu ! »

Je lui exprime par cette image que je n'arrive même pas à écouter vraiment cette personne, que je ne peux m'empêcher de corriger sur-le-champ ce que je trouve inexact ou injuste dans ses propos. Je me sens loin de la communion. Arnaud me regarde avec intensité : « Sophie, ne vous accrochez pas à votre chaise, accrochez-vous à ce que l'autre dit. Voyez la situation avec les yeux de l'autre. » Il ajoute : « Ce que je viens de vous dire, ça vaut des millions ! »

Je le pressens : il ne faut pas que je laisse échapper ce qu'il tente de me transmettre en mots. Arnaud était totalement dépourvu d'orgueil et quand il me parlait de la sorte, ce n'était pas pour me dire combien il était génial et combien il avait le sens de la formule. Il mettait en évidence le caractère précieux de toute formule qui a un pouvoir véritablement transformateur si on la laisse nous bouleverser.

Je comprenais que m'accrocher à ce que l'autre me dit implique une disparition instantanée de l'ego. Même si on ne parle pas d'un éveil définitif, mais bien momentané, cela veut dire tout de même que ce que moi je pense, ce que moi je trouve vrai ou faux, juste ou injuste : tout cela n'a plus aucune place ni aucune importance quand il s'agit d'entrer en communion avec quelqu'un, y compris quelqu'un qui m'en veut.

Entendant l'injonction de mon maître, je fus prise d'un vertige et j'eus l'impression d'être victime d'un malentendu. « Car enfin, aurais-je pu rétorquer tout haut à Arnaud, je ne suis pas éveillée ni même sur le point de le devenir… J'ai besoin de temps !… »

Il se trouve que nous étions au cœur d'un séjour animé par Lee Lozowick, grand ami spirituel d'Arnaud, qui était au fil des ans devenu pour moi un *upaguru* ou gourou auxiliaire, dit-on en Inde. Une sorte d'oncle ou de parrain pour qui j'avais autant d'admiration que d'affection, le revoyant chaque année avec bonheur lorsqu'il était l'invité d'Arnaud à Hauteville ou à

Mangalam. Depuis l'estrade de la grande salle de Mangalam, Lee, assis aux côtés d'Arnaud, répondait cinq jours durant à des questions de personnes qui n'étaient pas ses propres élèves et qui n'étaient pas engagées sur sa propre voie. Pourtant, Arnaud, et nous tous avec lui, étions sidérés de la façon dont il pouvait répondre à la perfection selon la perspective de l'enseignement de Swâmi Prajnânpad[2] . Il ne venait pas à Hauteville ou à Mangalam pour transmettre son propre enseignement, mais pour se mettre totalement au service de ce qui se transmettait à travers notre lignée, à travers Arnaud en particulier, pour qui il avait un immense respect. Lee était un maître hors norme. Il faisait montre d'un humour par moment délirant et était doté d'une intuition et d'une perspicacité propres à un chaman. Très brillant intellectuellement, il était aussi caustique et colportait toutes sortes d'histoires drôles pour illustrer ses propos. Pour qui savait voir derrière les apparences parfois outrageuses ou provocantes, ce maître de folle sagesse était animé d'une grande bonté. C'est grâce à lui que beaucoup d'Occidentaux ont découvert l'existence de son maître, Yogi Ramsuratkumar, le saint mendiant de Tiruvanamalai en Inde.

Arnaud et Lee sont donc côte à côte sur l'estrade à Mangalam. Je lève la main et voici que j'ose dire… : « Lee, Arnaud me demande de voir une situation avec les yeux de l'autre, même quand l'autre dit des choses objectivement erronées. Je ne m'en sens pas capable. Est-ce que vous pourriez me donner une pratique intermédiaire ? »

2. Trois livres ont d'ailleurs été publiés sur la base des retranscriptions de ses réponses aux élèves d'Arnaud à Hauteville : *N'essayez pas, vivez !*, *Oui et Alors ?* et *Au fait, quel est le problème ?*, La Table Ronde.

Lee n'est pas tombé dans le piège. J'étais certes sincère, mais totalement inconsciente de l'intention sous-jacente à ma question. J'essayais de fuir la radicalité de l'enseignement que je prétendais pourtant suivre, je tentais de l'édulcorer, de lui trouver des variantes : les prétendues marches intermédiaires n'étaient en réalité que des échappatoires… Quand l'étau de la sadhana se resserre, lorsqu'on voit se profiler le passage étroit et incontournable à emprunter si l'on veut vraiment se transformer, les voies de traverse deviennent tout à coup très séduisantes et se présentent comme autant d'issues de secours. Spirituellement parlant, ce sont néanmoins des impasses : en baissant la chaleur, l'irritation et l'inconfort, on compromet la possibilité de toute alchimie intérieure.

En écrivant ces lignes, je me suis demandé ce que je pouvais bien imaginer à l'époque par pratique intermédiaire ? En jouant avec les trois mots de la formule de Swâmiji « être un avec », j'en ai trouvé trois. « Être un contre », je l'avais déjà essayé : tenter d'être heureuse, de ressentir l'unité, la paix sans remettre pour autant en question mes propres refus, m'autorisant à continuer de penser que l'autre a tort… Inutile de dire que cet intermédiaire s'est avéré ne pas en être un…

J'avais également essayé la deuxième option : « être à moitié avec ». Quelques années auparavant, en entretien, j'avais demandé à Arnaud de valider ma pratique, que je considérais déjà comme le summum de l'ouverture. Je lui avais exposé ainsi ma compréhension : « Quand quelqu'un est réactionnel, j'essaye de ne pas tout rejeter en bloc, j'en prends et j'en laisse. Je tente de faire le tri pour voir qu'il y a quand même du vrai et même de la sagesse dans ce que dit la personne, même s'il y a aussi beaucoup de @#&*$@… » Arnaud m'avait gentiment fait comprendre qu'il valait certes mieux cela que rien, mais que je ne pouvais pas me satisfaire de faire ainsi le tri pour être ce que je nomme aujourd'hui « à moitié avec », et que ce n'était toujours pas l'essence de la pratique qu'il avait à me transmettre. Je n'avais pas encore compris.

Et la dernière option, je l'avais aussi allègrement essayée pendant des années : « paraître un avec ». C'est le fameux : *Fake it untill you make it*, « Faites semblant jusqu'à ce que vous y arriviez ». Si j'avais noté que cela pouvait parfois m'aider à trouver mon propre chemin, je ne pouvais pas m'appuyer indéfiniment sur ce faux-semblant. Cela pouvait marcher avec des « nouveaux » ou avec des gens peu exigeants ; avec des anciens, en revanche, en tout cas avec tous ceux qui m'entouraient à l'époque, cela ne fonctionnait pas du tout ! Mes observations m'ont montré que « paraître un avec » peut même aggraver la situation, donnant à l'autre le sentiment qu'on tente de le manipuler en mimant un accueil qui n'est pas véritable. Pour quelqu'un qui connaît la vraie chose, qui sait la saveur de la véritable communion, « paraître un avec » est un ersatz qui ne fait pas illusion.

J'appelle donc Lee au secours pour qu'il me trouve une autre pratique intermédiaire… Il me répond : « Un maître ne te propose jamais une pratique qui n'est pas à ton niveau. Vise tout de suite la pratique la plus élevée et tu te rendras compte qu'en fait ce n'est pas aussi difficile que tu te le représentes. C'est toujours comme ça quand on n'a jamais fait quelque chose… » Et il prend soin d'ajouter : « Ça ne veut pas dire que tu es d'accord avec la vision de l'autre. »

Il me montrait que voir les choses du point de vue de l'autre ne veut pas dire agir selon ce point de vue ni le valider intellectuellement. Si nous sommes en face d'une personne réactive qui parle de ses opinions politiques et de la façon dont elle s'apprête à voter, être en communion avec elle ne veut pas dire voter comme elle. Nous restons libres dans la vision et dans nos actions, mais au niveau du cœur il n'y a aucune séparation.

Après cette réunion avec Lee où je croyais que tout avait été dit, Arnaud me convie à un autre entretien, ou plutôt devrais-je dire qu'il me convoque… :

« Vous voyez, Sophie, dans la manière dont vous avez posé votre question à Lee, c'est là qu'est votre erreur : "Quand quelqu'un dit quelque chose d'objectivement erroné…"»

Montent alors en moi des pensées d'agacement : « Les faits sont les faits et vous m'avez appris à m'appuyer sur des faits : on est sur un chemin de vérité, n'est-ce pas ? »

Arnaud poursuit :

« Lorsque quelqu'un tousse, est-ce que c'est objectivement erroné ? Et lorsque quelqu'un tousse et que c'est moi qui laisse la porte ouverte, laissant passer un courant d'air, est-ce qu'on peut dire que c'est objectivement erroné ? »

Sous ce dernier assaut, mes défenses ont commencé à se fissurer et j'ai commencé à voir. L'image de la porte ouverte était parfaite pour m'indiquer que j'avais à prendre ma part de responsabilité, sans m'accabler pour autant sous le poids de la culpabilité qui, chez moi, n'était jamais très loin. Par cette image, je pouvais comprendre que ce n'est pas de ma faute si l'autre a contracté un virus ou une bactérie : c'est pour toutes sortes de raisons qui me dépassent et qui sont liées à sa propre histoire. Ce n'est pas moi qui lui ai transmis ce qui le fait tousser. Mais j'ai à voir et à admettre complètement la part de responsabilité qui est la mienne dans l'entretien de sa maladie, de son état de souffrance. J'ai commencé peu à peu à comprendre en quoi j'avais laissé la porte ouverte, empêchant l'autre de parcourir son propre processus de guérison. J'ai vu dans quelle folie je m'étais débattue pendant des mois dans l'aveuglement de la culpabilité, et pas seulement dans cette relation particulière : d'un côté, je m'évertuais à distribuer des cachets d'aspirine, j'apportais des bouillottes à tout le monde, et de l'autre j'entretenais des courants d'air.

Pour comprendre la pratique à laquelle Arnaud m'invitait – qui est pourtant décrite dans tous les livres que j'avais lus attentivement sur cet enseignement – il m'avait fallu revenir trois fois sur le même échantillon et avec l'assistance de deux maîtres complices l'un de l'autre, rien de moins ! Pourtant, je pensais bien connaître l'enseignement pour l'avoir non seulement lu, mais pratiqué pendant plus de dix ans... Dans ces situations qui défiaient mon monde à ce point, j'étais obligée de voir que j'étais démunie. La réalité m'avait mise à genoux, amenée à ce point d'humilité où j'aurais pu dire à Arnaud : « Finalement, je n'ai aucune idée de la façon dont on arrive là où vous êtes : aimer inconditionnellement, être un avec, même pour un bref instant ... »

Après ces trois réponses, je n'étais pas pour autant tirée d'affaire : la situation concrète n'a pas évolué miraculeusement par le simple fait que j'avais enfin vu ce qu'Arnaud tentait de me montrer. Mais il y a eu une différence radicale entre l'avant et l'après de cet intense séjour. Dorénavant, je savais à quoi je devais m'exercer précisément. La sincérité, les efforts et la bonne volonté n'avaient pas suffi. Encore fallait-il que toute cette énergie soit canalisée dans une intention beaucoup plus claire, que l'entraînement lui-même et le sens même de cet entraînement deviennent pour moi encore plus évidents et encore plus précis. Cette relation particulière, aujourd'hui complètement pacifiée et heureuse, n'était finalement qu'un prétexte pour me montrer que c'est toujours sur ses propres limitations intérieures que l'on butte, indépendamment de la personne qui est en face de soi. Pour qui aspire à vivre l'unité et l'expérience d'être un avec, toute relation est un test et une opportunité pour approfondir sa pratique.

J'avais l'intention de dépasser cette discorde, de la dépasser fondamentalement, mais pas juste pour améliorer cette relation particulière. Je voulais en faire le ferment de ma propre transformation, qu'il y ait un avant et un après. J'avais, grâce à cette situation douloureuse, une chance, une opportunité que je ne voulais surtout pas laisser échapper, de me rappeler mon but depuis mes premiers pas sur ce chemin : être capable d'amour véritable.

One cannot be loved, one can only be Love, « On ne peut pas être aimé, on peut seulement être Amour », a dit Lee Lozowick. Il est normal et naturel de chercher à être aimé quand notre enfance a été carencée. Mais peu à peu, la perspective est amenée à évoluer. Ce n'est plus le même programme. Et l'ironie veut qu'en aimant on se sent mystérieusement de plus en plus aimé, quand bien même il n'y aurait personne pour nous aimer.

Avec le recul, je peux dire que je me croyais consciente de la souffrance de cette personne, mais que j'en ignorais en fait les véritables causes, la texture, l'amertume. Je n'étais pas conscience du fait que, par ce que Gurdjieff appellerait ma mécanicité, j'étais moi-même devenue une des causes de sa souffrance. C'était une révélation douloureuse mais salutaire.

Dans sa pièce *Huis clos*, Sartre fait dire à l'un de ses personnages : « L'enfer, c'est les autres. » C'est si vrai, tant qu'on n'aura pas suivi un chemin de transformation qui nous aura démontré qu'en réalité l'enfer, c'est moi. Dans cette relation, je considérais que j'avais la vertu pour moi, je faisais « le bien », je semais « le bien ». J'avais policé mon comportement pour qu'il soit à mes yeux irréprochable, pour agir extérieurement comme une « parfaite disciple ». Mais je n'avais pas remis en cause le jugement que j'entretenais au sujet de l'autre, ce regard de haut qu'on porte sur celui qui, selon nous, est dans l'erreur. « Tant que vous considérez que l'autre est dans l'erreur, vous ne pouvez pas être en communion avec lui », nous dira Arnaud un peu plus tard. Il dira aussi : « Ce n'est pas parce que vous avez des émotions que vous souffrez, mais parce que vous pensez de travers. » Sortir de la souffrance implique de remettre en cause nos opinions, nos qualifications, les étiquettes que nous avons apposées sur nous-même et sur les autres.

Lorsque j'avais dit à Arnaud que j'avais du mal à m'accrocher à ma chaise ou à mon zafu, je voulais dire que je retenais, au mieux de mes possibilités, l'énergie négative qui nous aurait fait sombrer dans le cercle infernal des reproches : « Tu m'as fait ça ! » S'engouffrer sur ce terrain, c'était la garantie d'une dégringolade sur les barreaux de l'échelle des niveaux d'être, dégringolade qui laisse chacun plein d'ecchymoses, plus triste et seul que jamais. Seul dans son : « J'ai bien raison ! » Seul dans la revendication d'être la victime de l'autre.

En me disant de ne plus m'agripper à ma chaise ou à mon coussin, Arnaud ne me suggérait évidemment pas de faire sauter les digues et de laisser s'épancher le flot de mes réactions émotionnelles envers cette personne. En réalité, ce coussin de méditation représente plus profondément mon attachement à ce que je trouve juste, à ce que je trouve bien, selon les valeurs imprégnées de spiritualité qui me sont chères. C'est justement dans cet attachement au bien et au mal tels que MOI je les conçois que réside mon erreur : c'est en cela que je pense de travers et c'est pour cela que je souffre. En m'accrochant à MA vision de la Justice, MA vision du Bien, j'affirme la séparation avec l'autre que je compare à ces idéaux, me donnant du même coup le droit de le condamner.

« Ne vous accrochez pas à votre coussin » veut dire : « Ne vous accrochez pas à votre missel, ne vous accrochez pas à ce que vous vénérez, ne vous accrochez pas à vos opinions sur le bien et le mal », sinon, prisonniers de la lettre, vous n'incarnez plus l'esprit de toute voie de sagesse : être vaste, souple, bienveillant, libre, inconditionnellement. L'enseignement de tout maître authentique ne consiste pas à ériger une forteresse qui nous séparerait des non-croyants ou des non-pratiquants, des impurs, des malhonnêtes de tout poil, des capitalistes, des « non-écologistes », ou des « non-végétariens »…, mais au contraire à détruire les murs qui nous séparent de l'autre, quel qu'il soit et quoi qu'il ait fait.

La vie de Jésus est la constante illustration de cette vérité. La femme adultère, le centurion romain, le collecteur d'impôts : tous sont des êtres impopulaires ou réprouvés par la morale religieuse. Dans cette injonction d'Arnaud, la première partie :

« Ne vous accrochez pas à votre coussin », est donc la condition préalable pour que la deuxième partie, cruciale, devienne possible : « Accrochez-vous à ce que l'autre vous dit ! » En effet, si j'ai perdu toute crispation vis-à-vis de mon coussin, vis-à-vis du bien et du mal, de ce que l'autre devrait être et devrait dire ou ne pas dire, je deviens enfin disponible pour prendre appui sur lui. L'autre, ce qu'il dit, devient la seule réalité qui m'intéresse : tel qu'il est et non comparé à un quelconque idéal mensonger. Tant que je n'ai pas lâché mon monde de références, ce qu'il dit est simplement inécoutable ! « M'accrocher totalement à ce que l'autre dit » signifie pourtant : quoi qu'il dise ! Écouter sans aucune division par rapport à l'autre suppose donc que je sois absolument désencombrée de toute référence à moi. Que je voie les choses avec les yeux de l'autre, et non plus avec les miens. Que je n'aie donc plus peur d'être contredite ou blessée.

On voit bien souvent les autres avec cet arrière-plan : « Si j'étais à sa place…», mais si on était à sa place, on aurait la même génétique, la même histoire, le même thème astrologique…, et on verrait les choses exactement comme il les voit, à la virgule près. On agirait exactement comme lui. Pour tenter sincèrement de se mettre à la place de l'autre, on doit donc s'acheminer vers un affranchissement complet de son propre monde.

Cette instruction d'Arnaud m'avait abasourdie : je mesurais soudainement l'abîme qu'il y avait entre mon comportement de « bonne disciple appliquée » et la radicalité de ce que signifie « être un avec ». Quand on l'envisage sérieusement, cette perspective fait lever un immense refus : le refus viscéral de se fondre dans la conscience infinie, dans la conscience du Un, le refus de perdre l'identification au moi qui, pour exister, doit demeurer séparé des autres. On souffre des symptômes du sens de la séparation et on voudrait bien ne plus être incommodé par eux, amenuiser l'inconfort en guérissant LE moi. Mais guérir DU moi ? Abandonner le sens de la séparation lui-même ? C'est une autre perspective qui soulève bien des résistances intérieures : le mental s'affole.

Et c'est justement parce que le mental s'affolait que je suis allée auprès de Lee chercher une prétendue pratique intermédiaire. Quelle grossière ruse du mental que de nous faire croire que ce qui pourrait justement le remettre en cause ne serait pas à notre portée, ou pas encore, qu'il nous faudrait du temps, plus de maturité, plus de travail sur l'inconscient, réaliser encore quelques désirs essentiels… Tout cela déguisé en humilité ! Alors, le piège se referme sur lui-même. Le problème réside souvent exactement là : notre impression d'être limités et incapables.

J'ai vu plusieurs anciens élèves d'Arnaud, hommes et femmes, souffrir de maladie en phase terminale et manifester, à l'approche de leur propre mort, un niveau de pratique qui, un an plus tôt, leur aurait sans doute paru tout à fait extraordinaire et tout à fait hors d'atteinte. Pourtant, ils vivaient dans le « oui », de façon manifeste, éclatante. Le témoignage de leurs visages radieux et de leur disponibilité envers l'autre en disait long sur ce qu'ils avaient intégré de l'enseignement au cours des années, sans le savoir, et qui se révélait dans leurs derniers mois. Arnaud nous disait régulièrement que toute la progression d'un disciple s'accélère de façon exponentielle le jour où il devient vraiment convaincu que cet enseignement, c'est pour lui, et que, tel qu'il est maintenant, la pratique est possible.

Cultiver la présence

■

Éric

« *Ton travail est de découvrir ton travail,*
puis, de tout ton cœur, te donner à lui. »

Bouddha

Il est difficile de se considérer comme engagé sur un chemin spirituel sans mettre à la première place le thème de la vigilance. Ce dernier n'est pas un sujet parmi d'autres, mais bel et bien à la fois le cœur de la voie et son aboutissement ultime. Bien sûr, il faudrait préciser ce que recouvre ce terme qui est l'une des traductions possibles du mot anglais *awareness* utilisé par Swâmiji. Un de ses disciples, Daniel Roumanoff, lui préférait l'expression de « conscience lucide ». Le maître bouddhiste vietnamien Thich Nhat Hanh utilise, quant à lui, la formule « pleine conscience » qui a remporté un vif succès, notamment à la suite du célèbre courant Mindfulness développé par Jon Kabat-Zinn. Une traduction plus exacte serait cependant « pleine attention » ou « pleine présence ». Le terme de vigilance permet toutefois d'évoquer la notion de vigile, de veille, et de nous interpeller immédiatement par rapport à la possibilité d'une pratique constante au cours de la journée.

Si je devais résumer l'essentiel de l'éducation spirituelle que j'ai reçue d'Arnaud au cours de ces nombreuses années, je pourrais dire qu'elle se ramène toujours à la question de la vigilance. Quand on a demandé à Swâmiji quelle était la place de la vigilance sur la voie, il a répondu : « La vigilance est la *sadhana* elle-même qui vous conduira jusqu'au but. » Pour en faire saisir toute l'importance, je me souviens qu'Arnaud avait souhaité que l'un d'entre nous compose une anthologie de textes réunissant toutes les traditions spirituelles autour de ce thème[1].

Ce dénominateur commun à toutes les voies est frappant et l'étude de ces correspondances peut nous aider à renforcer en nous la conviction qu'il s'agit là d'un passage obligé. Que l'on se réfère par exemple aux *Upanishad* ou aux textes bibliques, le message est insistant, pour ne pas dire pressant. Ces textes veulent secouer l'être spirituellement endormi que nous sommes : « Levez-vous, éveillez-vous ! Soyez vigilants… » (Katha Up. III, 14) ; « Réveille-toi ! Réveille-toi ! » (Esaïe, LII, 1) ; « Réveille-toi, mon âme ! » (Psaumes, LVII, 9).

Que ce soit par le Bouddha dans le *Dhammapada* ou par Jésus dans les Évangiles, la non-vigilance est considérée comme un état de sommeil et même de mort. La raison pour laquelle les textes spirituels insistent tant sur cet aspect est que, par définition, cet état n'est pas conscient ! On trouve, en effet : « Réveille-toi, toi qui dors, relève-toi d'entre les morts » (Éph. V, 14) et un texte de l'Apocalypse précise : « … tu passes pour

1. Celle-ci, réalisée par Marie-Chantale Forest, est parue en 2019 aux éditions Accarias/L'Originel sous le titre *Anthologie de la vigilance : un chemin vers la lumière.*

vivant mais tu es mort. Réveille-toi, ranime ce qui te reste de vie défaillante ! Non, je n'ai pas trouvé ta vie bien pleine aux yeux de Dieu ! » (3, 1-2). Ces propos sont un diagnostic impitoyablement lucide décrivant la condition ordinaire, c'est-à-dire celle de l'être humain non transformé. Il y a, à cet égard, une anecdote marquante concernant le grand maître tibétain Dudjom Rinpoché : « Un jour qu'il traversait la France en voiture en compagnie de son épouse, admirant le paysage le long de la route, ils longeaient un grand cimetière qui venait d'être repeint et fleuri. L'épouse de Dudjom Rinpoché s'exclame : "Rinpoché, regarde comme tout est propre et net en Occident ! Même les lieux où ils mettent les morts sont impeccables.

En Orient, les maisons où habitent les gens sont loin d'être aussi propres ! "Ah oui ! C'est vrai", répondit-il. Ce pays est tellement civilisé ! Ils construisent des demeures merveilleuses pour leurs dépouilles mortelles. Mais as-tu remarqué qu'ils en construisent de tout aussi merveilleuses pour leurs dépouilles vivantes[2] ?" »

Après avoir effectué une retraite à l'abbaye de Bellefontaine en Vendée, à la fin des années cinquante, Arnaud s'était sérieusement posé la question suivante : « Comment ne pas être un *outsider* de la spiritualité ? » Autrement dit, en comparaison de ces moines entièrement consacrés à la « présence à soi-même et à Dieu », comment mener dans le siècle une vie spirituelle digne de ce nom ? La réponse est, bien entendu, de pratiquer une vigilance aussi intense et constante que la leur.

En tant que disciples engagés sur une voie de transforma-

2. Sogyal Rinpoché, *Le Livre tibétain de la vie et de la mort*, La Table Ronde, 1993, p. 40.

tion intérieure, c'est à cela que nous sommes appelés. Arnaud était l'illustration vivante de cette vigilance dont il considérait lui-même que c'était le « cœur du chemin ». Il en a parlé tout au long de sa vie pour en faire l'apologie inlassable et sa présence elle-même manifestait cette vigilance, parfois sous l'aspect d'une clarté d'un autre monde. Un souvenir me revient de l'époque de son premier ashram du Bost. Je suis assis en face d'Arnaud pour un entretien. Nous sommes tous les deux en tailleur, à même le sol, très proches l'un de l'autre. Alors que je lui expose quelque difficulté personnelle, son visage rayonnant absorbe mon attention. Il émane de lui une lumière scintillante qui me fait perdre le fil de ce que j'étais en train de lui dire ! Je me souviens encore de l'état de trouble dans lequel cela m'avait plongé, tiraillé entre mon aspiration profonde à rejoindre Arnaud dans cette paix lumineuse et la poursuite sur ma lancée pour lui exposer ma situation existentielle.

Finalement, compte tenu de la raison initiale de cet entretien, j'avais pris le parti de revenir à mon problème, ce qui avait supposé un certain effort ! Mais ce jour-là, il m'avait montré quelque chose au-delà des mots : un ordre de réalité que seule la vigilance, dans son aspect ultime, peut révéler. Cette expérience, parmi d'autres, restera toujours une source d'inspiration pour moi et un indicateur subtil montrant la direction à suivre.

Dans les débuts, Arnaud intervenait parfois lui-même auprès de nous pour des détails très concrets concernant la marche de l'ashram. Je n'étais pas réfractaire à l'idée de porter attention aux choses matérielles ou même d'exécuter avec soin et précision les tâches demandées. J'avais assez lu de littérature sur le bouddhisme zen ou Gurdjieff pour tenter de m'appliquer avec toute la force de ma conviction. Pourtant, à plusieurs reprises, alors que je pensais avoir exécuté ma tâche au mieux, Arnaud avait surgi de nulle part pour venir rectifier mon geste et me montrer par là que celui-ci avait été approximatif faute de vigilance. Un jour, alors que je passais l'aspirateur dans la grande salle du Bost, Arnaud me l'enleva des mains et me le retendit sans dire un mot après en avoir modifié la position de la brosse. Une autre fois, il intervint à sept heures du matin en peignoir pour rectifier sous mes yeux la fermeture d'un volet que j'avais mal fermé la veille, et ce au moment précis où j'étais justement en train de le rouvrir. Je n'ai jamais compris comment il avait repéré ce volet que j'avais mal fermé le soir précédent et, surtout, comment il avait pu apparaître à la seconde près en cet endroit si éloigné de sa propre chambre.

Tous ces gestes, Arnaud les faisait sans aucun commentaire qui aurait pu en atténuer le choc, sans aucune explication d'ordre pratique ou spirituel. C'était à moi de comprendre la nature de la leçon. J'étais obligé de constater que mes meilleures intentions de vigilance ne suffisaient pas. Je devais alors commencer à considérer l'existence d'une brume créée par mon propre mental et qui opacifiait le réel d'une manière bien concrète.

Nous assistions de temps en temps à une projection de l'un des films tournés en Asie. Un soir, la projection s'était arrêtée peu de temps avant la fin du film, à la suite d'une difficulté technique. Le lendemain, Arnaud nous demanda sur quelle image le film s'était interrompu et, comme aucun d'entre nous n'était en mesure de répondre, il tourna les talons en laissant sèchement tomber : « Ça en dit long sur la vigilance ! »

J'ai pu déceler dans les interventions directes d'Arnaud et

son attitude à mon égard un sens plus profond que la recherche d'une simple efficacité extérieure : une sollicitude pour favoriser mon développement spirituel en prenant minutieusement en charge ma rééducation. Ceci m'a permis d'établir très tôt un lien entre l'attitude dans le monde, l'attitude intérieure et la recherche du grand But. Dans une intervention pour la revue *Autrement* consacrée à l'Orient intérieur, Arnaud fait allusion à « cette forme particulière de conscience qui consiste à être conscient avec acuité de ce qu'on est en train de faire, mais, en plus, conscient de la grande réalité profonde que nous appelons *Tao, Atman ou Brahman*, nature du Bouddha ou *Bodhicitta*, Royaume des Cieux ou Vie Éternelle [...]. Donc, présence à soi-même, vigilance, non-oubli du but de l'existence humaine et non-oubli de la grande réalité que nous trouvons au cœur de nous-même[3] ».

Il ne s'agit donc pas d'une simple surveillance, comme celle de nos bagages dans un aéroport, bien que le fait d'être attentif en fasse partie. Dans son aspect le plus restreint, lorsqu'on parle de vigilance, on désigne habituellement une capacité d'attention qui se porte sur les choses ou encore sur soi-même. Il s'agit là d'une base élémentaire réclamant pourtant déjà beaucoup d'entraînement et de discipline intérieure. Dans les débuts, nous manquons de souplesse ou d'habileté et nous pouvons être gauches, mais il faut bien commencer quelque part. Certaines traditions, axées sur la méditation assise, préconisent par exemple de s'exercer à maintenir son attention sur la respiration. Cette approche concerne surtout les voies méditatives et

3. *Éditions Autrement,* 1985, p. 45 et 50.

monastiques, plutôt que les voies insérées dans le monde, car on ne peut la pratiquer à longueur de journée tout en étant engagé dans de multiples activités : compter le va-et-vient du souffle est une technique qui n'est applicable que dans certaines circonstances particulières. En revanche, avec une intention juste et une compréhension de l'importance capitale de la vigilance au cours de la journée, il devient possible de maintenir une conscience de soi plus aiguë tout en menant parallèlement une vie on ne peut plus ordinaire. Dans ce cas, notre engagement réel sur la voie devient indissociable du courant de notre existence.

La distinction entre ce qui est mondain et spirituel disparaît car, du point de vue du pratiquant, la séparation entre les deux devient une simple convention. Tout dépend de l'atmosphère intérieure de présence plutôt que de l'endroit lui-même ou de la circonstance. Hujwîrî, un saint soufi afghan du XIe siècle, le signalait en ces termes (et la traduction française permet d'en accentuer l'effet) : « Quand un habitué des cavernes (un saint) se rend dans une taverne, il transforme cette taverne en caverne. Quand un habitué des tavernes se rend dans une caverne, il transforme cette caverne en taverne. »

Je pourrais dire que le premier grand piège pour le chercheur est de ne pas réaliser l'importance de la vigilance. Je vois certaines personnes se donner beaucoup de mal et être capables de grands efforts dans de nombreux domaines au nom de leur progression sur la Voie, mais, en même temps, sans avoir pleinement mesuré cette importance. Ils ne voient pas la corrélation qu'il y a entre les petits gestes effectués avec conscience et le grand But qu'ils se proposent d'atteindre. Dirigeant un ashram depuis des années, je suis amené à constater à quel point il est difficile pour beaucoup d'accorder la priorité absolue à l'exercice de la vigilance. Ce qui compte, c'est la clarté de l'intention et la compréhension du pourquoi. On ne pratique pas la vigilance par devoir ou par peur, mais simplement parce que l'on a réalisé que c'est notre seule planche de salut. Il est inconséquent d'avoir une ambition spirituelle ou une quête mystique et de tolérer par ailleurs la négligence, l'oubli, les paroles ou les attitudes mécaniques. Lorsque le moine trappiste américain Thomas Merton a rencontré pour la première fois Thich Nhat Hahn et que, à l'issue de cette rencontre, on lui a demandé son impression, il a simplement répondu : « À la manière dont il a refermé la porte en sortant, j'ai vu que nous étions frères. »

Dans le même ordre d'idée, je me souviens que Lee Lozowick nous avait dit : « Quand vous fermez une porte, considérez qu'il y a un bébé qui dort derrière. » Cela revient exactement à saint François de Sales répondant à une religieuse qui lui demandait un conseil de perfection : « Fermez les portes sans bruit. »

Porter attention à ce que l'on fait, être présent à soi-même, voilà les ingrédients indispensables pour la transformation intérieure. Mais, pour se mettre en marche dans cette direction, il faut que cela nous fasse envie et que nous accordions le plus haut prix au fait même d'être présent. En effet, nous n'accordons la priorité à une chose qu'en fonction de notre propre échelle de valeurs. Et si nous n'aimons pas cette chose, nous serons dans l'impossibilité de lui accorder le moindre intérêt.

Lors d'un voyage au Maroc, j'ai été frappé de constater à quel point le seuil général de vigilance de la plupart des gens était élevé. Je peux en donner un exemple parmi d'autres. Nous étions invités dans la famille de notre guide, dans une région reculée et semi-désertique. La bâtisse dans laquelle nous avons été reçus ressemblait à une ancienne forteresse et nous étions réunis dans une grande salle qui faisait office de salon. Les murs étaient très épais et notre tout jeune fils s'était hissé dans l'encadrement de l'une des fenêtres ouvertes à l'air libre sur de vastes paysages, protégé de tout danger par d'imposantes ferronneries. Alors que nous conversions, le maître de maison fit de la tête un geste à peine perceptible en direction d'un jeune adolescent qui se tenait à l'autre bout de la pièce. Celui-ci disparut pour revenir quelques minutes plus tard avec une couverture destinée à être placée sur le rebord de la fenêtre pour que l'enfant puisse y jouer plus confortablement sans être à même le ciment. Il était touchant de voir le degré de prévenance et de délicatesse dont témoignait le maître de maison. Il était surtout impressionnant de réaliser à quel point sa vigilance ainsi que celle du jeune homme étaient affinées. Tout s'était passé avec une extrême discrétion, sans qu'aucun mot ne soit prononcé.

Une autre fois, alors que nous étions dans la foule du souk de Marrakech, je fis une remarque à mon épouse concernant le prix élevé d'une célèbre pâtisserie, « la corne de gazelle ». La foule était très dense, j'avais fait cette remarque bien éloigné de l'échoppe et avec une certaine discrétion, mais, par-delà la rumeur générale, le marchand avait lancé à la cantonade : « Oui, mais c'est de la vraie pâte d'amande ! » Lorsque j'ai eu l'occasion d'évoquer ces situations avec Lee en notant que, par rapport à ces Marocains, nous semblions bien peu entraînés, il me fit la remarque suivante : « Pour eux, c'est une question de survie. » N'est-ce pas aussi pour nous, mais sur le plan spirituel, une question de survie ?

Très concrètement, le premier point qui est oublié et qui fait que nous risquons de devenir des « *outsiders* de la spiritualité », c'est le contexte plus vaste à l'intérieur duquel l'exercice de la vigilance est censé s'insérer. On peut en effet s'entraîner héroïquement, mais de façon stérile, si on ignore ce qui donne sa véritable signification à tout le reste. Si notre terreau intérieur est pauvre, aucun acharnement ne produira de fruits. De quelle disposition intérieure notre pratique émane-t-elle ? La question préalable n'est pas de savoir quoi pratiquer et comment le pratiquer à la perfection, mais tout d'abord de savoir « au nom de quoi » on le pratique. Pour illustrer cet aspect, Arnaud avait forgé le scénario d'une mère dont l'enfant unique est kidnappé. Les ravisseurs lui réclament une rançon à déposer, le lundi matin, au pied d'un arbre dans un jardin public. Le week-end qui précède, cette femme est sollicitée par des amies pour une rencontre amicale autour d'une tasse de thé, puis elle entreprend de faire des achats dans les grands magasins ; elle sort ensuite au restaurant et s'engage encore dans deux ou trois activités jusqu'au moment où, le dimanche soir arrivé, elle réalise qu'elle a complètement oublié de rassembler le montant de la rançon pour récupérer son enfant !

Bien sûr, cette histoire est exagérée à dessein. Si c'est l'ego qui l'entend, il va la tourner en ridicule ou considérer que cela n'évoque en rien notre propre mode de fonctionnement. Si c'est le disciple sur la voie qui l'entend, l'impression peut être forte mais salutaire. Telle est, par exemple, l'intention de cette autre remarque : « Si vous passez une soirée très sympathique entre amis, mais que vous n'êtes pas vigilant et que l'on vous demande le lendemain ce que vous avez fait la veille au soir, la vraie réponse serait : "Me rapprocher de deux heures du moment de ma mort". »

Sur le papier, tout le monde va être finalement d'accord pour reconnaître l'importance de la vigilance, mais si l'on y regarde de plus près, on va s'apercevoir qu'elle est souvent perçue comme une réalité mortifère, très peu attirante. On a vite fait de se retrouver dans cette situation absurde qui consiste à s'exercer pour un objectif qui, tel que nous le concevons, non seulement ne nous motive pas, mais nous repousse même viscéralement.

Voici quelques versions assez courantes d'idées reçues et de préjugés prévalant chez des chercheurs pourtant sincères, mais dont la compréhension est voilée par des conditionnements ou des réactions émotionnelles. Dans ce cas, la vigilance est perçue comme :

• une corvée rébarbative qu'il faut accomplir par devoir pour être spirituellement correct et répondre aux critères idéaux d'un bon élève sur la voie ;
• une tâche supplémentaire qu'on s'impose en plus de toutes les autres occupations et charges quotidiennes déjà très pesantes ;
• un effort de l'ego qui a pour résultat de nous priver de toute spontanéité : la vigilance finit par nous empêcher de vivre ;
• une pratique équivalant à un repli sur soi (au nom de l'intériorisation), mais qui nous coupe de l'extérieur ;
• une pratique induisant une attitude figée ou des gestes délibérément ralentis (comme si la lenteur était indispensable

pour être vigilant) ;
• une attention froide et déshumanisante qui nous coupe de tout élan du cœur ;
• une mission héroïque au-dessus de nos forces qui ne fait que souligner notre inaptitude, voire notre nullité foncière, et qui nous plonge dans le non-amour de soi.

Autant de pièges qu'il faut éviter et de mensonges à dénoncer, car ce ne sont que des incompréhensions savamment entretenues par le mental pour ne pas mettre en œuvre ce qui contribuerait justement à l'éroder. En effet, nous ne pouvons jamais mettre d'énergie dans quelque chose qui nous paraît préjudiciable. En revanche, notre cœur ira là où l'on ressent un intérêt réel, un enjeu éminemment positif et lumineux, sans aucun « dommage collatéral ». Si on a la grande chance de pouvoir approcher un sage ou un maître authentique, on peut éprouver une certitude, un sentiment intime qui nous inspire et qui nous fait participer – à notre mesure – à la vastitude de sa vigilance. Cette qualité si subtile (on pourrait dire d'ordre énergétique ou vibratoire) nous fait envie à juste titre et renforce en nous l'intention de le rejoindre là où il est, c'est-à-dire d'atteindre son même degré de réalisation.

Le plus souvent, la vigilance est assimilée à un effort d'« attention ». Le terme d'« attention » suppose justement une tension, une crispation en vue d'un résultat. C'est un peu comme si on essayait de répondre à une injonction du genre : « Prenez garde ! » ou « Faites attention ! » Il s'agit d'un ordre qui nous saisit et nous mobilise en vue de nous prémunir, par exemple, d'un danger imminent. Une telle attitude ne prédispose certainement pas à la détente puisque, au contraire, il faut être prêt à une réaction rapide pour fuir, se protéger ou faire face à une situation inattendue.

Aussi utile que soit parfois la mise en alerte de tels réflexes, ce n'est pas de cela qu'il s'agit lorsqu'on parle de la vigilance dans sa pleine acception spirituelle. Il ne s'agit pas non plus de concentration, c'est-à-dire de la focalisation intentionnelle de l'attention sur un point particulier comme, par exemple, la flamme d'une bougie ou la réparation délicate d'un petit mécanisme d'horlogerie. Le développement de cette capacité peut, certes, être mis au service de notre propre *sadhana*, mais elle est loin de recouvrir la totalité du champ de la conscience. Le premier critère simple nous permettant de distinguer l'attention de la vigilance est, par conséquent, l'état de tension ou de détente dans lequel nous sommes. Il s'agit alors non pas d'une contraction, d'un rétrécissement du champ de conscience, mais au contraire d'une ouverture à l'espace lui-même, d'une expansion.

Un maître tibétain du siècle dernier, Khenpo Gangshar, qui fut l'un des instructeurs de Chögyam Trungpa Rinpoché et de Tulku Urgyen Rinpoché, évoque en ces termes ce qu'il appelle « l'esprit ordinaire ou nu » qu'il s'agit de laisser émerger : « Si vous restez ainsi [dans l'esprit ordinaire], l'essence de votre esprit est claire et expansive, vive et nue, sans aucune inquiétude au sujet de pensées ou de souvenirs, de la joie ou de la peine. Ceci est la vigilance (*rigpa*)[4] ». La métaphore du miroir, ou encore du reflet de la lune à la surface de l'océan, est souvent utilisée pour décrire la nature de cette vigilance en tant que

4. Khenchen Thrangu, *Vivid Awareness : The Mind Instructions of Khenpo Gangshar*, Shambala, 2011, p. 125.

conscience lucide. La nature intrinsèque du miroir est indépendante de l'image qui s'y reflète, le miroir n'est pas affecté et ne qualifie pas, il ne cherche pas non plus à retenir ni à repousser quoi que ce soit. La vigilance réunit tous ces aspects.

On peut cependant se demander pourquoi faire des efforts si l'on considère que cette conscience n'est pas le fruit d'une construction de notre part. Et pourtant, toutes les traditions spirituelles s'accordent à affirmer la nécessité de s'exercer, de mener une ascèse ; autrement dit, de faire des efforts. Il y a un argument qui prévaut dans certains milieux se réclamant de l'Advaïta Vedanta, du Vedanta non dualiste : la pure conscience est préexistante à tous les efforts que nous pouvons entreprendre et, plus nous faisons d'efforts, plus nous cherchons à avancer vers elle, plus nous nous en éloignons.

Ce courant d'idées considère qu'il n'y a pas de voie, d'enseignements ni de méthodes, et qu'il n'est nul besoin d'un maître pour nous guider. Tout est déjà là et « il suffit » de le reconnaître. Sans entrer dans le détail d'une contestation de cette approche (qui contredit formellement plusieurs millénaires de traditions spirituelles), cela revient à dire que puisque la nappe phréatique est préexistante, il n'est pas nécessaire d'entreprendre de creuser un puits.

Nous sommes, certes, déjà nus sous nos vêtements, mais il faut quand même se donner la peine de se dévêtir. La *sadhana* n'est rien d'autre qu'un dépouillement, un déshabillage de nos habitudes (en anglais *habits*) physiques, émotionnelles et mentales. En conséquence de ce processus, la vigilance s'affine et devient plus vaste et subtile, l'extrême pureté de la vigilance étant, dit Arnaud, le *Aham* sanscrit, le pur « Je suis », c'est-à-dire ce qui reste quand on a traversé tous les recouvrements. On pourrait considérer que la vigilance est comme un cercle allant en s'élargissant et incluant par conséquent de plus en plus de données. Le cercle concentrique le plus large implique une qualité de profondeur supérieure et donne ainsi accès à une perception qui peut être parfois de l'ordre de l'intuition, de la prescience, ou encore qui dépasse les catégories mentales ordinaires. J'en avais eu un aperçu lors du travail que nous menions sur l'inconscient – le *lying* – et qui s'insère dans l'ensemble de la démarche[5]. Après un *lying* particulièrement significatif, autant sur le plan psychologique que spirituel, Arnaud m'avait fait cette remarque amusée : « Maintenant, vous comprenez ce que vous avez vous-même écrit dans votre livre *Métaphysique pour un passant* au sujet de la *coincidentia oppositurum*, la coïncidence des opposés ». Cette expérience m'avait montré que l'harmonie des contraires ne peut survenir qu'au niveau d'une conscience lucide, englobante et non impliquée. La clarté pénétrante et paisible intimement éprouvée ne relève plus du registre de l'ego – et donc de l'effort –, mais pointe dans une direction proprement spirituelle. La méditation peut aussi nous ouvrir à de tels aperçus.

Bien entendu, cette lucidité devra s'intégrer de façon pratique à notre vie quotidienne, ce qui constitue un défi d'un autre ordre. Lorsqu'on regarde, par exemple, un documentaire filmé sur Maître Ueshiba, le fondateur de l'aïkido, en plein exercice, il devient évident qu'il se déplace au cœur d'une conscience éveillée ou d'une vigilance panoramique que

5. E. Edelmann, O. Humbert, C. Massin, *Swâmi Prajnânpad et les lyings*, La Table Ronde, 2000.

personne ne peut prendre en défaut. Il avait d'ailleurs défié ses élèves en les invitant à tenter de l'attaquer par surprise, de jour comme de nuit, et aucun n'y est jamais parvenu. On imagine mal un maître vivre « sur ses gardes », craignant d'être assailli par un de ses élèves au passage de chaque porte de son monastère. Cette invincibilité dont Ueshiba voulait porter témoignage à ses élèves ne pouvait pas être le résultat d'un état de méfiance constante, donc d'une crispation, mais, au contraire, d'une profonde détente. À ce niveau, la maîtrise de son art avait développé son intuition à un degré tel que rien ne pouvait le surprendre : il était toujours alerte, toujours prêt à répondre à chaque situation, dans une parfaite légèreté et spontanéité.

Par conséquent, à l'extrémité du spectre, on peut dire que c'est, selon la formule de Swâmi Prajnânpad, « Sa Majesté la Lucidité » qui domine et qui règne. « Quand la lucidité est constante, sans aucune fluctuation, remarque Swâmiji, c'est la Supranormalité, c'est l'Illumination, la Réalisation… Vous pouvez lui donner le nom que vous voulez : Perfection, Absolu, etc.[6] »

Cette description de la vigilance comme l'accomplissement suprême ne doit pas nous faire perdre de vue que la vigilance est le But, certes, mais aussi le moyen pour l'atteindre ! Arnaud nous a signalé que « l'attention est la lime qui sciera un à un les barreaux de notre propre prison ». Cette conscience lucide est par excellence l'instrument du disciple et c'est elle qui, dans un sens ultime, le conduira à un autre ordre de réalité.

Auparavant, il y a un travail acharné à entreprendre. Celui-ci va prendre du temps, car il faut nous arracher à notre torpeur,

6. D. Roumanoff, *Un maître contemporain,* La Table Ronde, 2002, p. 384.

c'est-à-dire à l'inertie tenace de nos habitudes. Cette situation a quelque chose de cruel, car pour mener à bien cet « arrachement » il faut une certaine qualité de vigilance. Or, cette dernière est justement occultée par la torpeur elle-même ! Cela ressemble à un cercle infernal. La vigilance réclame une haute qualité d'énergie et, par conséquent, une grande quantité d'énergie brute. Notre énergie est cependant investie dans toutes sortes de directions, dilapidée en quelque sorte par nos conflits intérieurs, nos résistances, nos identifications, nos refus et nos réactions diverses. S'il y a des efforts à fournir, ce n'est pas tant pour être vigilant que pour dissiper les obstacles à la vigilance elle-même, c'est-à-dire les obstructions émotionnelles et mentales. Ces obstructions consistent surtout en impressions refoulées dans l'inconscient et qui mobilisent en pure perte une grande quantité d'énergie. D'autre part, il y a aussi toutes les constructions de la fausse personnalité qui se mettent en place pour perpétuer la stratégie de survie du moi (cela comprend les opinions auxquelles nous nous identifions, les préjugés ou jugements de valeur, la comparaison et toutes les fausses lois du mental fondées sur une interprétation erronée de nos propres expériences).

Tous ces revêtements nous empêchent de laisser se dégager cette clarté et cette lumière inhérentes à la conscience, cette vision pénétrante qui embrasse le dedans comme le dehors et qui perçoit ce qui est inaccessible à l'œil ordinaire et même à la *buddhi*, c'est-à-dire à l'intelligence objective. Il y a une parole remarquable de Maître Eckhart qui résume à merveille l'essence de la spiritualité et de la mystique : « L'œil par lequel je regarde Dieu, dit-il, est l'œil par lequel Dieu me regarde. » Une telle unité ou réalisation est l'aboutissement d'un parcours au cours duquel l'énergie a été de plus en plus affinée. Aussi raffinée que le pétrole brut l'est pour être transformé en supercarburant pour fusées. C'est en cela que l'effort est nécessaire et qu'il ne faut pas se laisser séduire par les « arguments paresseux ».

Il est tout aussi stérile d'envisager d'utiliser des techniques spirituelles spécifiques sans se préoccuper des prérequis, c'est-à-dire sans examiner minutieusement le contexte intérieur préalable et le niveau de maturité de la personne qui entend les pratiquer. Dans une démarche spirituelle non pervertie, ce n'est pas le moi qui s'approprie des exercices – parfois efficaces et puissants en eux-mêmes – pour en retirer un bénéfice quelconque. En regard de la perception égocentrique ordinaire, il s'agit plus de perdre que de gagner, de même qu'il s'agit plus d'apprendre à donner qu'à recevoir. Si notre transformation s'oriente dans le bon sens, on découvre que nos mobiles initiaux tournaient radicalement le dos au but que l'on se proposait d'atteindre !

La véritable transformation intérieure vise autre chose que la simple amélioration dans le domaine personnel et relatif comme diminuer le stress, renforcer le système immunitaire et se rendre plus efficace au travail. Non pas que ces objectifs soient condamnables en soi, mais il faut simplement remettre les choses à leur juste place et ne pas se leurrer quant à une substitution abusive. On pourrait prendre la pratique du yoga comme exemple : celle-ci est bénéfique à de nombreux égards, c'est incontestable. Il faut simplement préciser que l'on ne parle pas ici du Yoga tel que pratiqué en Occident en tant que discipline physique, mais en tant que voie spirituelle complète ainsi que Patañjali l'a codifiée dans les *Yoga Sûtra*. Dans ses premiers aphorismes, Patañjali parle de « l'extinction des tourbillons mentaux », de « l'installation du Contemplateur dans sa nature propre », « sans quoi il y a une identification avec les idées » (I, 2-4).

Il est avant tout question de la vigilance, de la purification du mental et de la relation aux pensées. Œuvrer à ce niveau est sans doute le plus difficile, mais ce n'est pas une raison pour chercher à le contourner. En tant que chercheur spirituel, il est même essentiel de s'y consacrer en priorité. Le maître du *Raja-Yoga* précise un peu plus loin : « La souffrance qui n'est pas encore née peut être évitée », et : « La cause de cette (souffrance) évitable est la fusion du contemplateur avec les choses vues » (II, 16 et 17). Autrement dit, c'est l'identification de la conscience avec les formes de conscience qui est à l'origine de la souffrance. Chercher à éradiquer cette identification fondamentale est l'enjeu réel d'un cheminement spirituel. Une telle visée n'est donc pas à confondre avec ce que proposent les approches psychologiques populaires ou même certains courants spirituels en vogue.

Dans le Vedanta, on parle de la « conscience-témoin » (*sakshin*) en nous qui correspond à cet état de vigilance à la fois au plus intime de nous-même et, en même temps, complètement impersonnel. Par définition, « je » ne peux pas être vigilant et pourtant – et c'est un paradoxe apparent – on ne peut être conscient de soi par simple mécanicité : il faut bien qu'il y ait une participation délibérée, ancrée dans la compréhension de la nécessité impérative d'être présent. On pourrait dire que ce n'est pas le moi, mais le disciple en nous qui, par son exigence intrinsèque, doit nous orienter vers l'effort et l'intention justes.

La vigilance à l'état pur a été comparée à la vastitude d'un ciel immaculé. Il y a des nuages dans le ciel de la même façon qu'il y a des pensées et représentations mentales dans le champ de la conscience. Ces nuages cachent la clarté du soleil et, cependant, c'est la luminosité du soleil lui-même qui permet la reconnaissance des nuages. Il m'est arrivé un jour, ou plutôt une nuit, une expérience que de nombreuses personnes ont faite de manière intentionnelle ou par inadvertance : celle de rester lucide au cours d'un rêve. Tout en rêvant, une conscience lucide plus fine est en mesure de reconnaître qu'au moment où le rêve se déroule, il s'agit bien d'un rêve ! Ce type d'expérience montre à l'évidence la différence de niveau entre l'état de vigilance et celui du rêve. La célèbre affirmation de Descartes : « Je pense, donc je suis », se justifie bien sûr en ce sens que sans être il ne peut y avoir de pensées, de même qu'il ne peut y avoir de vagues sans océan. Il s'agit toutefois d'un point de vue de philosophe pour qui la pensée joue un rôle primordial.

Du point de vue des traditions ascétiques et mystiques, c'est la réalité de la vigilance claire et immaculée qui prime, car il peut y avoir une conscience sans pensées. La conscience qui voit le rêve pour ce qu'il est n'est pas sur le même plan que ce dernier, sinon cette reconnaissance ne serait pas possible. « Je dors, mais mon cœur veille », dit un texte de l'Ancien Testament, indiquant de cette façon la possibilité d'un accès à une vie plus profonde au sein de notre fonctionnement habituel. En tant que pratiquants sur une voie spirituelle, c'est à cela que nous sommes invités. Il ne s'agit pas tant de quelques exercices appliqués à part, en dehors du courant de notre existence, mais bien d'un continuum de présence plus aiguë que l'on doit tenter de maintenir à longueur de journée, quelles que soient les activités et les circonstances dans lesquelles nous nous trouvons impliqués. À un élève qui se plaignait à Arnaud de ne pouvoir méditer tous les jours tant il était pris par son travail et ses multiples responsabilités, il a reçu la réponse suivante : « Ne méditez pas une demi-heure par jour, méditez tous les jours cinq cent mille fois un instant. »

De nos jours, on a beaucoup trop tendance à insister sur la notion d'Éveil plutôt que sur le fait même d'une pratique quotidienne, zélée et discrète. La revendication de l'Éveil est de plus en plus fréquente de la part de personnes qui ne se sont pas livrées à une ascèse rigoureuse, et l'on voit même certains instructeurs qui clament haut et fort que, dans leur centre spirituel, c'est toutes les semaines que l'on voit certains élèves s'éveiller ! Il y a sans doute ici un grand malentendu sur ce qu'on entend par Éveil. Au sens strict, non seulement un moment de supra-conscience n'est pas l'Éveil, mais la destruction du mental lui-même n'est pas l'aboutissement du chemin.

Dans la tradition bouddhiste, par exemple, il y a encore les dix *bhumis*, les dix terres de *bodhisattva* à parcourir avant d'atteindre l'Éveil du Bouddha ! Il faut par conséquent être réaliste sans pour autant se décourager. Je me souviens de certaines remarques d'Arnaud à ce sujet, car il ne manquait jamais une occasion de nous ramener à une approche concrète et de nous replacer dans une juste perspective. « Avant de parler d'Éveil, disait-il, parlons d'état de veille dans l'existence. » Lors d'un échange, il m'a fait cette confidence : « Je ne sais pas si je suis éveillé, mais ce que je sais, c'est qu'à force de recevoir des seaux d'eau à la figure, j'ai fini par me réveiller ! »

Certains trouveront peut-être ce genre de remarques trop terre à terre, et pourtant il s'agit toujours d'un appel à la vigilance sans laquelle rien n'est possible. Dans son style propre et avec une certaine ironie, Lee Lozowick a insisté de la même façon sur l'erreur que représente cette fascination pour l'Éveil au détriment du véritable travail intérieur et du développement de qualités humaines authentiques. Il écrit dans son Journal : « Ce n'est pas d'illumination que nous avons besoin, c'est de patience, de clarté, d'objectivité, de bonté, de compassion, de respect envers soi-même, de foi, de générosité, du sens de l'humour, de bon sens, de discernement, de fiabilité, de loyauté, de discipline, d'intégrité, d'une impeccable et impitoyable honnêteté envers soi-même, de tranquillité mentale, de maîtrise de soi, de conscience, d'élégance, de noblesse, de dignité, de perspective, de ravissement, de joie, d'émerveillement[7]. »

Un tel pragmatisme est salvateur, car il permet de remettre les choses à leur juste place. Comme disait un jour le disciple d'un maître taoïste : « Ce qui compte, ce n'est pas tant l'Éveil que déjà être capable de bien dormir la nuit ! » Il insistait ainsi sur l'importance de la santé énergétique et psychologique en tant que préalables pour une démarche spirituelle.

Étant donné que, de nos jours, le terme « Éveil » est on ne peut plus galvaudé, il faut simplement rester prudent quant à son utilisation. Parmi les plus grands sages ou maîtres que j'ai eu l'opportunité de rencontrer, Mâ Anandamayi, le XVIe Gyalwa Karmapa, Kalou Rinpoché, Dilgo Khyentse Rinpoché et

7. Lee Lozowick, Just This 365: *Wisdom and Wit from the Teachings of Lee Lozowick*, Motion Press, 2018.

beaucoup d'autres, je n'en ai jamais entendu un seul proclamer qu'il était éveillé. Et pourtant, ce sont des êtres qui m'ont profondément convaincu. Dans le Japon traditionnel, lorsqu'un maître zen reconnaissait que l'un de ses disciples avait fait l'expérience du *Satori* ou de *Kensho*, il l'envoyait auprès de plusieurs autres maîtres afin de confirmer et de certifier cette réalisation. Sans compter que, dans leur éducation, les maîtres zen sont réputés pour ramener de façon abrupte le disciple à la réalité la plus immédiate. De nombreuses histoires ou anecdotes circulent à ce sujet comme, par exemple, celle d'un visiteur qui se rend auprès d'un maître pour lui demander un peu naïvement quelle est l'essence du zen. Le maître lui répond par une autre question : « Il pleut aujourd'hui et vous êtes venu avec un parapluie. En entrant, de quel côté de vos chaussures avez-vous laissé votre parapluie ? » Cela n'est pas sans rappeler la situation d'un ami qui, dans sa jeunesse, était allé rendre visite à Karlfried Graff Dürkheim en Forêt-Noire pour lui faire part de son émerveillement au sujet d'une grande expérience spirituelle qu'il avait vécue. Après l'avoir écouté longuement avec patience et bienveillance, Dürkheim lui dit au dernier moment : « Attention jeune homme, il y a deux marches en sortant ! »

La vigilance est cette présence à ce qui nous entoure, aux autres et, bien entendu, à tous nos états intérieurs. Elle est comme une lumière (la « lampe du corps » dont parle l'Évangile) qui éclaire en embrassant d'un seul regard autant l'intérieur que l'extérieur. Ce regard n'est pas tant une simple constatation de ce qui est dans l'instant qu'une vision et une reconnaissance profondes basées sur l'acceptation inconditionnelle de ce qui est. Il n'y a pas d'interférence mentale sous la forme de jugement, de comparaison, de qualification. Seul cet assentiment de tout notre être permet la désidentification, c'est-à-dire l'émergence ou le désengagement d'une conscience plus libre et non affectée. C'est souvent là que le bât blesse, car si l'adhésion n'est pas parfaite, nous restons en quelque sorte empêtrés dans la « forme » qui apparaît dans le champ de la conscience.

Comme le remarque avec un certain humour Mingyur Rinpoché, lorsque nous pensons à une voiture, nous n'avons par deux tonnes de ferraille dans le cerveau. Nous nous laissons alors entraîner et fasciner par ce qu'il appelle « le bavardage neuronal ». Nous nous laissons facilement happer par toutes nos productions mentales ainsi que par les émotions ou humeurs qui en découlent. Finalement, il s'agit toujours d'une relation de plus en plus épurée à l'égard des pensées, même si la notion de « relation » est fausse en ce sens qu'elle présuppose une dualité. Du fait du geste intérieur d'adhésion sans aucune coloration, la non-identification se révèle d'elle-même sans qu'il soit nécessaire de forcer quoi que ce soit. Mais ce geste lui-même n'est possible qu'après un processus de maturation, d'entraînement à la conscience de soi et à l'observation sans jugement.

S'il est important de faire la distinction entre la simple attention (tension) et la vigilance (détente), il est tout aussi important de considérer que la vigilance n'est pas qu'une fonction localisée au niveau de la tête, loin de là. C'est pourtant ainsi qu'elle est située pendant longtemps pour la plupart d'entre nous. Or, la vigilance concerne avant tout le cœur, aussi surprenant que cela puisse paraître : le cœur en tant qu'« organe » de perception et de connaissance spirituelles et non pas en tant que centre émotionnel relié au mental et à l'inconscient.

Le maître et savant de l'Islam, Al-Ghazâli, parle de « la vigilance du cœur » et lui consacre un ouvrage entier. Peu de temps avant sa mort, je citais à Arnaud un passage d'une lettre de Swâmiji adressée à Daniel Roumanoff : *What is required is a constant, conscious, heartfelt, devoted awareness*, « Ce qui est nécessaire, c'est une vigilance assidue, consciente, sincère (litt. : sentie par le cœur) et fervente ». Et Arnaud a eu un large sourire que j'ai compris comme étant le signe à la fois d'un émerveillement devant la subtilité de cette parole de Swâmiji, et aussi d'une complicité implicite à mon égard pour avoir su relever un tel joyau. Car cette formule balaie toutes les idées reçues concernant la vigilance. Bien sûr, la nécessité d'une vigilance assidue autant que consciente, c'est-à-dire délibérée, intentionnelle, nous paraît immédiatement évidente. On pourrait même dire que cet aspect relève de la tête et d'un effort d'attention. Cela correspond à l'idée que l'on s'en fait habituellement. Mais que la vigilance relève aussi du **cœur** et de la **ferveur** (la ferveur ayant surtout à voir avec la dévotion), voilà qui est totalement inattendu. Or, là est l'essentiel : **l'amour est le meilleur rempart contre l'oubli.**

Quand il a été un jour demandé à Arnaud quel était le meilleur allié du sommeil, ce dernier a répondu : « Notre incapacité à évaluer ce qui est précieux. » Cette incapacité est due à l'ignorance, à l'absence de compréhension, exactement de la même façon qu'un enfant préférerait un sac rempli de billes à un seul et unique diamant. C'est de la compréhension ou de la vision juste que découle naturellement une reconnaissance de ce qui revêt une valeur ou un intérêt supérieur. Et ce à quoi nous donnons une grande valeur nous attire forcément : cela génère l'amour – ou à tout le moins l'intérêt – et, par voie de conséquence, rend l'oubli impossible.

Ce qui présente le plus d'intérêt pour nous se place spontanément en haut de notre hiérarchie des priorités parce que c'est ce que nous aimons le plus. L'oubli révèle quelle est, au plus intime de nous-même, notre véritable échelle de valeurs. Et si nous oublions quoi que ce soit que pourtant nous pensions estimer de grande valeur, il nous faut regarder au-delà des justifications liées aux circonstances extérieures. Nous devons alors considérer qu'il y a des interférences qui provoquent l'oubli et brouillent la perception de ce qui est précieux. Le *Yoga-Vâshishta* met ainsi la vigilance en complète corrélation avec le cœur et l'amour : « Ce qui est lucidité pour un yogi n'est rien d'autre que l'adoration ou l'hommage du Soi. »

Ne serait-il pas incongru que cette mère dont l'enfant est en danger de mort parce qu'il a été kidnappé soit obligée de faire sonner sa montre toutes les heures pour se rappeler qu'elle aime son enfant et qu'elle doit réunir une certaine somme d'argent afin de pouvoir le retrouver ?

La vigilance ne se pratique pas fondamentalement à partir d'un espace d'effort et de volonté, mais en particulier à partir de la gratitude envers le maître à partir de la part essentielle pde nous-même, du Soi ou du But (tel que chacun se le représente – que ce soit la Paix, la Liberté, la Connaissance de l'Être, peu importe, pourvu que ce soit quelque chose que l'on aime et donc qui nous attire parce que cela nous fait envie, réorganisant ainsi naturellement notre ordre de priorité intérieur).

Ce que l'on appelle en Inde « le retournement dans le siège de la conscience » correspond dans le christianisme à la « présence à soi-même et à Dieu ». La vigilance, dans son acception spirituelle, s'inscrit ainsi dans le contexte d'une Réalité supérieure qui lui donne tout son sens, car seule la conscience de soi peut mener à la conscience du Soi. Un texte du Deutéronome l'exprime de cette façon : « Veillez sur vous, afin de ne point mettre en oubli l'alliance que l'Éternel, votre Dieu, a traitée avec vous… » (IV, 23).

Garder un état vigile est par conséquent le principal mandat du candidat à la sagesse. Être ouvert à l'égard des autres, tout en étant à l'écoute de l'intériorité, ne pas sacrifier la dimension du sacré qui réside au cœur de l'instant présent pour quelques préoccupations passagères, voilà bien, en résumé, le défi que rencontre toute personne qui se considère engagée sur une authentique voie de transformation.

Emotion mon amie

■

Sophie

Puisqu'on ne pourra pas – par la seule force de notre intention – empêcher l'émergence des émotions négatives qui nous perturbent, autant les considérer comme des compagnes qui nous suivront le temps qu'il nous sera nécessaire. Tout au long du chemin que nous aurons à parcourir avec elles, mieux vaut les considérer comme des amies que comme des ennemies dont il faudrait se débarrasser à tout prix.

Un jour, à une personne qui lui demandait : « Comment progresser malgré nos difficultés ? », Arnaud répondit que la vraie question était plutôt : « Comment progresser *grâce* à nos difficultés ? » Il lui montrait que sa question revenait à se demander comment parvenir au premier étage « malgré » les marches de l'escalier.

Gurdjieff a beaucoup insisté sur le fait que l'être humain – même s'il se dit engagé sur un chemin – est constamment menacé d'être distrait de sa quête, d'oublier de s'exercer spirituellement, tant son esprit est plongé dans une sorte de torpeur ou, au contraire, constamment absorbé par des préoccupations de toutes sortes. Dans plusieurs passages des Évangiles, on voit Jésus sermonner ses disciples sur le sommeil et l'oubli. C'est pourquoi existe ce que Gurdjieff a nommé des facteurs de rappel : la robe monastique est pour le moine ou la nonne le rappel de ses vœux ; l'appel du muezzin ou le son de la cloche du monastère est pour les fidèles le rappel du temps des prières ; l'architecture sacrée, les rituels et les chants répondent à cette même intention dans toutes les traditions du monde. À l'extrême, une photo d'un réfectoire de monastère espagnol montre un crâne humain posé sur la table centrale devant le couvert de la mère supérieure, en souvenir de l'impermanence et de notre condition de mortels. Les sannyasins en Inde ou les yogis tibétains ne vont-ils pas méditer près des lieux de crémation pour la même raison ?

Arnaud, qui avait connu bien des sociétés traditionnelles encore authentiques, nous disait combien tout y était fait pour nous rappeler Dieu (ou l'Absolu) alors que, dans nos sociétés, tout contribue à nous le faire oublier. Dans l'Afghanistan d'avant l'invasion soviétique ou dans l'Inde traditionnelle, la société entière était conçue pour rappeler le Divin, même pour celui qui n'avait pas d'aspiration spirituelle. Dans notre civilisation contemporaine, même pour quelqu'un qui a une forte aspiration spirituelle, tout concourt à la lui faire oublier.

Puisque sur la voie de Swâmi Prajnânpad, qui est une voie dans le monde, il n'y a pas les points d'appui de la vie monastique pour nous rappeler le but, de quels facteurs de rappel allons-nous disposer ? Quel signal, quelle sonnerie nous sortiront de notre torpeur spirituelle ou de notre agitation mentale pour nous rappeler notre intention ? Qui va régler la sonnerie ? Et à quelles heures du jour ?

Swâmi Prajnânpad nous propose une habile stratégie, comme une ruse : prendre l'émotion – pourtant censée être un obstacle – comme le facteur de rappel de notre pratique.

En effet, l'émotion possède toutes les qualités requises pour pourvoir à ce poste ! Ce brusque afflux d'énergie dans la poitrine et dans la tête est suffisamment désagréable pour nous réveiller et nous mettre immédiatement en alerte. Quand elle est vraiment intense, elle devient aussi pénible qu'une alarme d'incendie, n'ayant plus rien à voir avec la douce musique du réveille-matin. Ensuite, autre point fort, elle est très récurrente au cours d'une même journée – à moins bien sûr d'être déjà très avancé spirituellement, mais il est plus réaliste pour la grande majorité d'entre nous de laisser de côté cette belle hypothèse…

Puisqu'il s'agit de s'exercer autant que des moines dans un monastère, il faut que le rappel se déclenche très régulièrement. Si l'on est un tant soit peu attentif et qu'on ne refoule pas ses ressentis – deux conditions qui ne vont pas forcément de soi –, on remarquera non seulement les émotions les plus stridentes, mais on notera aussi à quel point la journée est jalonnée de refus plus ou moins subtils et combien les émotions sont fréquentes. Tant mieux ! Petit à petit, en apprenant à faire de l'émotion LE facteur de rappel de la dimension spirituelle, de l'Absolu, nous ne serons plus happés par elle, mais au contraire son énergie sera réorientée au profit de notre quête intérieure.

Quand le signal de l'émotion retentit et nous tire de notre sommeil, c'est un peu comme la cloche du monastère qui nous convie à l'heure du repas. Ding ! Dong ! Ding ! Dong ! À table ! La seule question devient : qui va passer à table ? Est-ce notre émotion qui va se nourrir de notre substance, nous « bouffer » ? Ou est-ce nous qui allons consciemment l'absorber, l'accueillir, nous en nourrir, nous en servir pour notre propre transformation ?

Il s'agit de nous rappeler constamment que l'émotion est un signal intelligent pour nous avertir que nous venons de sombrer dans la folie ordinaire. Le système biologique tout entier – incluant la physiologie, les glandes endocrines – vient de se mettre en mode d'alerte pour indiquer qu'on lui demande l'impossible : voir autre chose à la place de ce qui est. Swâmiji l'exprime ainsi : « Les émotions vous enseignent. Elles vous conduisent à la vérité. De l'erreur, que vous prenez pour la vérité maintenant, vous allez vers la vérité. Les émotions sont un atout. Plus on ressent d'émotions, plus on est éveillé[1].» Évidemment, il faut comprendre le terme « éveillé » dans le sens de « réveillé », non endormi, sorti de la torpeur, et non pas comme ayant atteint l'Éveil !

Toute la biologie de l'émotion négative peut donc se voir comme un appel au secours qui invite à une remise en ordre : qu'on revienne au vrai et à l'unité, par la conversion d'un « non » en « oui ». Alors, le système se calme de lui-même. Et le premier « non » qu'il s'agit de convertir, ce n'est pas tout de suite le refus de la situation extérieure qui a servi de déclencheur, mais, en priorité, le refus de ressentir l'émotion elle-même.

▪ ▪ ▪

La meilleure image que j'ai trouvée dans ma propre expérience pour illustrer ce revirement d'attitude vis-à-vis des émotions négatives, c'est la dégustation du chocolat noir à 99 %, un chocolat vraiment amer ! Une de mes amies est amatrice de chocolat noir à 99 %, mais il lui arrive cependant d'en atté-

1.Daniel Roumanoff, *Swâmi Prajnânpad, un maître contemporain,* volume 1. La Table Ronde, Paris, 2002, p. 246.

nuer l'amertume en le superposant à un morceau de chocolat à 85 % ! C'est comme cela qu'elle m'a initiée. J'ai appris, depuis, que nous sommes biologiquement programmés dès le stade du bébé à recracher l'amer : cet instinct a permis à l'espèce humaine de se protéger des poisons puisque, dans la nature, les plantes toxiques sont presque toutes amères.

Je remercie les scientifiques de m'avoir enfin permis de comprendre pourquoi les enfants semblent croire que vous cherchez à les empoisonner quand vous leur proposez des endives braisées, des épinards ou du brocoli. Certains garderont même pendant toute leur vie d'adulte cette conviction que les légumes sont mauvais, à part éventuellement quelques champignons et poivrons clairsemés sur leur pizza *all dressed.*

Le fait qu'on aime le café, la moutarde, le chocolat amer ou les endives n'est pas venu d'un coup. Cela a nécessité quelques essais et une dose de confiance dans le fait qu'on pouvait tenter la nouveauté. Il nous aura fallu assez de curiosité pour vouloir explorer au-delà du monde gustatif connu et pour rompre avec la monotonie des tartines de beurre et de confiture, ou du chocolat au lait, ou encore des toasts au beurre d'arachide et à la banane si on est québécois. Le goût peut s'éduquer et s'élargir considérablement, au point de devenir apte à déguster toutes les saveurs, même les plus insolites.

Swâmi Prajnânpad a poussé l'expérience jusqu'à oser goûter, lors d'un de ses voyages en France, un morceau de gorgonzola, dont l'odeur et le goût – pour un Asiatique – représentent, paraît-il, le comble de l'écœurant ou du répugnant. Il a simplement dit : *It has a taste of its own*, « Il a un goût qui lui est propre ».

La pratique sur les émotions proposée sur la voie de l'Adhyatma Yoga a bien des points communs avec la dégustation consciente d'une saveur qui vous aurait toujours repoussé et que vous décideriez de découvrir sans la qualifier, sans y mettre vos propres colorations, donc, avec une véritable curiosité devant la nouveauté de l'expérience. Il faut pour cela que l'enfant en vous, habitué à la douceur d'une nourriture sucrée, cède la place à l'adulte, curieux et ouvert à la nouveauté. Ayant vu si souvent mon propre maître se délecter de mets si différents, je n'ai pas été surprise d'apprendre que l'étymologie du mot « sage » remonte au latin *sapio*, « celui qui goûte ». Le sage est un grand dégustateur, un véritable appréciateur. Arnaud n'hésitait pas à rompre les conventions pour essayer quelque chose « qu'on ne fait jamais ! » Animé d'un esprit presque enfantin, il lui arrivait de mélanger plusieurs sauces qui étaient sur la table pour voir le résultat de sa création, au grand dam de l'hôtesse qui s'était échinée à donner à chacune d'entre elles une saveur spécifique.

Si vous goûtez véritablement votre émotion douloureuse, sans tirer de conclusions à l'avance, et sans la juger – comme j'ai finalement décidé de goûter le chocolat à 99 % –, vous risquez fort d'être surpris par un résultat qui ne sera pas l'horreur que votre mental vous a promise. J'ai souvent fait ce rêve, que je crois assez récurrent pour certaines personnes, que je suis poursuivie par une horde de loups. Je cours hors d'haleine pour leur échapper. Je ne savais jamais comment ce rêve se terminait, s'ils finissaient par me rattraper et me tuer : le rêve s'arrêtait avant son dénouement. Tout ce qui demeurait était le souvenir de la peur panique d'être dévorée. Et puis une nuit, le rêve est allé plus loin… Lasse de courir, j'ai fait ce geste de pure folie : je me suis arrêtée et me suis retournée pour faire face à ceux qui me pourchassaient. Et ceux dont j'avais toujours pensé qu'ils cherchaient à m'attaquer se révélèrent en fait les bêtes les plus dociles et les plus douces que je pouvais imaginer. Les loups me léchèrent les mains et se couchèrent à mes pieds. Je vivais – certes en rêve – un moment de pure grâce.

Les émotions et les refus qu'elles alimentent – et dont elles se nourrissent en retour – représentent un véritable gouffre d'énergie. Même la sagesse populaire reconnaît que nos émotions nous « bouffent ». Si vous cherchez à vous transformer, cette perte d'énergie deviendra de plus en plus à vos yeux un luxe très coûteux que vous ne voudrez plus justifier. La personne qui vit dans l'acceptation a une énergie vitale étonnante, bien supérieure à la moyenne. Elle est alors disponible pour s'exprimer dans l'action, la générosité, la joie, la contemplation ou le service d'autrui. Beaucoup d'épuisements s'expliquent avant tout par la fatigue émotionnelle générée par des refus constants. La pratique de la dégustation consciente des émotions, y compris les plus pénibles, est une réconciliation avec soi-même et avec sa propre énergie. Au lieu d'être mangé par ses émotions, on découvre l'art de se nourrir d'elles. C'est une substance, une matière première, certes brute, mais qu'on peut raffiner pour sa propre évolution.

▪ ▪ ▪

Au Québec, quand on veut parler d'une personne réactive et colérique, on dit d'elle qu'elle a « la mèche courte », en référence à un bâton de dynamite : il y a peu de temps entre l'étincelle et l'explosion… L'image des explosifs est très juste pour décrire le fonctionnement émotionnel, non seulement par rapport à la colère, mais par rapport à toutes les émotions perturbatrices qui sont à chaque fois déclenchées par un élément extérieur, que nous nous en rendions compte ou pas. Nous évoluons en effet dans l'existence comme des barils de poudre potentiellement inflammables au moindre contact avec une allumette ou avec la plus petite étincelle. Un baril de poudre est par nature très susceptible… Et en barils de poudre que nous sommes, nous justifions nos états en blâmant tous ces porteurs d'allumettes, ces faiseurs d'étincelles, voire ces insensés ou ces malfaisants qui se promènent dans la rue avec un chalumeau à la main.

D'un certain point de vue, c'est bien à cause de l'étincelle que le baril explose et que la réaction émotionnelle a lieu. Mais que se passe-t-il s'il n'y a plus de poudre, si je suis un baril de farine ou, mieux, un baril vide ? Quelqu'un peut bien jouer avec des allumettes à côté de moi : il ne réussira qu'à se brûler les doigts.

Logiquement, la question qui suit est : comment vider le baril de poudre ? Comment ne plus être cette machine à réagir ? C'est la totalité d'une voie, dans son intégralité et sa cohérence, qui est une longue et complexe réponse à cette question trompeusement simple. Vider la poudre du baril, c'est cheminer sur la voie de l'indépendance de l'être, vers sa parfaite liberté.

Prendre la responsabilité de mes états intérieurs implique que je quitte une position de victime. Cela ne signifie pas que je m'en attribue la faute et que je doive m'accabler parce que tout serait « à cause de moi ». La peur de me retrouver au banc des accusés peut me faire interpréter les choses ainsi : « Déjà, je suis émue parce qu'on m'a fait mal et, en plus, il faudrait considérer que c'est de ma faute ! » Tant que nous restons victimes de la logique binaire victime-coupable, nous sommes pris au piège : quelle que soit la manière d'aborder la situation, cela nous paraîtra totalement injuste. La vérité, c'est que je suis émue parce que l'extérieur a mis le feu aux poudres. L'ego – tel le baril de poudre – est par définition susceptible. Il prend tout personnellement et en est évidemment très affecté. L'important est que je n'oublie pas l'espérance spirituelle : la possibilité de ne plus me situer au niveau de l'ego pour être enfin libre d'aimer et d'être en paix, quoi qu'il arrive, inconditionnellement. Si cette perspective est très claire pour moi, le chemin va devenir beaucoup plus concret, la pratique plus précise et mes efforts plus ajustés.

Certains blâment sans cesse l'extérieur pour leurs émotions, d'autres se blâment eux-mêmes. Les deux attitudes sont tout autant stériles l'une que l'autre et même préjudiciables. Si le feu a tout juste commencé à prendre dans la grange, plutôt que de chercher à savoir d'où est venue l'étincelle ou qui a bien pu laisser tomber son mégot ou son allumette sur une botte de foin, la seule responsabilité qui nous incombe est celle de l'instant : chercher immédiatement un seau d'eau ou un extincteur avant que la grange entière ne flambe. Au fil des minutes qui s'écoulent, il devient de plus en plus difficile de contrôler l'incendie pour éviter les dégâts.

Le processus émotionnel a bien des similitudes avec le feu : une simple étincelle peut déclencher une réaction en chaîne qui s'alimente d'elle-même. Dans l'immédiat, sous le coup de l'émotion – comme lorsqu'un incendie se déclare –, il ne s'agit pas de rechercher les causes ou les coupables par le raisonnement ou la pensée logique. Comprendre le pourquoi et le comment viendra éventuellement plus tard, en son temps. Ce n'est pas la priorité.

Swâmi Prajnânpad propose cette pratique qui peut nous sembler bien passive en situation d'urgence : *Let the emotion have its full play and vanish*, « Laissez l'émotion avoir son jeu complet et s'évanouir ». C'est là que l'analogie avec l'incendie s'arrête : en général, au début d'un feu qui menace de se propager, on ne recommande pas de le laisser accomplir toute sa destruction et s'éteindre de lui-même... On recommande au contraire d'étouffer tout de suite les premières flammes ; mais adopter cette attitude avec nos propres émotions serait pure répression, refoulement, et tournerait le dos à notre intention de retrouver la paix du cœur.

Tout ce qui vient, vient pour s'en aller. Rien ne dure, même pas la pire des émotions. Il s'agit donc de faire confiance, de se laisser traverser par ce qui nous fait peur. Précisons toutefois que cette indication n'est en aucun cas une invitation à agir au-dehors ou à s'exprimer sous le coup de l'émotion. Au contraire, c'est uniquement d'un déploiement intérieur qu'il est question. Il s'agit pour cela de contrôler ses réactions extérieures, ce qui évite autant de se nuire que de nuire aux autres en permettant de canaliser l'énergie au-dedans de soi.

Être un avec l'émotion du moment, lui autoriser son accomplissement intérieur complet n'est pas une pratique qu'on comprend aisément en lisant quelques indications dans un livre. C'est une expérience concrète qu'on finit par assimiler après des tâtonnements et des erreurs, qui se situe au niveau du cœur et non de l'intellect, et qui mobilise toute notre attention et notre bienveillance. Tant que nous serons distraits, emportés par les pensées négatives, poussés à agir compulsivement ou encore pleins de jugements envers nous-mêmes, cette expérience pourra paraître mystérieuse sinon inaccessible.

C'est donc une grande découverte qui nous attend dans la relation aux émotions douloureuses, à condition qu'on accepte de les envisager d'une façon complètement nouvelle et en osant admettre que, jusqu'ici, on n'en a pas fait l'expérience vraiment consciente. En embrassant complètement l'énergie émotionnelle dans sa forme brute, on peut en raffiner la substance par une pratique intérieure précise. En réalité, c'est plus un art qu'une technique. Il s'agit pour cela d'opérer une révolution intime, de prendre à contre-pied la façon habituelle de penser et la façon habituelle d'entrer en relation avec l'émotion négative.

▪ ▪ ▪

Cette pratique alchimique sur l'énergie émotionnelle suppose donc de prendre la pleine responsabilité de ce que nous éprouvons en cessant d'y trouver une justification par les causes extérieures. C'est un grave malentendu qui a la vie tenace et qui fait objecter : « Mais on ne peut tout de même pas tout accepter ! » Nous aimerions pouvoir négocier avec Swâmi Prajnânpad lui-même les frontières de sa formule : « L'émotion n'est jamais justifiée. » S'il était encore en vie, nous aimerions pouvoir lui rétorquer : « Si ! Dans telle et telle circonstance, l'émotion est quand même justifiée ! Admettez qu'il est parfois normal de refuser et normal d'avoir une émotion. »

L'inconscient résiste, l'ego se braque devant ce qui lui paraît trop radical et ce qui menace sa survie. Refuser est en effet une vieille habitude bien ancrée et il faudra sans doute toute une vie pour la remettre en cause jusqu'à la racine. Nous revendiquons le droit de blâmer l'extérieur pour nos souffrances. Comme si le droit au refus et à la négativité qui en découle était inscrit dans la Charte des droits de l'homme ! Comme si c'était là une précieuse liberté que nous pourrions perdre sous l'emprise d'une dictature spirituelle.

Ne serait-il pas plus judicieux de revendiquer le privilège inverse ? En tant qu'être humain, j'ai le droit de vivre le cœur en paix, ouvert, aimant. J'ai le droit d'être libre : que mes humeurs ne soient plus dictées par les aléas de l'existence, par le jeu extérieur de ce qui me plaît ou me déplaît. *It is the status of a slave*, « C'est un statut d'esclave », disait Swâmiji pour parler de la condition ordinaire de l'être humain.

Quand Swâmi Prajnânpad délivre une de ses formules-chocs : « L'émotion n'est JAMAIS justifiée », il est très tentant de vouloir l'atténuer, l'arrondir, lui trouver des exceptions pour continuer à être libre de souffrir dans certaines circonstances. C'est que nous sommes aveugle à la dimension de compassion contenue dans cette phrase. Swâmi Prajnânpad y proclame notre droit à être en paix, unifié, heureux et libre, quelles que soient les péripéties de notre existence. Ce privilège est un droit de naissance de chaque être humain, même si très peu le font valoir dans les faits.

Parmi les livres remarquables qui peuvent inspirer tout chercheur spirituel, quelle que soit la voie qui est la sienne, figure le magnifique témoignage d'Etty Hillesum, *Une vie bouleversée*.

Cette jeune Juive hollandaise a tenu son journal intime pendant les années d'occupation allemande. Elle terminera dans les camps de la mort. Elle se livre à une lutte intime pour ne pas laisser l'horreur de ce qui se passe à l'extérieur, de la traque et de l'extermination des Juifs dont elle est personnellement menacée, lui voler sa paix intérieure, son amour pour les autres êtres humains. Quand elle est derrière les barbelés, elle vit cette expérience de façon tout à fait révolutionnaire et même choquante pour l'esprit ordinaire : ce n'est pas elle, mais ses geôliers allemands qui sont les prisonniers, ils sont prisonniers de la haine et de l'ignorance.

C'est aussi l'expérience de plusieurs lamas ou rinpochés tibétains qui ont fui la Chine après avoir passé plusieurs années en prison à endurer tortures et sévices. Quand l'un d'eux put enfin rejoindre le Dalaï-Lama, celui-ci lui a demandé ce qui avait été le plus difficile pendant ses années d'incarcération, ce à quoi le lama a répondu : « J'ai craint à un moment donné de perdre mon amour pour mes bourreaux… »

Pour que cette expérience de vastitude et d'amour hors normes ne reste pas pour nous un lointain mirage, il nous faut – tout comme Etty Hillesum et ce rinpoché tibétain – considérer notre propre cœur comme un temple, un lieu sacré, le seul endroit où nous puissions expérimenter l'amour inconditionnel, la paix, la félicité, l'unité. Nous savons – quand bien même nous ne revendiquons pas l'éveil – que c'est bien depuis la « caverne du cœur » que pointe la lueur de toute expérience spirituelle. Nous avons alors à assumer une responsabilité comme gardien de ce temple. Plus nous serons convaincus qu'il est dans notre plus grand intérêt de ne pas laisser la colère, la haine, la peur, la jalousie, l'orgueil profaner ce qu'il y a de plus précieux en nous, plus nous serons prêts à reconnaître que « l'émotion n'est jamais justifiée » et plus nous serons en mesure de pratiquer ce que, dans cette très belle expression du christianisme ancien, on appelle la garde du cœur.

Un jour, j'avais écrit une lettre à Arnaud pour lui faire part d'une situation relationnelle qui m'avait occasionné bien des émotions. Je lui avais demandé : « Qui vient donc de prendre le pouvoir de me voler la paix du cœur ? » Dans sa réponse, il avait corrigé : « La question est plutôt : à qui est-ce que je viens de donner le pouvoir de me voler la paix du cœur ? »

Au nom du but élevé qui est de vivre établi dans la paix du cœur, l'erreur serait d'en déduire que je n'ai pas le droit d'être ému tel que je suis aujourd'hui, qu'il n'est pas légitime que je sois ému. Ce n'est pas le sens de la formule de Swâmiji. Arnaud parlait souvent de la communion des Sages, pas d'un tribunal des Sages ! Aucune instance ne condamne quiconque pour ses émotions négatives en exigeant qu'il soit, dans l'instant, différent de ce qu'il est. Si nous ne voulons pas que notre démarche soit bancale, il nous faut donc absolument tenir de front ces deux affirmations : à la fois j'ai le droit d'être ému ici et maintenant, parce que c'est ma vérité et le fruit d'innombrables causes qui me dépassent. Et, à la fois, j'ai la conviction que les justifications qui se précipitent dans mon esprit pour affirmer le caractère inéluctable de l'émotion sont mensongères : un sage, à ma place, vivrait dans l'acceptation ce qui me paraît inacceptable aujourd'hui. Cette perspective, cette espérance montrent la voie de la liberté, pas à pas.

Régulièrement, un lecteur des livres d'Arnaud Desjardins va tenter de résumer ce qu'il a découvert en ouvrant son intervention sur ce préalable erroné : « Sur cette voie où il ne faut pas avoir d'émotions... » ! C'est un grand malentendu dont bien des gens sont victimes pendant longtemps parce qu'ils s'en veulent d'avoir des émotions. Être encore soumis au désespoir, à la jalousie ou à la haine leur paraît d'autant plus impardonnable qu'ils ont découvert un enseignement de sagesse...

Sur cette voie, on pourrait dire que, au contraire, on a besoin d'avoir des émotions : d'abord parce qu'elles nous sortent de notre torpeur spirituelle, et aussi parce que c'est en pratiquant avec elles qu'on cultive l'art d'être libre. Swâmiji, parlant de lui-même à la troisième personne, disait que dans ses années de jeunesse : « Ce jeune homme n'était qu'émotions ! »... Arnaud Desjardins, dans ses débuts en tant que disciple de Swâmi Prajnânpad, après avoir découvert avec émerveillement la puissance de la pratique sur les émotions que lui avait enseignée son maître, était dans une telle impatience de s'exercer qu'il se le formulait ainsi : « Vite, vite, une émotion, que je puisse mettre en pratique ce que je viens de comprendre ! »

« L'émotion n'est jamais justifiée » n'est donc pas une sentence qui nous ordonne de ne plus avoir d'émotions. Elle dénonce simplement la fausseté de nos arguments mensongers pour les justifier. C'est une formulation vigoureuse et volontairement choquante dont l'intention n'est autre que de nous amener à rediriger notre attention et notre énergie au bon endroit. Plutôt que de chercher des causes extérieures et des justifications mentales à nos perturbations émotionnelles, il s'agit de nous tourner de tout notre cœur vers la pratique du moment présent : l'accueil inconditionnel de notre émotion, telle qu'elle est en cet instant.

Il s'agit d'en arriver à cette vision nette et tranchante, sans ambiguïté : ce qui m'arrive (mon état émotionnel) n'est ni la faute de l'extérieur ni ma faute à moi, ce n'est la faute de personne, mais le résultat mathématique d'une chaîne de causes et d'effets qui remontent à la nuit des temps. Notre météo intérieure est une succession de phénomènes dont les causes sont si nombreuses, si complexes et si enchevêtrées qu'il est inutile de chercher à les appréhender mentalement : notre esprit n'en a pas la capacité.

Si nous arrivons à voir que nous n'avons aucune responsabilité dans le surgissement des émotions qui nous assaillent dans l'instant, nous pouvons ressentir immédiatement une grande libération. Nous n'avons pas été consultés sur la conception du scénario du film dans lequel nous jouons. On ne nous a pas demandé de quel genre de traumatismes nous préférerions être frappés et à quel âge. On ne nous a pas demandé de choisir les éléments essentiels qui constituent notre karma, ni notre pays d'origine, ni notre classe sociale, ni le siècle où nous nous sommes incarnés.

Tout ce qui fait qu'une émotion jaillit dans l'instant n'est pas de notre ressort, alors comment cela pourrait-il être de notre responsabilité ? Puissions-nous de plus en plus vivre dans cet état de légèreté, dans l'évidence que ce qui advient n'est pas de notre responsabilité. Ni Dieu ni personne n'est en droit de nous demander des comptes par rapport à des phénomènes sur lesquels nous n'avons aucun choix, aucun contrôle, fût-ce une montée de colère, une impatience ou un désarroi. Si nous avions le choix de nos états, nous opterions pour une existence qui nous ferait l'économie de tous les désagréments d'un cœur rancunier, colérique, triste ou pétri de honte.

Cette attitude de lâcher-prise par rapport à une prétendue responsabilité n'est en rien de la lâcheté, de la complaisance ou du défaitisme, car elle porte en elle-même une contrepartie très exigeante et révolutionnaire : assumer la pleine responsabilité de ma pratique dans l'instant pour ne plus alimenter le cercle vicieux de la négativité. C'est par l'acceptation complète de ce qui est que je fais partie de la guérison et non de la maladie, que je me donne une chance d'émerger petit à petit de cet engrenage.

▪ ▪ ▪

Les enseignements spirituels nous disent que tant que nous ne sommes pas éveillés subsiste le sens d'un ego, c'est-à-dire d'un moi séparé du reste de la manifestation. Et nous vivons par conséquent soumis au sens de la dualité qui oppose moi et l'autre, l'autre étant tout ce qui se présente dans le champ de notre conscience. Cet autre peut être un autre extérieur : mon enfant, mon patron, la météo, mais ce peut être aussi un autre intérieur : une douleur physique ou une émotion. Nous sentons : il y a moi et une émotion désagréable. C'est ce qu'on appelle la dualité. Et comme nous sommes conditionnés à refuser le désagréable depuis la tendre enfance, le « non » surgit mécaniquement, immédiatement. « Moi » refuse d'être en relation avec cette émotion précise qui se manifeste dans l'instant.

Mais il y a deux déconvenues ! D'abord, refuser une émotion désagréable ne la rend pas moins désagréable, cela a même plutôt tendance à l'empirer. Deuxième déconvenue : notre refus ne la fait pas non plus partir plus vite : l'expérience nous dit même qu'il la fait plutôt durer encore plus longtemps… Nous voilà donc ligotés contre notre gré à cet autre indésirable, cet ennemi intérieur – angoisse, peur ou colère – que nous aimerions bien mettre à la porte ; et nous sommes bien obligés de considérer que nos émotions n'obéissent pas à nos ordres et ne se laissent pas expulser de notre demeure intérieure *manu militari*… Refuser une émotion s'avère aussi inefficace que de vociférer ou de ronchonner contre la pluie qui gâche notre pique-nique. La pluie finira par cesser un jour ou l'autre, mais cela ne veut pas dire que le ciel nous aura obéi…

Puisque la méthode forte ne marche pas et nous révèle à quel point nous sommes impuissants vis-à-vis de notre météo intérieure, nous avons développé une multitude d'échappatoires plus ou moins astucieuses, certaines anodines, d'autres franchement nocives, dans le seul but de fuir cet inconfort intérieur et d'être enfin débarrassés des émotions désagréables.

On peut défouler son trop-plein d'énergie en allant faire un jogging, le dévier en se changeant les idées, le réprimer en le refoulant dans les tréfonds de son propre inconscient, l'anesthésier par l'alcool, la cigarette, la drogue, le sucre, une série télé et tout le cortège possible des dépendances liées à l'Internet. Nous pourrions consacrer un livre entier à toutes les stratégies développées dans le seul but de vivre l'expérience : MOI sans mon émotion. C'est en effet l'idée que nous nous faisons du bonheur : moi, tel que je suis, presque inchangé, mais enfin débarrassé de ce ressenti désagréable.

Les conditionnements qui nous poussent à refuser, à anesthésier ou à refouler nos émotions douloureuses sont tellement puissants qu'il nous est difficile de nous imaginer que nous pourrions explorer d'autres voies pour être heureux. Pourtant, le chemin proposé par Swâmi Prajnânpad nous invite à une conversion, à un retournement complet d'attitude. Arnaud nous l'a inlassablement transmis dans ses propres mots, il parlait avec éloquence de ce qui était devenu pour lui LA clé et qu'il nous présentait comme la sortie presque magique du labyrinthe : « Non pas "moi sans mon émotion", mais "mon émotion sans moi" ». Il y mettait toute la force de sa conviction pour que nous comprenions que c'était LA révélation qui pouvait changer une existence. S'il n'y a plus « moi », il n'y a plus d'opposition, de confrontation. Sans plus personne pour souffrir, pour prendre la souffrance personnellement, l'émotion n'est plus ressentie comme douloureuse, elle est vécue comme une énergie qui se perd dans l'espace sans rien heurter sur son passage.

Pourquoi pas ? Pourquoi ne pas résoudre la dualité en pratiquant l'effacement du moi plutôt que l'effacement de l'émotion ? Et pourquoi pas tout de suite et non pas quand j'aurai progressé sur le chemin ? Nous sommes facilement convaincus qu'un sage ne vit plus sous l'emprise de l'ego, que, dans son cas, le moi s'est pour ainsi dire volatilisé, mais nous avons du mal à considérer que cet effacement du moi peut être un exercice pour nous, dès le début de notre chemin. Les mots atteignent vite leur limite quand il s'agit de désigner cette révolution intime qui peut paraître nébuleuse tant qu'on ne s'y est pas encore suffisamment employé. Comme le dit l'image taoïste, c'est en sautant dans les flammes de l'enfer là où elles sont les plus hautes qu'on peut découvrir une paix incompréhensible, indépendante. Voilà encore une image traditionnelle qui est souvent utilisée pour pointer dans la même direction. Ce n'est pas le moi qui saute dans les flammes les plus hautes – ou alors on pourrait dire qu'il s'immole, mais c'est une immolation totalement positive. C'est en prenant appui sur l'émotion, en cessant de la qualifier de désagréable, en l'acceptant de tout son être ou de tout son cœur que le sens de l'ego s'efface. Il fond à mesure qu'on s'élargit, qu'on devient vaste et accueillant vis-à-vis de ce qui se présente dans son cœur, fût-ce une émotion que d'autres auraient qualifiée de laide.

▪ ▪ ▪

Cette pratique de conversion d'un « non » en « oui », ce retour à l'unité avec l'énergie émotionnelle nous rend peu à peu plus mûrs, plus indépendants, plus résistants aux vicissitudes inévitables d'une existence, tout simplement plus adultes. Nous avons tous à vivre notre lot de souffrances, non seulement les petites vexations ordinaires, mais aussi les grands chagrins, les deuils… Puissions-nous de moins en moins laisser échapper toutes ces « petites » opportunités que sont les émotions qui jalonnent notre quotidien ; c'est ainsi qu'on se qualifie aux face-à-face inéluctables avec l'un ou l'autre des grands défis de toute existence humaine.

À ceux qui se préoccupent de ne pas avoir encore eu d'expériences dites spirituelles ou atteint des états de conscience supérieurs, je voudrais adresser cette réponse d'Arnaud à une question de son fils Emmanuel : « Cette pratique, que Swami Prajnânpad a résumée en une phrase, “pas ce qui devrait être, mais ce qui est”, peut complètement transformer quelqu’un et le faire passer sur un tout autre plan de conscience. D’ailleurs, chaque “non” que tu convertis en “oui” constitue une expérience spirituelle, parce que tu ne peux pas le faire mécaniquement, tu ne peux pas le faire en dormant. Il y a forcément un surcroît de conscience[2]. »

2. A. Desjardins, E. Desjardins, *Spiritualité : De quoi s’agit-il ?* La Table Ronde, Paris, p. 233.

Adhyatma yoga et Quatrième Voie

■

Éric

Un jour, Arnaud m'a fait une suggestion qui m'a semblé être une instruction : il s'agissait de lire l'œuvre monumentale de Maurice Nicoll, *Psychological Commentaries on the Teaching of Gurdjieff and Ouspensky.* Tout au long des mille sept cents pages très serrées, Maurice Nicoll y explique toutes les subtilités d'un enseignement ésotérique qui s'adresse aux hommes et aux femmes de notre époque.

Or, dès la première page, j'ai relevé avec une grande surprise : « Le niveau d'être d'un homme attire sa vie », ce qui correspondait mot pour mot à la formule de Swâmi Prajnânpad : *Your being attracts your life*, « Votre être attire votre vie ». Lorsque j'ai fait part à Arnaud de cette découverte – sous-entendu que Gurdjieff reprenait exactement, sans la connaître, l'idée et la formulation de Swâmiji –, il a eu un large sourire et m'a dit que c'était exactement l'inverse ! En effet, un disciple français de Swâmiji, qui avait approché Gurdjieff pendant une année, lui avait rapporté le propos de ce dernier et Swâmiji l'avait repris à son compte.

Tout en étant circonstancielle, cette anecdote est révélatrice, car elle permet d'envisager des similitudes profondes entre la voie proposée par Swâmiji, qu'il appelait Adhyatma Yoga, et celle de Gurdjieff, la Quatrième Voie ou la Voie de l'homme avisé. Un point qui mérite d'être relevé est que Swâmiji lui-même s'est intéressé à l'enseignement de Gurdjieff par l'entremise de plusieurs de ses disciples français.

On sait qu'avant de s'engager auprès de Swâmiji, Arnaud a fait partie des Groupes Gurdjieff à Paris pendant quatorze ans. Même en quittant les Groupes après toutes ces années, non seulement il n'a jamais renié tout ce qu'il y avait reçu, mais il s'en est même beaucoup inspiré dans sa propre manière de transmettre les vérités du Vedanta.

Un autre des neuf disciples français de Swâmiji, Pierre Wack, était aussi très familier de cet enseignement. Il avait connu Gurdjieff de son vivant et avait travaillé avec lui pendant un an. Par son intermédiaire, Swâmiji avait eu accès à certains textes qu'il avait trouvés du plus grand intérêt, au point même de déclarer que son auteur avait compris tout ce qu'il y avait à comprendre. Swâmiji avait d'ailleurs signalé qu'il aurait été aimé rencontrer Gurdjieff si celui-ci avait été encore vivant. Un tel souhait n'est pas anodin quand on sait qu'il n'a jamais rencontré Ramana Maharshi ni même jamais cherché à voir la célèbre sage bengalie, Mâ Anandamayi. Tous deux sont pourtant considérés comme des êtres ayant atteint un niveau exceptionnel de réalisation spirituelle.

Swâmi Prajnânpad et Gurdjieff ont tous les deux une approche scientifique pour aborder la transformation intérieure et ils tiennent grand compte de la réalité du psychisme de l'homme moderne. La manière dont ils formulent et explicitent les grandes vérités du chemin est souvent très semblable. La mise en parallèle de certains de leurs propos concernant quelques thèmes essentiels fait ressortir ces similitudes évidentes. Pourtant, par rapport à leur manifestation dans le monde, Swâmi Prajnânpad et Gurdjieff sont aux antipodes l'un de l'autre. Pendant la période de sa jeunesse, Swâmiji a été sannyasin, c'est-à-dire un moine itinérant, et il a passé près de la moitié de sa vie dans un petit ashram sans eau ni électricité. Même s'il avait été marié, il menait une vie ascétique, suivait un régime végétarien et une routine régulière au fin fond d'une campagne retirée. Gurdjieff, au contraire, était au cœur d'une vie publique intense, organisait des dîners fastueux arrosés d'alcool, fumait et transmettait son enseignement en créant des conditions souvent déstabilisantes pour ses élèves, autant dans les cafés parisiens qu'à son Institut à Fontainebleau.

Cependant, l'essence et les méthodes propres aux deux démarches s'adressent, dans les deux cas, à des élèves engagés dans le monde avec toutes les responsabilités que réclame une vie familiale et professionnelle. Comme certains élèves de Gurdjieff, les élèves de Swamiji occupaient même des postes importants dans la société. Pierre Wack avait été un haut responsable de la compagnie pétrolière Shell, Olivier Cambessédès, directeur de l'Atlaseco du *Nouvel Observateur* et Roland de Quatrebarbes, responsable de la communication à la Société des wagons-lits. Le Dr Frédérick Leboyer, obstétricien réputé, après avoir accompli un travail en profondeur auprès de Swâmiji, a révolutionné sa pratique professionnelle et publié le livre à succès *Pour une naissance sans violence*[1]. Dans son exergue, l'auteur précise : « Sans Swâmiji et sans l'Inde, ce livre n'aurait jamais

1. F. Leboyer, *Pour une naissance sans violence,* Seuil, 1980.

été écrit. » Daniel Roumanoff, pour sa part, avait été président de l'entreprise d'importation Mayagor avant de se consacrer exclusivement à faire connaître Swâmi Prajnânpad en France. Réalisateur à la télévision, Arnaud Desjardins a lui aussi été guidé par Swâmiji dans tous les différents aspects de son existence, ainsi qu'en témoignent les deux biographies complémentaires qui ont été écrites au long de son parcours : *Arnaud Desjardins ou l'aventure de la sagesse*[2], par Gilles Farcet, et *Arnaud Desjardins, l'ami spirituel*[3], par Jacques Mousseau.

Les deux voies démontrent qu'il est non seulement possible de mener une sadhana tout en restant dans le monde, mais que cette situation est même privilégiée pour entreprendre une réelle transformation de son être. Les circonstances quotidiennes, les relations, les défis inhérents à la vie moderne, tout devient l'occasion d'une pratique consciente et d'une plus grande connaissance de soi. Pour Gurdjieff, l'homme de la *Quatrième Voie* ne renonce pas aux occupations ordinaires et aux conditions habituelles de la vie.

Bien entendu, certains points communs sont surtout dus au fait que ces deux démarches abordent essentiellement le même ordre de réalité. De ce point de vue, un rapprochement avec n'importe quelle autre voie authentique serait aussi possible.

Par exemple, Swâmiji énonce : *Truth is so simple*, « la Vérité est si simple ». Gurdjieff le souligne de cette façon, lors de son premier voyage à New York, en 1924, alors qu'on lui posait la question : « Monsieur Gurdjieff, que cherchez-vous à faire ? »,

2. G. Farcet, *Arnaud Desjardins ou l'aventure de la sagesse*, La Table Ronde, 1987.
3. J. Mousseau, *Arnaud Desjardins, l'ami spirituel*, Perrin, 2002.

il a répondu : « Ce que je cherche à faire ? J'essaie de montrer aux hommes que, quand il pleut, les rues sont mouillées. »

Lorsque Swâmiji évoque la nature de la réalité et différents degrés de subtilité, il dit : « Le mental n'est que de la matière subtile, la matière n'est que du mental grossier [...]. Une seule et même loi s'applique aussi bien dans le domaine physique que psychique[4]. »

Pour sa part, Gurdjieff enseigne de même à ses élèves : « Tout dans l'univers est matériel et, pour cette raison, la grande connaissance est plus matérialiste que le matérialisme[5]. » Il parle aussi de « degré de matérialité » et précise : « Les matières les plus fines pénètrent les matières les plus grossières.[6] » On pourrait dire que de telles remarques appartiennent à toutes les traditions ésotériques et ne sont donc pas spécifiques à Swâmiji et à Gurdjieff.

Pour montrer la convergence entre les deux enseignements (bien que Swâmiji ait précisé qu'il n'y avait pas d'enseignement de Swâmiji parce qu'il n'a pas élaboré de système, mais s'adressait à chaque personne en particulier en s'adaptant à sa réalité du moment), j'ai choisi de mettre en miroir leurs propos respectifs par rapport à différents thèmes particuliers.

Le premier thème concerne la situation de l'homme ordinaire, c'est-à-dire non transformé. En tant que maîtres de sagesse, leur regard lucide pose un diagnostic objectif qui ne cherche certes pas à ménager les susceptibilités, mais plutôt à poser clairement la réalité de la situation.

4. D. Roumanoff, *Swâmi Prajnânpad, Un maître contemporain,* vol. 2, La Table Ronde, 2002, p. 231.
5. G. Gurdjieff, *Gurdjieff parle à ses élèves*, Stock, 1980, p. 35.
6. P. D. Ouspensky, *Fragments d'un enseignement inconnu,* Stock, 1974, p. 135.

Swâmiji : – *It is the status of a slave*, « C'est le statut d'un esclave. »
– « Vous êtes une marionnette dont l'existence tire les fils. »

Gurdjieff : – « L'homme est une machine actionnée par les circonstances extérieures. »
– « Vous n'êtes, chacun d'entre vous, qu'un banal exemplaire d'automate animé. »
– « Les hommes sont des machines et, de la part de machines, on ne saurait attendre rien d'autre que des actions machinales. »

Un tel verdict pourra paraître très exagéré à certains. Or, le propre de cet état quasi hypnotique est que, par définition, l'homme ordinaire n'est pas conscient de lui-même. Si rien n'est entrepris pour le sortir de ce « sommeil éveillé », dit Gurdjieff, l'homme est alors condamné à « crever comme un chien ». Il revient sans cesse sur ce qu'il appelle : « l'homme entre guillemets » et ne ménage pas ses efforts pour lui faire réaliser « l'horreur de la situation ».

C'est en cela que le rôle du maître est le plus délicat, car il lui revient en premier lieu, non pas d'extirper l'élève de sa prison, mais de lui montrer qu'il est enfermé dans une prison ! Le constat que fait le maître peut donc paraître accablant même s'il ne comporte aucun jugement et émane au contraire de sa profonde compassion.

Swâmiji : – *Poor helpless creature,* « Pauvre créature impuissante. »

– *You are a non-entity*, « Vous êtes une non-entité. »
– *You are nowhere*, « Vous n'êtes nulle part. »
– « Pour que Swâmiji puisse parler à quelqu'un, il doit y avoir quelqu'un à qui Swâmiji puisse parler, et s'il y a anormalité, à qui Swâmiji peut-il parler[7] ? »

Gurdjieff : – « ... comme des automobiles détraquées. »
– « Vous, absolue merdité[8]. »

On conviendra que cette dernière formule peut paraître insultante, mais il est fort probable qu'elle s'adressait à une personne enfermée dans sa vanité et que cela ressemblait à une intervention de la dernière chance pour tenter de lui ouvrir les yeux. Comme l'a souligné Chögyam Trungpa Rinpoché : « Le maître est là pour vous insulter. » Même si, dans ce cas, c'est au sens propre, il est vrai que le rôle du maître est de nous empêcher de continuer à tourner en rond dans notre propre inconscience et suffisance. Le maître a pour fonction de nous arracher à nos illusions et de nous montrer d'abord quels sont les symptômes de la maladie dont nous souffrons.

Swâmiji : – « Vos pensées sont des citations, vos émotions, des imitations, vos actions, des caricatures. »

Gurdjieff : – « Nos prétendues pensées ne sont rien d'autre que ces formules toutes faites tirées du placard. Ce que nous appelons des pensées ne sont pas des pensées. Nous n'avons pas de pensées :

7. D. Roumanoff, *Swâmi Prajnânpad, un maître contemporain,* Vol. 2, p. 208.
8. G. Gurdjieff, *Gurdjieff parle à ses élèves*, Stock 1980, p.69.

> nous possédons différentes étiquettes, des brèves, des résumées, des longues, mais rien que des étiquettes…[9]»
> « L'homme est une machine. Tout ce qu'il fait, toutes ses actions, toutes ses paroles, ses pensées, ses sentiments, ses convictions, ses opinions, ses habitudes, sont le résultat des influences extérieures, des impressions extérieures. De par lui-même, un homme ne peut pas produire une seule pensée, une seule action. Tout ce qu'il dit, fait, pense, sent – tout cela arrive.[10]»

Cet état des lieux présenté par le maître ne correspond certainement pas à l'image que se fait l'élève de lui-même, d'où la nécessité de ses interventions parfois chirurgicales.

Swâmiji : – « Swâmiji arrache les masques. »
Gurdjieff : – *You have a very good façade !* « Vous avez une très bonne façade ! »

Et Gurdjieff ne cesse de fustiger et de malmener chez les uns et les autres les attitudes et les comportements qui paraissent de « bon ton », mais qui sont inauthentiques. La capacité à se remettre en cause est par conséquent une qualité indispensable pour progresser sur le chemin de la sagesse. Elle implique la reconnaissance de notre non-liberté fondamentale se traduisant en particulier sous la forme de réactions et de compulsions plutôt que par des actions dignes de ce nom.

9. 29 janvier 1923.
10. P. D. Ouspensky, *Fragments d'un enseignement inconnu*, Stock, 1974, p. 43.

Un jour, une élève mexicaine d'Arnaud évoqua devant lui le passage des *Fragments d'un enseignement inconnu* dans lequel P. D. Ouspensky raconte à quel point il a été frappé de voir déambuler comme des automates les passants dans les rues de Saint-Pétersbourg. Puis, bien téméraire, cette élève demanda à Arnaud : « Est-ce ainsi que vous nous voyez aussi ? » Sa réponse fut sans appel : « Oui. »

Comment alors « remonter la pente » de cette torpeur, de cette inconscience qui nous rend morts-vivants ? Parfois, en aparté, Arnaud laissait tomber un commentaire qui en disait long sur sa perception du niveau général et de comment chacun était situé.

Je me souviens, lors d'un séjour de retraite particulier, alors qu'un petit groupe de personnes attendait devant son appartement pour une rencontre intime autour de lui, comment les uns et les autres s'étaient lancés dans des conversations aussi bruyantes qu'inutiles. Arnaud m'avait confié plus tard : « On aurait dit un poulailler. »

Arnaud ayant rapporté un jour à Swâmiji la formule de Gurdjieff : « ça parle », Swâmiji avait abondé sans réserve en confirmant : « Le *it speaks* – ça parle – de Gurdjieff est une heureuse expression. » Il pouvait arriver que les interventions d'Arnaud soient beaucoup plus « musclées », et il pouvait par exemple interrompre sur un ton très ferme une personne qui tentait de justifier une opinion erronée tout en étant emportée par ses émotions. Selon la terminologie crue qu'employait Gurdjieff, cela revient à ce qu'il appelait un principe consistant « à écraser chez tous ceux que je rencontre le cor au pied le plus sensible[11] ».

11. G. Gurdjieff, *La Vie n'est réelle que lorsque "Je Suis"*, Stock, 1976, p. 67.

À plusieurs reprises, j'ai eu l'occasion de me faire faucher net dans mon élan alors que je laissais échapper une remarque irréfléchie que je lançais avec un ton de voix emprunté et artificiel. Arnaud agissait alors comme un samouraï dégainant son sabre avec une spontanéité fulgurante pour trancher la tête de l'adversaire, c'est-à-dire mon propre mental. Une autre fois, il avait entrepris d'imiter mon attitude et la manière dont j'entrais dans sa pièce d'entretien. Je me voyais comme dans un miroir, mais un miroir qui révélerait un pan entier de ma fausse personnalité. Dans de tels moments, on se trouve à la fois au pied du mur parce qu'il n'y a plus d'échappatoires possibles et, en même temps, au bord du gouffre de son ignorance et de son inconsistance.

Swâmiji : – « Le conscient joue un petit rôle dans nos vies. Mais personne ne le sait. Les gens croient que leurs actes sont fondés sur leur raison, sur l'appréciation des pour et des contre. Mais ils se trompent. C'est l'inconscient qui les incite à agir. Le meilleur service que l'on puisse rendre aux autres, c'est de leur faire remarquer ce fait[12]. »

Gurdjieff : – « Aucun homme ne vous croira si vous lui dites qu'il ne peut rien faire. Rien de plus déplaisant et de plus offensant ne peut être dit aux gens. C'est particulièrement déplaisant, offensant, parce que c'est la vérité et que personne ne veut connaître la vérité[13]. »

12. G. Farcet, *Arnaud Desjardins ou l'aventure de la sagesse*, La Table Ronde, 1987 p. 112.
13. *Ibid.*, p. 111.

La condition requise pour être en mesure d'agir au vrai sens du terme ne peut se situer qu'au niveau intérieur et dépend étroitement de notre niveau d'être. Cette notion de niveau ou de degré d'être est inhérente à tout chemin initiatique ou ésotérique et reste le plus souvent inconnue dans la mentalité courante. C'est pourtant essentiellement de la transformation de l'être qu'il est question dans une vie spirituelle, et c'est à cela que renvoient sans cesse Swâmiji et Gurdjieff.

Swâmiji : – *To do, there must be a doer*, « Pour agir, il doit y avoir un agissant. »
– *First the doer, then the deads*, « D'abord celui qui agit et ensuite les actions. »
– « Avant d'agir, avant de parler, un homme se demande : qu'est-ce que je dis ? À qui ? À quelle occasion ? Où ? Un chien, lui, aboie quand ça lui plaît. »

Gurdjieff : – « Pour faire, il faut être. Et il faut d'abord comprendre ce que cela signifie : être. »

La raison principale qui fait que l'homme ne vit pas dans le monde réel est due à un mode de fonctionnement en lui qui est erroné et qui, par conséquent, trompe sa perception. Ce fonctionnement est plutôt un dysfonctionnement de son appareil psychique que Swâmiji appelle « le mental » (*mind*) et Gurdjieff, « l'organe kundabuffer ». Ce dernier terme fait partie d'un lexique original inventé par Gurdjieff et qui émaille son livre : *Récits de Belzébuth à son petit-fils*. Le mental est un organe générateur de distorsions qui œuvre à plein chez l'homme ordinaire et constitue la cause essentielle de la plupart de ses souffrances. Si l'homme n'était pas endormi ou encore « hypnotisé », dit Gurdjieff, aucune guerre ne serait possible, car l'homme serait alors en mesure de contrer toutes les influences cosmiques qui le précipitent dans un tel état. Dans le langage des Évangiles, le mental est explicitement désigné comme « le Malin » ou « le mensonge et le père du mensonge », et c'est à son sujet que Mâ Anandamayi déclare : « Quelle maison de fous Dieu n'a-t-il pas créée ! »

Swâmiji : – *Mind, what a tragedy !* « Le mental, quelle tragédie ! »
« Le mental est suffisamment retors pour vous tromper et se tromper lui-même[14]. »
« Le mental vit dans un cercle vicieux. Il crée lui-même les problèmes et ensuite essaie de les résoudre[15]. »
« Le mental a deux fonctions : il produit des pensées, il prend une chose pour une autre et produit des émotions qui maintiennent la vie des images mentales[16]. »

Gurdjieff : – « L'organe *kundabuffer* fait percevoir la réalité à l'envers[17]. »
« Le mental n'a pas de faculté critique en lui-même, n'a pas de conscience, rien[18]. »

14. D. Roumanoff, *Swâmi Prajnânpad, Un maître contemporain,* vol. 1, La Table Ronde, 2002, p. 210.
15. *Ibid.*, p. 207.
16. *Ibid.*, p. 209.
17. G. Gurdjieff, *Récits de Belzébuth à son petit-fils,* éditions du Rocher, 1995, p. 91.
18. G. Gurdjieff, *Gurdjieff parle à ses élèves*, Stock, 1980, p. 339.

Dans les nombreux entretiens que Swâmiji a accordés à ses élèves, la réalité du mental est abordée sous différents angles et les définitions qu'il en a données sont multiples. Il s'agit pourtant toujours de ce que Gurdjieff caractérise comme étant une fonction « d'auto-duperie» dont les conséquences sont dévastatrices, autant pour soi-même que pour les autres. C'est ce qui lui a fait dire un jour, lors d'une réunion de groupe avec des élèves à New York, qu'il « semblait voir, sur le front de chacun, se détacher clairement l'inscription : "Candidat pour maison de fous". »

Le mental est, selon la formule d'une disciple de Gurdjieff, Jane Heap, un véritable « instrument d'hypnose et de suggestibilité » et c'est cela qui doit être éradiqué. Il s'agit d'entreprendre une lutte sans répit contre lui afin d'éliminer, comme le rappelle James Moore dans la biographie qu'il consacre à Gurdjieff, toutes « les conséquences des propriétés de l'organe *kundabuffer* : égoïsme, habitudes émotives négatives, mensonges, bavardage, fantasmes, sommeil hypnotique ».

Un des quatre piliers de l'Adhyatma Yoga consiste précisément en *manonasha*, c'est-à-dire en la « destruction du mental ». Un texte du *Yogavâsistha*, auquel se référait souvent Swâmiji, insiste sur l'importance de « la connaissance et annihilation du mental ». En cela réside la clef de voûte de la transformation intérieure, mais le défi est de taille : il est autant périlleux que douloureux.

Dans sa manière de décrire l'être humain et son évolution possible, Swâmi Prajnânpad trace le parcours suivant : « De l'individu à la personne, de la personne à ce qui est impersonnel[19]. » Le processus est celui d'un élargissement qui part du moi (l'individu), centré sur lui-même et qui se considère comme une entité séparée, pour devenir une personne, centrée sur l'autre, jusqu'à aboutir à la supra-personne, c'est-à-dire le sage[20].

Quant à lui, Gurdjieff distingue la « personnalité » de « l'essence », et le passage de l'un à l'autre va demander un travail de même ampleur que celui qui est requis pour passer de l'individu à la supra-personne.

Dans les deux cas, il s'agit de repérer tout ce qu'il y a de faux, d'artificiel dans l'individu ou la personnalité, et ensuite d'entreprendre un véritable travail de déconstruction.

Swâmiji : – « Vous avez à vous défaire de tout ce qui n'est pas "vous" [21]. »

« Ce "Je" a deux aspects : l'un est réel et l'autre faux et mensonger. Le vrai "Je" est celui qui n'est pas en conflit avec ce qui l'entoure[22]. »

« Les singes singent. L'imitation n'est pas digne d'un être humain. Un enfant peut imiter, mais pas un adulte. Un adulte doit examiner attentivement ses pensées, ses émotions, ses croyances et ses superstitions, ses habitudes et ses méthodes de travail. [...] Il faut tout remettre en question, les grandes comme les petites choses, et agir en fonction de ce que l'on est. Le premier pas

19. D. Roumanoff, *Swâmi Prajnânpad, biographie*, p. 344.
20. D. Roumanoff, *Swâmi Prajnânpad, Un maître contemporain*, vol. 1, La Table Ronde, 2002, p. 197.
21. D. Desjardins, *Le lying, passerelle au cœur de soi*, La Table Ronde, 2001, p. 32.
22. D. Roumanoff, *op. cit.*, p. 208.

consiste à se défaire de toutes les pensées, émotions et actions qui viennent de l'extérieur. Se déséduquer[23]. »

« Examinez chaque élément de votre prétendu savoir. L'avez-vous trouvé dans votre entourage sans l'examiner ? Alors, examinez-le maintenant et gardez-le seulement s'il s'avère fondé. Est-ce une tradition qui vient de vos parents ? Vérifiez si elle repose sur une raison valable. Sinon, abandonnez-la. Est-ce une superstition ? Ne la tolérez plus. Est-ce un ouï-dire ? Examinez-le attentivement. Est-ce parce que vous avez toujours agi ainsi ? Alors, vérifiez si c'est la meilleure méthode, sinon, changez-la [...].

Enlevez toutes ces toiles d'araignées et nettoyez votre maison[24]. »

Gurdjieff : – « Rappelons que l'homme est constitué de deux parties : *essence* et *personnalité*. L'essence dans l'homme est *ce qui est à lui*. La personnalité dans l'homme est "ce qui n'est pas à lui".

"Ce qui n'est pas à lui" signifie : ce qui lui est venu du dehors, ce qu'il a appris, ou ce qu'il reflète ; toutes les traces d'impressions extérieures laissées dans la mémoire et dans les sensations, tous les mots et tous les mouvements qui lui sont enseignés, tous les sentiments créés par imitation, tout cela est "ce qui n'est pas lui", tout cela est la personnalité[25]. »

23. R. Srinivasan, *Entretiens avec Swâmi Prajnânpad*, L'Originel, 1984, p. 15-16.
24. *Ibid.*, p. 16.
25. P. D. Ouspensky, *Fragments d'un enseignement inconnu*, Stock, 1974, p. 234.

> « Vous pouvez détenir une grosse somme d'argent qui ne vous appartient pas, mais vous vous trouveriez bien mieux d'en posséder moins, ne seraient-ce que cent dollars qui seraient à vous en propre. Malheureusement, rien de ce que vous avez n'est à vous[26]. »

Tout en voulant aider l'élève à faire la distinction entre le bon grain et l'ivraie, Gurdjieff pratiquait un art consommé pour le pousser dans ses retranchements et l'amener à laisser tomber « le masque dont l'avaient solennellement gratifié papa et maman[27] ». Cela l'amenait, dit-il, à « contempler tranquillement ce que son monde intérieur contenait à la fois de valeurs réelles restées intactes depuis l'enfance et de crasse nauséabonde accumulée tout au long d'une "éducation" parfaitement anormale[28] ».

Le travail intérieur auprès de Swâmiji ou de Gurdjieff ne pouvait mener qu'à une déconstruction progressive et impitoyable de tout idéalisme, de toute croyance et même de toute opinion rigide concernant le bien et le mal, c'est-à-dire les jugements de valeur. L'approche de Gurdjieff est tout autant radicale que celle de l'Adhyatma-Yoga. Il précise : « Vous avez une faiblesse que celui qui travaille avec moi doit détruire : vous "croyez". Il ne faut jamais croire. Il faut tout "critiquer". Il ne faut prendre pour vous que ce que vous pouvez prouver mathématiquement, comme deux et deux font quatre. Il ne faut rien croire, ça ne compte pas, ça ne vaut rien. Vous croyez, vous vous identifiez[29]. »

---

26. G. Gurdjieff, *Gurdjieff parle à ses élèves*, Stock, 1980, p. 342.
27. G. Gurdjieff, *La Vie n'est réelle que lorsque "Je suis"*, Stock, 1976, p. 67.
28. *Ibid.*
29. Archives de l'Institut Gurdjieff, Hermès, p. 302.

Tous les deux critiquent sans ménagement toutes les habitudes, car celles-ci ne se situent pas seulement au niveau physique, mais aussi au niveau émotionnel et intellectuel. Chercher à les éradiquer représente une tâche immense dont on peut mesurer l'ampleur quand on tente de se fixer soi-même quelques exercices pour se tester à cet égard. Le simple fait, par exemple, de décider qu'on apportera une légère modification dans la manière dont on tient ses couverts à table peut nous donner une idée de la force de l'« inertie des habitudes ». Parfois, c'est déjà la décision elle-même qui est oubliée !

Gurdjieff considère toute habitude comme une « calamité » ou même comme un « péché », qu'il définit ainsi : « Tâcher de le bien saisir : le “péché” est tout ce qui n'est pas nécessaire. » Cette condition est le lot commun, car « tout homme est un tissu d'habitudes, bien que le plus souvent il ne s'en rende nul compte et puisse même affirmer qu'il n'a aucune habitude. Cela ne peut jamais être le cas. »

Pour ces deux maîtres, la description qu'ils font de ceux qui sont esclaves des habitudes est peu flatteuse ; pour l'un, l'homme est réduit à l'état de « morceau de viande vivante » et pour l'autre, il descend en-dessous du niveau de l'homme pour rejoindre le statut de l'animal qui ne vit que d'habitudes.

Une autre dénonciation commune aux deux voies est celle de l'identification, un terme récurrent dans l'œuvre de Gurdjieff et d'Ouspensky.

Swâmiji explique à Srinivasan : « S'identifier, c'est projeter son petit moi partout. L'identification avec le corps ou le concept est à la racine de tous les problèmes. [...] Alors, nous nous identifions à des concepts ou à des appellations, nous oublions d'être nous-même et notre action devient contre-nature. Car, après tout, quel est ce " Je" sur lequel toutes nos actions sont fondées ? Ce "Je" n'est rien d'autre que l'action de s'identifier avec quelque chose de matériel ou de conceptuel. Dès qu'une telle identification a lieu, le sentiment de séparation d'avec les autres s'ensuit. On se retrouve en conséquence en conflit avec toutes les autres choses avec lesquelles on ne s'est pas identifié[30]. »

Le fait de se libérer du mental, des habitudes et des identifications révolutionne l'être en profondeur et modifie de manière radicale sa relation à autrui. Puisque les jugements de valeur et les comparaisons tombent, l'autre peut être vu en lui-même et accepté tel qu'il est.

Swâmiji : – « La moralité, le bien et le mal, tout cela est le résultat d'influences extérieures. La moralité est relative. Elle est relative à la personne qui en parle et dépend de la situation dans laquelle celle-ci se trouve. La moralité est donc relative et dépendante[31]. » D'autre part, comme chacun ne peut pas faire autre chose que ce qu'il fait au moment même où il le fait, « jamais personne n'a fait quelque chose de mal. Jamais et nulle nulle part[32]».

Gurdjieff : – « Personne ne fait jamais rien pour l'amour du mal, ou dans l'intérêt du mal[33]. »

30. R. Srinivasan, *Entretiens avec Swâmi Prajnânpad,* L'Originel, 1984, p. 81.
31. Swâmi Prajnânpad, *ABC d'une sagesse*, La Table Ronde, 1998, p. 98.
32. R. Srinivasan, *op. cit.*, p. 66.
33. P. D. Ouspensky, *Fragments d'un enseignement inconnu,* Stock, 1974, p. 321.

> « On peut dire que pour l'homme subjectif le mal n'existe pas du tout. Il n'existe pour lui que diverses conceptions du bien. Personne ne fait jamais rien délibérément pour servir le mal, pour l'amour du mal. Chacun agit pour servir le bien, comme il l'entend[34]. »

Une telle compréhension permet d'échapper à tout jugement qui renforce la séparation et ouvre ainsi la porte à une inclusion de l'autre, à la communion et à l'amour.

Les êtres humains sont appelés « êtres tri-cérébraux » par Gurdjieff parce qu'ils sont constitués de trois centres principaux : le corps, le cœur et la tête. Chacun de ces centres est un « cerveau » dont le propre est d'être capable de recevoir une information, de la traiter et de la restituer sous une autre forme. Mais le plus important est le retour à la normale dans le fonctionnement de chacun de ces centres, ainsi que le rapport harmonieux entre eux. Swâmiji déclarait même que la Libération était une parfaite détente, physique, émotionnelle et mentale.

Du point de vue de la pratique sur la voie spirituelle, Swâmiji et Gurdjieff apportent les mêmes précisions quant à la transformation au niveau du cœur et du mental. Tout en employant ici un langage différent, ils désignent tous les deux les mêmes réalités. Swâmiji fait la distinction entre les émotions et les sentiments, les émotions étant des perturbations dues au refus de la réalité – par conséquent instables et contradictoires –, alors que les sentiments sont stables et toujours positifs. L'équivalent se

34. *Ibid.*, p. 229.

retrouve chez Gurdjieff dans sa distinction entre la partie négative ou inférieure du centre émotionnel et la partie supérieure du centre émotionnel dont la qualité vibratoire est beaucoup plus fine et subtile. Le même parallèle dans la description se retrouve entre *manas*, le mental pour Swâmiji, et le centre intellectuel inférieur, puis la *buddhi*, l'intelligence objective, et le centre intellectuel supérieur. On obtient donc les correspondances suivantes :

Swâmi Prajnânpad	**Gurdjieff**
Émotions	Centre émotionnel inférieur
Sentiments	Centre émotionnel supérieur
Manas (mental)	Centre intellectuel inférieur
Buddhi	Centre intellectuel supérieur

Étant donné la déficience des fonctions ordinaires, nous sommes rarement en contact avec la dimension supérieure des centres. Ces derniers sont pourtant en eux-mêmes parfaitement formés. Toute la *sadhana* ou le travail consiste à se qualifier pour nous les rendre accessibles. Pour commencer le travail de purification, Swâmiji s'inspire de la psychanalyse et propose une démarche que les disciples français ont nommée *lying*[35].

Swâmiji : – « L'analyse n'est rien d'autre qu'un effort pour vous libérer de votre infantilisme ou de votre votre enfantillage[36]. »

35. E. Edelmann, O. Hubert, C. Massin, *Swâmi Prajnânpad et les lyings,* La Table Ronde, 2000, et D. Desjardins, *Le Lying, passerelle au cœur de soi,* La Table Ronde, 2001.
36. D. Roumanoff, *Swâmi Prajnânpad, Un maître contemporain,* vol. 2, La Table Ronde, 2002, p. 269.

« Swâmiji peut parler à des adultes, pour les aider à voir quoi est quoi. C'est le chemin de la vérité [...]. Un enfant ne peut faire cela.
Et si cette réaction infantile est toujours présente, ceci montre que l'adulte, jusqu'à maintenant, n'est pas sorti de l'enfance[37]... »

Gurdjieff : – « [...] les êtres humains normaux sont l'exception. Presque tout le monde ne possède qu'une essence d'enfant. Il n'est pas naturel que, chez un adulte, l'essence soit celle d'un enfant.[38] »

Sur les deux voies, la réalité de l'inconscient et de l'infantilisme est prise en compte avec le plus grand sérieux, même si les méthodes pour les aborder diffèrent. Le trajet intérieur est néanmoins identique : « dissocier l'adulte de l'enfant » et ne plus « être hanté par le fantôme de l'enfant » (Swâmiji). Étant passé de l'anormalité à la normalité, le cheminement peut alors se poursuivre vers la pleine stature de l'adulte, l'adulte parfait étant le sage, l'Homme nouveau. Ce dernier est établi au niveau des centres supérieurs, sa principale manifestation dans le monde étant la communion et l'amour inconditionnel.

Swâmiji : – « Swâmiji va vous dire un secret : Swâmiji ne connaît rien sauf une chose : il est un avec tout ».

Gurdjieff : – « Il y a deux sortes d'amour. L'un est un amour d'esclave ; l'autre doit être acquis par le travail.
Le premier n'a aucune valeur ; seul le second,

37. *Ibid.j*
38. J. Moore, *Gurdjieff,* Le Seuil, 1991, p. 190.

> l'amour qui est le fruit du travail, a de la valeur. C'est l'amour dont parlent toutes les religions[39]. »

Si la voie de l'Advaïta Vedanta est une voie de connaissance (*Jnana yoga*), il en est de même avec « la voie de l'homme avisé ». Au premier abord, ces deux voies peuvent se présenter comme un système explicatif de l'homme et du monde, à la manière dont le ferait m'importe quel système philosophique. Il est question de la nature de la réalité et, principalement, de la possibilité d'une profonde transformation intérieure. L'étude et la réflexion au sujet des grands principes de la nature ainsi que des lois de la psychologie humaine sont au cœur de la démarche proprement dite. Même si Swâmiji aborde avec un grand naturel la dimension métaphysique et que Gurdjieff expose une cosmologie ésotérique complexe, il n'en reste pas moins que leur enseignement (méthodologie et pédagogie) est réaliste, concret, incarné. Tous les deux prennent grand soin de souligner la distinction entre le savoir (qui est du domaine de l'avoir, de l'accumulation d'informations) et la connaissance (qui est du domaine de l'être et de l'expérience) car, s'adressant à l'homme contemporain, ils ont affaire aussi à ce qui caractérise son déséquilibre : la prééminence de ce que le maître zen Sensei Deshimaru appelait « le cerveau frontal ». Ce dernier voyait dans la sculpture de Rodin *Le penseur* une illustration forte pour représenter le principal travers de l'Occidental.

Lorsque, très jeune, je suis arrivé au Bost, le premier ashram d'Arnaud en Auvergne, j'étais en cours d'études de philosophie

39. G. Gurdjieff, *Gurdjieff parle à ses élèves*, Stock, 1980, p. 311.

à la Sorbonne. Bien que j'aie compris dès le début qu'un chemin spirituel implique un engagement personnel et un travail sur soi, Arnaud n'a pas manqué pour autant de m'avertir qu'il n'était pas question de se réfugier dans l'intellectualisme. Dans la grande salle de réunion, il m'avait brocardé un soir en racontant la boutade selon laquelle, lorsqu'on pose une question à un philosophe, non seulement on ne comprend pas sa réponse, mais on ne comprend même plus la question qu'on lui a posée ! Une autre fois, alors que j'étais dans la période où je travaillais à rédiger ma thèse (publiée plus tard, et grâce à lui, sous le titre *Métaphysique pour un passant*), il avait souligné qu'il y avait en réalité deux grands métaphysiciens au Bost : l'un était ouvrier d'usine et l'autre n'avait pas le Certificat d'études !

Swâmiji : – « Comme pour les sciences exactes, la science spirituelle exige d'expérimenter, de trouver, de vérifier et de réaliser la vérité[40]. »

« Si vous dites : "Je le sais", alors vous pouvez le mettre en pratique. Connaître, c'est être.

Sans être, il n'y a pas de connaissance. Vous pouvez parler intellectuellement, mais la vie est autre[41]. »

« Connaître, c'est être. Être, c'est *anubhava*. Faire l'expérience *anu* + *bhava* : simultanément l'expérience de cela… et être cela même. »

Gurdjieff : – « Car un homme ne "connaît" que lorsqu'il "est" lui-même cette connaissance[42]. »

40. Swâmi Prajnânpad, *L'Art de voir,* L'Originel, 1988, p. 28.
41. Swâmi Prajnânpad, *Le But de la vie,* L'Originel, p. 196.
42. G. Gurdjieff, *Gurdjieff parle à ses élèves,* Stock 1980, p. 69.

> « Seule la compréhension peut mener à l'être… Il faut s'efforcer de comprendre : cela seul peut mener à Dieu. »

Comprendre est à entendre dans le sens de « prendre en soi », inclure. Il s'agit bien tout d'abord de recueillir des données et d'y réfléchir : étudier est la première phase indispensable. Mais le processus d'intégration doit se poursuivre : *Assimilate, digest, make it your own*, « Assimilez, digérez, faites-le vôtre », disait Swâmiji. C'est bien ce que j'avais pu vérifier par moi-même lorsqu'Arnaud m'avait fait remarquer, après un travail en profondeur sur l'inconscient, que j'avais enfin compris ce que j'avais écrit dans ma thèse. P. D. Ouspensky avait eu droit à une remarque du même genre – mais beaucoup plus caustique – de la part de Gurdjieff lors de la parution de son livre *Tertium Organum* : « Si vous compreniez tout ce que vous avez écrit dans votre propre livre – comment s'appelle-t-il déjà ? – je viendrais vous voir, m'inclinerais devant vous et vous supplierais de m'enseigner. »

Tout en attirant des personnes intelligentes, cultivées et raffinées – des écrivains, des journalistes, des artistes –, Gurdjieff n'avait de cesse de remettre en cause l'intellectualisme, précisément parce qu'il ne proposait pas un système de pensée, mais un enseignement pour connaître et apprendre à être : « Le pudding se prouve en le mangeant, dit Swâmiji, la preuve de votre connaissance, c'est ce que vous êtes (ou ce que vous faites). »

Comme il n'y a pas de chemin spirituel sans l'exercice d'une vigilance fine et aiguë, autant Swâmiji que Gurdjieff y reviennent constamment, chacun à sa manière. Quand il a été demandé à Swâmiji quelle est la place de la vigilance sur le chemin, la réponse a été que la vigilance est la *sadhana*, elle-même conduisant jusqu'au But.

Swâmiji : – « Quand la vigilance (*awareness*) est constante, sans aucune fluctuation, c'est la supranormalité, c'est l'Illumination, la Réalisation... vous pouvez lui donner le nom que vous voulez : perfection, absolu, etc.[43] »

Gurdjieff : – « Être capable de faire *une* chose à la fois... c'est une propriété de l'Homme, non de l'homme entre guillemets. »

A contrario, l'absence de présence à l'instant constitue donc le comble de l'égarement que Gurdjieff formule ainsi à propos d'une personne qui lui avait été présentée : « C'est ce qu'on appelle un homme intelligent, mais il n'aurait rien remarqué quand bien même on lui aurait enlevé son pantalon. » Il lui arrivait aussi, plutôt que de faire de longs développements sur le « rappel de soi », de glisser un piment rouge dans la bouche de l'intéressé.

Lorsque Swâmiji était venu en séjour en France, il fut conduit à Fontainebleau pour rendre visite à mère Marguerite-Marie, supérieure et fondatrice d'un ordre religieux, les Petites Sœurs de la Sainte Vierge :

« Est-il vrai qu'il faut prier sans cesse ? lui demanda-t-elle.

— Certainement, expliqua Swâmiji. Mais que veut dire prier ? C'est être conscient de tout ce qui se passe[44]. »

43. Swâmi Prajnânpad, *ABC d'une sagesse*, La Table Ronde, 1998, p. 91.
44. D. Roumanoff, *Swâmi Prajnânpad, Biographie*, La Table Ronde, 1993, p. 288.

Une telle qualité de présence est indispensable sur la voie et demande un effort d'un ordre particulier, parce que toutes les tendances habituelles vont à son encontre. C'est seulement grâce à cette conscience lucide qu'il est possible de pratiquer l'acceptation de ce qui est, thème majeur de l'enseignement de Swâmiji : « Saisissez à bras le corps tout ce qui se présente, jusqu'à ce que vous ne fassiez plus qu'un avec », dit-il. C'est en cela que réside ce qu'on pourrait aussi appeler l'adhésion, le consentement ou l'assentiment. Ce dernier terme est significatif dans la mesure où il comporte le mot « sentiment ». Prononcer un vrai « oui » ne se fait ni du bout des lèvres ni de la tête, mais avant tout au niveau du cœur lui-même. Et le cœur complètement ouvert embrasse large, au-delà des catégories limitées et des dualités.

Ce geste intérieur – l'essence de la pratique – est formulé de manière paradoxale en haut de la liste des sentences affichées par Gurdjieff dans le *Study House*, la salle d'exercices de l'Institut qu'il a fondé au Prieuré d'Avon, près de Fontainebleau : « Aime ce que tu n'aimes pas. » En des termes différents, il s'agit bien toujours de la même instruction, une instruction essentielle lorsqu'on aborde la question de la souffrance et la manière dont on peut la dépasser par la réconciliation et la réunification.

Swâmiji : – « Accepter, c'est s'accomplir, aller vers la plénitude, un progrès continu vers la plénitude… tout est là, présent… C'est à vous de mâcher, de méditer jusqu'à ce que cela devienne vôtre[45]… »

45. D. Roumanoff, *Swâmi Prajnânpad, Un maître contemporain*, vol. 2, La Table Ronde, 2002, p. 45.

Gurdjieff : – « Si vous souffrez avec un seul centre, que ce soit le centre intellectuel ou le centre émotionnel, vous allez droit à l'asile de fous. La souffrance doit être harmonieuse. Il doit y avoir correspondance entre le subtil et l'épais. Sinon, quelque chose risque de casser[46]. »

La transformation alchimique de l'énergie émotionnelle est à la fois une science et un art : une science parce qu'elle obéit à des lois objectives, rigoureuses, et un art parce qu'il faut aussi une sensibilité, une intuition très fine. Un tel travail ne peut être entrepris sans une extrême vigilance à laquelle il faut ajouter courage et détermination.

« Rien ne peut être atteint sans la souffrance, dit Gurdjieff, mais en même temps, il faut commencer par la sacrifier. » Le chercheur de vérité se trouve devant un paradoxe : d'une part, il veut avec raison s'affranchir de la souffrance et, d'autre part, il est amené à découvrir qu'il y tient comme à la prunelle de ses yeux. Ce qui coûte cher, c'est de sacrifier, de détruire le mental et le cortège de souffrances qui lui est associé. Swâmiji rappelle qu'il y a une distinction à faire entre « vous et votre mental », mais l'identification est tenace et difficile à arracher.

Swâmiji : – *You will have to pay the full price.* « Vous aurez à payer le prix complet[47]."
It is not a joke ! « Ce n'est pas une plaisanterie ! »
« On ne vient pas ici pour faire un voyage d'agrément ! »

46. G. Gurdjieff, *Gurdjieff parle à ses élèves*, Stock, 1980, p. 137.
47. A. Desjardins, *Au-delà du moi,* La Table Ronde, 1979, p. 300.

Arnaud écrivait à Swâmiji :

– « La croissance n'est pas un processus confortable. » « Oui, exact, répond Swâmiji, simplement parce que rien de consistant ne peut être bon marché. »

You will have to pay with your very life. « Vous aurez à payer avec votre vie même », ou : « Vous devrez payer de votre vie. »

Gurdjieff : – « La connaissance possède son prix à payer et l'on est soi-même ce prix. »

« Ça, pas chose bon marché » (à propos de son enseignement).

Ces remarques pourront paraître excessives à certains, comme si le maître éprouvait un malin plaisir à exiger démesurément de ses élèves ou encore à exercer une autorité abusive soumettant l'élève à une pression insoutenable. Or, il s'agit plutôt d'estimer à sa juste valeur l'importance de l'enjeu et de savoir aussi quelles sont les conditions exactes à remplir pour entreprendre un cheminement réel et non pas un simulacre de *sadhana*.

Quand certains disciples occidentaux ont demandé à Swâmiji l'autorisation de faire venir des amis proches qui souffraient, il leur a répondu : « Pour ce qui est de vos amis, s'ils sont prêts à se rendre libres des mailles de filet illusoires et infinies des pensées et de l'ivresse des intoxications émotionnelles et sont prêts à voir, à connaître, ils peuvent toujours trouver Swâmiji [48]».

48. D. Roumanoff, *Swâmi Prajnânpad, Biographie,* La Table Ronde, 1993, p. 308.

Une autre fois, il a demandé au candidat s'il était réellement prêt à voir en lui « le meilleur du meilleur et le pire du pire ».

Le disciple sérieux, « impitoyablement sincère, dit Gurdjieff à ses élèves, ne fermera les yeux sur rien, ne se détournera d'aucune constatation où qu'elle puisse le mener, ne reculera devant aucune conclusion et ne se laissera arrêter par aucun mur de restriction préalable. Celui qui n'a pas l'habitude de penser dans ce sens aura souvent besoin de beaucoup de courage pour accepter sincèrement les résultats et les conclusions auxquels il parviendra[49] ».

À une personne qui ne livrait pas assez d'elle-même dans son engagement sur la voie, Gurdjieff lui a fait remarquer : *Your work is cheap,* « Votre travail est chiche ». Il s'agit avant tout de l'état d'esprit ou du degré de consécration ; les anecdotes sont néanmoins nombreuses où il est question du prix à payer du strict point de vue financier. La façon dont on est situé par rapport à la voie et à l'enseignement peut se révéler éventuellement quand il s'agit de la question financière. Swâmiji considérait la relation à l'argent comme un des grands domaines de l'ego et Gurdjieff, comme un des « nerfs » sensibles. Un jour, un homme d'affaires avait fait un don de cent dollars à Gurdjieff pour « son grand œuvre », tout en laissant entendre par ses manières qu'il lui faisait une faveur. Gurdjieff le remercia abondamment et l'invita à dîner au restaurant le jour suivant. Il y avait d'autres personnes à table et quand le serveur apporta l'addition, Gurdjieff la contesta en lui faisant remarquer qu'il avait oublié de compter une chose ou une autre.

49. G. Gurdjieff, *Gurdjieff parle à ses élèves*, Stock, 1980, p. 99.

Après rectification, le serveur la rapporta. Gurdjieff l'examina et la paya après avoir laissé un bon pourboire. Il la disposa de façon à ce que le donateur assis à côté de lui puisse la voir. Son montant s'élevait exactement à cent dollars. Jusqu'à quel point estime-t-on ce qui a une grande valeur ? Comme dans cette histoire d'un homme assis à table dans un restaurant et qui, ayant avalé par mégarde un os de poulet, commence à suffoquer. Un médecin dans la salle se précipite alors pour effectuer sur lui le geste qui sauve. Lorsqu'il se remet, l'homme lui dit : « Merci ! Merci ! Vous m'avez sauvé la vie. Combien vous dois-je ? » Et le médecin lui répond : « La moitié de ce que vous m'auriez donné juste avant mon intervention ! »

À Paris, pendant la guerre, lorsque Gurdjieff demandait à ses élèves de le rejoindre dans son appartement malgré le couvre-feu, il leur demandait de prendre de grands risques et leur réclamait finalement de payer un tout aussi grand prix pour ce qu'ils allaient recevoir. Il y a une monnaie dont le cours est souvent encore plus élevé qu'une somme d'argent : « En réalité, dit Gurdjieff, pour connaître, vous devez souffrir. Vous devez apprendre à souffrir non pas de la façon actuelle, mais consciemment. À présent, vous n'êtes pas en mesure de souffrir un franc et pour comprendre un peu, vous devez souffrir un million de francs[50]. »

Un jour, il annonça à ses élèves qu'il avait une situation à résoudre : il avait l'opportunité d'acheter une voiture neuve sans avoir à la payer comptant, mais cela réclamait une aide

50. C. S. Nolt, *Teachings of Gurdjieff, A pupil's journal,* Routledge and Paul Kegan, 1961, p. 66.

particulière. Il demanda si l'une des personnes présentes avait un saint spécial à l'intention duquel il pourrait faire brûler un cierge. Gurdjieff déclina les propositions que firent plusieurs personnes. À chaque fois, le saint nommé ne convenait pas. Finalement, il déclara : « Si vous ne pouvez pas m'en suggérer un, je ferais aussi bien de prendre mon propre saint, saint Georges. Mais il est un saint extrêmement onéreux. L'argent ne l'intéresse pas, ni les marchandises comme des cierges. Il veut de la *souffrance* comme offrande, une chose du monde intérieur [...]. Mais... une telle souffrance coûte cher... »

En considérant ce que la voie réclame du chercheur, Swâmiji – dont le mode d'expression est plus sobre que celui de Gurdjieff – en est venu toutefois à affirmer : « La voie n'est pas pour le lâche mais pour le héros. »

Bien que très différents dans leur style, Swâmiji et Gurdjieff se rejoignent, bien entendu, lorsqu'il agit d'énoncer les vérités spirituelles puisque celles-ci sont universelles. Parmi elles, certains thèmes peuvent présenter un aspect plus ésotérique comme, par exemple, celui des « nourritures d'impression », ce avec quoi nous sommes en contact et qui est autre que l'air ou les aliments, c'est-à-dire toutes les influences, des plus grossières aux plus subtiles, auxquelles nous sommes exposés à longueur de journée.

Pour toute personne engagée sur un chemin de transformation, il est compréhensible de considérer avec attention tout ce qu'elle absorbe, de quoi elle se nourrit. Mais il est moins courant de compléter le sujet en l'envisageant dans une perspective plus vaste, à savoir à quoi la personne elle-même sert-elle de nourriture ?

Swâmiji : – « Si vous savez de quoi vous vous nourrissez et à quoi vous servez de nourriture, vous savez tout ce qu'il y a à savoir. »

Gurdjieff : – « Tout est mouvement, tout a des émanations parce que tout mange quelque chose et est mangé par quelque chose. »
« Toute chose absorbe, c'est-à-dire se nourrit de quelque chose et sert à son tour de nourriture. »

L'être humain n'échappe pas à cette réalité et il doit en tenir le plus grand compte s'il a l'intention d'évoluer spirituellement. La plus grande part du travail proposé par Swâmiji et Gurdjieff va par conséquent consister à apprendre à assimiler correctement certaines énergies, à commencer par les énergies émotionnelles, afin de les transformer.

Mais il y a dans l'univers une hiérarchie dans la subtilité des énergies. « Si vous voulez accéder au niveau de l'Archange, il faut que vous soyez mangé par un Archange », dit Arnaud en référence implicite au vocabulaire de Gurdjieff. L'Archange étant simplement une manière de désigner un autre ordre de réalité sans qu'il soit nécessaire de l'associer aux fantaisies *New Age* ultérieures. « Être mangé par, c'est être transformé en », précise Arnaud, ce qui veut dire que l'on ne peut pas « accéder » à une vérité supérieure sans la devenir soi-même. Et pour la devenir, cela suppose une immense préparation pour se rendre digeste, en quelque sorte, pour ce niveau supérieur lui-même. C'est la raison pour laquelle Swâmiji a dit qu'il est essentiel de noter ce qui définit l'homme en particulier : « Il est le seul animal qui cuit sa nourriture. »

Cette cuisson ne concerne pas seulement le registre physique et physiologique et c'est pourquoi ce thème est « essentiel ». Il concerne les domaines spirituel et métaphysique et se trouve par conséquent au cœur du travail ou de la *sadhana*. Toute l'ascèse de purification qu'entreprend l'élève sur la voie équivaut à ce processus de « cuisson » que résume très bien le célèbre Djalâl ud-Dîn-Rûmî : « J'étais cru, je fus cuit et enfin consumé. »

Du fait de sa formation scientifique, Swâmi Prajnânpad présente les vérités métaphysiques et spirituelles sur le même modèle que les vérités physiques. Alors qu'il est présenté au Dr Annie Besant, présidente de la Société théosophique, en tant que « professeur de physique qui se consacre maintenant à la métaphysique », celle-ci s'en étonne et lui demande : « Comment un professeur de physique peut-il passer à la métaphysique ? » Il répondit : « De la physique à la métaphysique, ce n'est que le pas suivant, seulement *meta* : un pas au-delà. La métaphysique n'est rien d'autre que l'accomplissement, la transition naturelle ou l'accomplissement naturel de la physique[51]. »

Même si Gurdjieff n'avait pas reçu de formation académique, il était versé dans de nombreuses connaissances comme en témoigne son expertise dans différents domaines. Il avait une connaissance approfondie des lois de la nature qui n'avait rien à envier à n'importe quel professeur de physique-chimie.

Swâmiji : – « La révolution est la culmination de l'évolution. »
Gurdjieff : – « Quand la matière s'accumule en quantité suffisante, elle peut commencer à cristalliser, comme

51. D. Roumanoff, *Swâmi Prajnânpad, Biographie*, La Table Ronde, 1993, p. 58.

> le sel cristallise dans l'eau s'il dépasse une certaine proportion. Quand une grande quantité de substance fine s'accumule dans un homme, un moment vient où un nouveau corps peut se former et cristalliser en lui[52]. »
> « Si nous avons quelques cristaux de sel et les mettons dans un verre d'eau, ils se dissoudront rapidement. Nous pourrions en rajouter et en rajouter, ils se dissoudront encore, mais vient un moment où la solution est saturée. Alors le sel ne se dissout plus et les cristaux restent entiers au fond du verre. Il n'en va pas autrement pour l'organisme humain. Même si les matériaux requis pour la formation de l'âme sont constamment produits dans l'organisme, ils y sont dispersés et dissous. Il faut qu'il y ait surabondance de ces matériaux pour que la cristallisation soit possible[53]. »

Tout en étant on ne peut plus rationnels et terre à terre, il est intéressant de remarquer qu'aussi bien Swâmiji que Gurdjieff n'hésitaient pas à évoquer des réalités subtiles dont on pourrait penser qu'elles ne sont justement que des croyances, des *a priori* spiritualistes impossibles à prouver scientifiquement. Pour l'un comme pour l'autre, ces réalités relèvent du domaine de l'expérience et sont par conséquent vérifiables. Swâmiji évoque « le jeu de forces subtiles » ou encore « un réseau subtil » (*subtle*

52. G. Gurdjieff, *Gurdjieff parle à ses élèves*, Stock, 1980, p. 262-3.
53. *Ibid.*, p. 278.

network) qui met en jeu des forces d'attraction et de répulsion comme en physique.

Swâmiji : – « Tout ce qui arrive, c'est vous qui l'attirez. Il y a comme un champ énergétique autour de vous[54]. »
« Un jeu d'énergie… un courant d'énergie passe en chacun. Chaque personne est un centre d'énergie. Cette énergie est présente partout. Cette énergie se manifeste partout. C'est pourquoi, après être apparu en un endroit, un sentiment se transporte plus loin. Ce qu'on appelle la vibration de sympathie n'est rien d'autre que cela[55]. »
« Les sentiments se transmettent par des courants souterrains. »

Gurdjieff : – *The level of being of a man attracts his life.*
« Le niveau d'être d'un homme attire sa vie. »
« Mes sentiments aussi produisent une atmosphère dont les émanations peuvent se propager à longue distance[56]. »

En définitive, c'est vers la totale liberté intérieure que le maître spirituel veut conduire l'élève ou l'apprenti à la sagesse. « L'ami spirituel » (Arnaud) ou « l'ami de l'essence » (Gurdjieff) peut être amené à prononcer des paroles fortes, parfois même déroutantes, tant elles contredisent les perceptions et les conceptions habituelles. Certaines formules sont une invita-

54. D. Roumanoff, *Swâmi Prajnânpad, Biographie*, La Table Ronde, 1993, p. 341.
55. *Ibid.*, p. 353.
56. G. Gurdjieff, *Gurdjieff parle à ses élèves*, Stock, 1980, p. 328.

tion à changer de niveau et si elles ne permettent pas une cristallisation immédiate, elles peuvent à tout le moins contribuer au processus de saturation.

Swâmiji : – « Être, c'est être libre d'avoir, sous toutes ses formes. »
« Tant que quoi que ce soit existe pour vous, vous ne pouvez pas en être libres. »

Gurdjieff : – « En d'autres termes, il vous faut mourir à tout ce qui constitue la vie ordinaire. C'est de cette mort que parlent toutes les religions[57]. »

57. G. Gurdjieff, *Récits de Belzébuth à son petit-fils*, vol. 2, Le Rocher, 1995, p. 674.

Sortir de la prison

■

Sophie

En automne 2010, lors du dernier séjour d'Arnaud au Québec, nous avions pris avec lui quelques jours de repos dans une auberge en pleine nature. Un thème tout particulier a émergé, qui devait nous donner une riche matière d'exploration pour les années à venir. Véronique, Éric et moi le questionnions au sujet du « trait principal ». *The chief feature* est un terme forgé par Gurdjieff pour désigner le nœud central, la cristallisation d'un refus majeur au cœur du psychisme autour duquel se construit ensuite la fausse personnalité.

De par la gravité de l'enjeu, ces échanges avec Arnaud se sont déroulés dans une atmosphère d'une densité inhabituelle. Les années ou plutôt les décennies d'engagement dans une pratique spirituelle avaient certes permis des changements heureux chez chacun de nous. Nous pouvions d'ores et déjà ressentir une immense gratitude pour ce que la Voie nous avait déjà donné. Mais notre détermination à poursuivre des efforts sincères sur le long cours avait joué un autre rôle, plus inattendu : celui de mettre en évidence l'existence en nous-mêmes d'un bastion apparemment imprenable, une résistance majeure au processus de transformation. Arnaud savait de première main de quoi nous parlions puisqu'il en avait lui-même fait l'expérience lorsque sa propre *sadhana* s'était intensifiée dans les dernières années de sa relation avec Swâmiji[1]. Par ailleurs, sa connaissance profonde de l'enseignement de Gurdjieff – qu'il continuait d'ailleurs d'étudier avec émerveillement à travers les ouvrages de Maurice Nicoll[2] – lui donnait une très précieuse grille de lecture des arcanes du psychisme et des conditions nécessaires à une alchimie de l'être humain.

Qu'est-ce qui, en nous, s'oppose si farouchement au pouvoir de la pratique et à l'influence d'une lignée spirituelle au point de vouloir les saboter ? Et pour protéger quoi ? Quel est notre pouvoir réel face à cette réalité ? À ces questions, Arnaud nous répondit que vient un moment où le « trait principal » se sent menacé par la pratique. Si on ne se disperse pas pour glaner d'autres pratiques ou influences appartenant à des voies différentes de la nôtre, l'engagement sur un chemin précis finit par conduire dans une sorte de goulet d'étranglement, un resserrement qui menace notre stratégie de survie, en réalité la stratégie de survie de l'ego : il n'y a alors plus d'autre issue que de changer de niveau. Continuer de s'améliorer dans le monde ancien apparaît insensé quand c'est une transformation, une révolution, qui est requise. Comme je sentais que ce qui nous était délivré en réponse à nos questions devait être fidèlement conservé, j'ai pris soin de le transcrire le plus rapidement possible. J'ai ensuite soumis mes notes à Arnaud afin qu'il puisse éventuellement les compléter ou les corriger.

1. Lire sa biographie par Gilles Farcet : *Arnaud Desjardins ou l'aventure de la sagesse*, La Table Ronde, 1987.
2. En particulier : *Psychological Commentaries on the Teachings of Gurdjieff and Ouspensky* (5 vol.), Shambhala, 1984.

– Nous : Arnaud, qu'est-ce que le trait principal ? Comment le définir pour chacun de nous ?

– Arnaud : *Il n'est pas facile de trouver son trait principal ni celui de quelqu'un d'autre. Cela peut prendre des années pour soi-même et une façon d'y parvenir, c'est de chercher ce qui nous fait le plus peur, ce que nous redoutons le plus : la trahison, la critique, l'abandon, l'intrusion, se trouver face à l'incontrôlable, etc., et de voir comment notre mental s'est construit sur une injonction intérieure censée nous protéger du pire : « On ne m'aura pas », « Ne me critiquez pas », « Je suis en contrôle de tout »...*

– Nous : Se libérer de notre trait principal, même après des années voire des décennies de pratique, nous semble hors d'atteinte. Peut-on réalistement espérer une telle transformation ? Sous quelle condition cela ne restera pas illusoire ?

– Arnaud : *Il est impossible de se libérer du trait principal en l'isolant du reste. Le trait principal, la façon dont notre mental s'est cristallisé sur une pensée fausse, chacun la sienne, est bien trop fort pour que nous puissions y faire face ainsi.*

La seule issue est dans la désidentification globale, totale, de tout ce qui fait le moi. En fait, si je prends une image, c'est comme si on voulait jeter quelque chose par la fenêtre ou à la poubelle et que cela nous soit très difficile, en fait impossible. La seule issue est de jeter tout en même temps : cette chose et tout le reste. Pris dans un tout, cela devient possible ; isolé du reste c'est impossible.

C'est une décision qui doit cristalliser. Quoi qu'il m'arrive et qui serait – vu mon trait principal – le pire du pire : « Ce n'est jamais une raison pour que je me sente séparé de Dieu[3] *. » Ce qui*

3. Arnaud cite ici une de ses élèves de longue date, rongée par la négativité et la souffrance, mais s'obstinant malgré tout à en chercher l'issue. Lors d'un entretien avec Arnaud, elle avait soudainement réalisé cette vérité et l'avait ainsi formulée avec ses propres mots. Arnaud lui dit que, si elle acceptait, il citerait dorénavant cette expression régulièrement dans ses réunions tant il la trouvait particulièrement juste et éloquente.

équivaut à cette formule de Swâmiji, même si elle nous paraît plus sèche : « L'émotion n'est jamais justifiée. » Si on se demande simplement de ne plus être emporté par notre émotion habituelle quand notre pire scénario s'actualise dans les faits, on n'y arrivera pas : la force de la mécanique émotionnelle sera trop grande. C'est par une décision d'un autre ordre, par un processus plus profond qui s'attaque à la racine du moi, à l'identification elle-même, que nous pouvons accéder à cette liberté, liberté qui se manifestera y compris dans le pire de nos scénarios.

Cela ne veut pas dire que nous n'aurons plus d'émotions, mais qu'une fois l'incendie émotionnel déclaré, nous saurons immédiatement où est l'extincteur et nous ne perdrons pas une minute d'hésitation avant de l'utiliser.

Peu de temps après ces échanges, Arnaud nous a remis une feuille sur laquelle plusieurs définitions du trait principal étaient écrites de sa main :

• *Le trait principal est notre thème privilégié, récurrent, de pensées, notre sujet favori de ruminations mentales (et émotionnelles) non nécessaires.*

• *Le trait principal est notre plus grande faiblesse que nous prenons pour notre plus grande aisance ou notre plus grande qualité.*

• *Le trait principal est le domaine où nous avons le moins l'intention de mettre en pratique. Chacun connaît son trait principal : c'est l'aspect de vous qu'il vous est le plus insupportable d'entendre mettre en cause.*

• *Le trait principal est toujours associé à la conviction d'être spécial, spécialement ceci ou spécialement cela, et l'ego y trouve toujours son compte.*

• *Le trait principal est la part mécanique de nous que nous nourrissons le plus (et il s'agit avant tout de nourritures psychologiques). Et ce que nous nourrissons le plus est ce que nous aimons le plus.*

• *Le trait principal est le domaine dans lequel le mental nous roule le plus facilement dans la farine.*

▪ ▪ ▪

Dans les mois qui suivirent la mort d'Arnaud, un livre sur l'ennéagramme nous fut vivement recommandé : *The spiritual dimension of Enneagram,* de Sandra Maitri[4]. L'auteur, une psychologue américaine elle-même engagée sur un chemin spirituel apparenté à la Quatrième Voie (celle transmise par Gurdjieff), y décrit cette science héritée du fond des âges et dont on n'a pas encore retracé avec certitude l'origine culturelle et géographique précise.

Cet outil universel appliqué à la psychologie révèle neuf types de personnalité comme neuf manières dont, en tant qu'enfant, nous nous sommes coupés de l'innocence fondamentale, du Divin. Cette compréhension de la dynamique profonde entre les niveaux psychologique et spirituel nous est apparue comme une aide précieuse sur le chemin enseigné par Swâmi Prajnânpad, où il s'agit de lever un à un les voiles qui obscurcissent notre nature essentielle, lumineuse.

S'il y a autant de chemins pour revenir à la Source que de façons de l'avoir quittée, le processus spirituel se comprend

4. Traduit en français sous le titre *Les Neuf Visages de l'âme,* Petite Bibliothèque Payot, 2000.

alors comme un lent retour sur nos pas après des années d'exil. En des termes religieux, cette vérité se trouve magnifiquement exprimée par Maître Eckhart : « Vous trouverez Dieu à l'endroit exact où vous l'avez perdu. »

Dans son ouvrage, Sandra Maitri reprend les formulations de son propre maître, Ichazo, qui décrit, sans aucun ménagement pour l'ego, les rouages intimes de ces neuf types de personnalité, abordés comme autant de prisons. Gurdjieff employait l'expression « l'horreur de la situation » pour exprimer notre condition lorsque nous sommes soumis à l'enfermement maintenu par le mental.

Qu'importe l'ennéatype, qu'importe la couleur des barreaux pour celui qui s'engage dans un processus de Libération, il n'y a pas de geôle plus enviable qu'une autre.

Sur la voie de l'Advaïta Vedanta, une part essentielle de la pratique consiste justement à étudier le plan de sa propre prison pour mieux s'en libérer.

À un ancien qui exprimait être dorénavant globalement satisfait humainement et spirituellement et qui ne voyait plus ce qu'il pourrait bien encore attendre d'Arnaud, ce dernier lui répondit : « La question est : qu'est-ce qui me sépare encore de Ramana Maharshi ou de Kangyur Rinpoché ? » En ce sens, le sage n'est pas un autre que nous, mais il est nous-même arrivé au bout de notre propre chemin. Son exemple nous inspire à regarder de près ce qui, en nous, fait encore obstacle, fait encore écran à cette liberté parfaite. Si l'aspiration à la liberté n'est pas émoussée par le sentiment d'un confort relatif, d'une satisfaction de surface, on ne pourra pas se contenter de rester derrière les barreaux d'une cellule, même si on l'a équipée d'une télévision, d'un ordinateur, d'un mobilier à notre goût et qu'on a réussi à négocier des privilèges pour avoir une meilleure nourriture.

▪ ▪ ▪

Dans un style en tout point différent d'un livre sur l'ennéagramme, l'autobiographie de Michel Vaujour, *Ma plus belle évasion*[5], témoigne cependant d'une même approche vis-à-vis de ce qui emprisonne. Dans les années 1970, il avait été ce bandit mythique, ennemi public numéro un dont les journaux télévisés nous relataient une évasion, puis une autre, puis encore une autre, cette fois-ci en hélicoptère depuis le beau milieu d'une cour entourée de miradors… Il réussissait toujours à s'enfuir, y compris des prisons de haute sécurité. Je me souviens donc vaguement que lorsque je n'étais qu'une enfant, le journal télévisé nous annonçait régulièrement une nouvelle évasion de Michel Vaujour. Je ne me doutais pas alors que des années plus tard j'écouterais avec intérêt le témoignage qu'Arnaud allait lui demander de donner devant des centaines d'élèves réunis sous une grande tente dans son ashram de Hauteville.

Sa biographie nous apprend comment il fut pris dans les rouages d'un engrenage implacable, enclenché à l'origine par une peine d'incarcération injuste qu'il eut à subir alors qu'il n'avait que dix-neuf ans. Il avait volé une voiture pour sortir avec une jeune fille qu'il voulait séduire et qui était d'ailleurs fille de gendarme ! Il avait bien prévu de remettre le véhicule après

5. Michel Vaujour, *Ma plus belle évasion,* Presses de la Renaissance, 2005.

leur escapade nocturne. Comme chaque samedi soir, il allait rendre en bon état – et seulement quelques rues plus loin – ce que, dans ses propres justifications, il n'avait fait qu'emprunter. Pour des raisons trop longues à expliquer ici, une peine très lourde fut prononcée contre lui, complètement disproportionnée eu égard aux faits qui lui étaient reprochés. Michel Vaujour est entré alors dans un cycle infernal d'évasions, de cavales et de condamnations de plus en plus en plus sévères au fur et à mesure qu'il était rattrapé.

Alors que ses sentences cumulées se comptaient maintenant en décennies, rongé par le désespoir et la colère, il s'est finalement transformé, en prison, en pratiquant le yoga et différents exercices mentaux. Sa beauté d'âme et sa vulnérabilité se sont révélées au fur et à mesure de son aventure intérieure. Ainsi, sa « plus belle évasion » restera celle qu'il entreprit depuis l'enfer de ses émotions négatives.

Le récit de ses évasions successives démontre une détermination sans faille pour se délivrer des barreaux. Il ne se dit pas plus brillant ou intelligent que quiconque. Et pourtant, où qu'il ait été incarcéré, quel que soit le niveau de sécurité de l'établissement, il parvenait toujours à trouver la faille du système.

Son récit peut se lire comme une métaphore du chemin, un mythe sur le parcours qui nous conduit hors de notre propre prison mentale. Pourquoi lui ? Pourquoi cet homme a-t-il réussi dans toutes ces entreprises réputées impossibles ? Il y aurait plusieurs réponses à cette question, aussi je ne retiendrai que celles qui sont directement pertinentes à notre sujet.

À la question : « Qu'est-ce qu'une prison ? », il répondait : « Un lieu dont on s'évade ! » Fort de cette définition toute personnelle d'une geôle, il ne se laissait pas abattre par le désespoir devant la difficulté de la tâche : à peine rattrapé et à nouveau incarcéré, son esprit était déjà entièrement focalisé sur le plan de sa prochaine évasion. Il refusait les petits aménagements prévus pour rendre la vie en prison plus supportable, renonçant à la cigarette mais aussi aux émissions radiophoniques qui lui parlaient de voyages qu'il ne ferait jamais en restant en prison. Il voulait que rien n'émousse sa motivation à poursuivre sa seule et unique ambition : s'enfuir.

Alors, commençaient de longs mois à étudier minutieusement sa nouvelle prison. Observer les va-et-vient des gardiens pour établir avec précision les horaires de changements de quarts et voir s'il n'y aurait pas là une quelconque faiblesse, même pour quelques secondes. Récupérer autant d'indices que possible pour déduire le plan global de la prison, son organisation, ses procédures.

Dans une de ces évasions, sa stratégie avait été la suivante : à chaque visite du gardien de prison, il jetait discrètement un œil sur le trousseau de clés qui pendait à sa ceinture. Quand il eut identifié celle de sa cellule, il s'approcha du gardien et, en le bousculant, parvint à imprimer un moule de la clé en la pressant sur une boule de cire rouge provenant des portions de fromage Babybel ! C'est ainsi qu'il put la reproduire, en travaillant une pièce de métal avec une lime.

Une autre fois, il réalisa qu'il aurait plusieurs sorties de prison programmées à l'occasion des comparutions devant le juge et qu'il y aurait peut-être là une opportunité à saisir. Il conçut alors un plan qui nécessitait de s'y rendre muni d'une arme factice. Mais comment ce faux pistolet pourrait-il passer à travers les mailles d'une fouille systématique de ses gardiens avertis au moment de sa sortie ? C'est justement l'aspect systématique qui allait être sa chance : au fur et à mesure que le gardien exécuterait des gestes dans un enchaînement méthodique qu'à chacune de ses sorties Michel Vaujour allait parfaitement étudier et mémoriser, le prisonnier n'aurait qu'à déplacer furtivement son « arme » selon des mouvements tout aussi précis, dans une chorégraphie dont l'exactitude était cruciale. Quant à savoir comment se procurer un tel jouet en prison, c'était très simple, il suffirait de le fabriquer soi-même ! En sculptant un morceau de savon, il avait réussi à modeler un pistolet qu'il enduisit ensuite de cirage à chaussures pour le rendre plus vraisemblable. Tout cela allait lui permettre de s'enfuir au beau milieu d'un palais de Justice !

Si nous abordons ces prouesses dans un développement concernant le trait principal, c'est qu'il y a suffisamment de similitudes pour que nous puissions en dégager quelques grandes lois à notre profit. Dans les deux cas, nous avons affaire à un immense défi : la prison est complexe et très bien organisée. Tout y est conçu pour nous convaincre qu'elle est infaillible et que toute tentative d'évasion est perdue d'avance.

C'est ce dernier point que Michel Vaujour remet systématiquement en doute en définissant la prison comme un lieu dont on s'évade. De ce fait, on pourrait dire qu'il a déjà gagné la partie avant même de l'avoir disputée : il ne se laisse pas impressionner par la nature apparemment implacable d'un établissement pénitentiaire même de haute sécurité. Car tout système carcéral peut avoir un point faible, justement par l'aspect systématique, mécanique de son fonctionnement : il devient tout à fait prévisible pour peu qu'on l'ait étudié. Notre mental est tout aussi mécanique, ses rouages complexes ne doivent surtout pas occulter ce constat d'évidence : il fonctionne sur un mode extrêmement répétitif. S'il fonctionnait d'une façon aléatoire, hasardeuse et sans cohérence, nous ne pourrions anticiper quoi que ce soit, ni parer les coups, ni échafauder un plan pour nous en délivrer.

De ce point de vue, la reconnaissance de notre propre trait principal nous donne un atout immense, celui de connaître parfaitement la stratégie et la rhétorique, on pourrait même dire la rengaine, d'un système qui cherche à nous maintenir sous son emprise. Un adversaire trop prévisible est un adversaire fragile : sa routine mécanique l'expose à quiconque consacre assez de temps et d'efforts pour le déjouer. C'est là que l'étude attentive de notre propre prison joue un rôle décisif dans la voie montrée par Swâmiji.

Et si cet argument ne devait pas suffire à nous donner foi en nos propres chances, il est bon de se rappeler que nous disposons d'un atout majeur que Michel Vaujour n'avait pas. Dans le passé, plusieurs générations d'hommes et de femmes ont été séquestrées dans cette même terrible prison dont ils ont pourtant réussi à s'échapper. Ils ont vécu ou vivent encore maintenant en parfaite liberté. La bonne nouvelle, c'est qu'ils ont dessiné les plans de la prison, ont relevé les horaires des tours de garde, ont dessiné la clé qui en ouvre la porte. Ils nous envoient des messages codés, depuis l'extérieur de la prison, pour nous transmettre toutes les indications et les conseils utiles. Avant de partir, ils ont même caché pour nous leur propre lime dans un interstice entre deux briques d'un mur de notre cellule[6] !

Identifier en nous-même le trait principal, ou la « crampe » comme le nommait Lee Lozowick, n'est pas toujours chose aisée. D'autant plus que, si l'on opte pour la terminologie de l'ennéagramme selon Ichazo, le maître de Sandra Maitri, chacune des neuf personnalités est baptisée de noms aussi peu glorieux que lâcheté, mesquinerie, vanité, flatterie, etc. Même en parvenant à s'identifier à l'une des caractéristiques de ce charmant spectre (ce qui n'est pas toujours aisé), il y a tout un chemin intérieur à parcourir pour pleinement le reconnaître sans aucune forme de déni. *See and recognize*, « voir et reconnaître », disait Swâmiji comme un leitmotiv. Il s'agit de faire preuve de courage pour assumer la vérité en toute honnêteté, sans chercher à s'y soustraire. À ce sujet, William Patterson partage dans un de ses livres sur Gurdjieff[7] : « Gurdjieff nous dit "qu'il était absolument essentiel pour quelqu'un de voir son trait principal". Au sujet du trait principal, ou de la faiblesse principale, il dit que cela devait être révélé avec une grande précaution, parce que la vérité à son propre sujet peut causer un réel désespoir et que seule une connexion spirituelle avec l'enseignant peut nous en prémunir. » Selon De Hartmann (un autre élève de Gurdjieff) : « Les Saintes Écritures parlent du

6. Michel Vaujour avait caché une lime dans les toilettes d'une prison dont il s'était évadé. Il y fut réincarcéré des années plus tard. Il se fit à lui-même la remarque que si la mauvaise nouvelle était que l'établissement avait entre-temps rehaussé son niveau de sécurité, il y avait tout de même une bonne nouvelle : la fameuse lime était toujours à la place où il l'avait laissée…

7. W. P. Patterson, Gurdjieff, *The Man, The Teaching, His Mission,* Arete Communications Editions, 2014, p. 73.

moment de la réalisation de son défaut principal quand elles disent que lorsque vous êtes giflé sur la joue droite, vous devez ensuite tendre la joue gauche. La douleur de découvrir son défaut principal est comparable à celle d'une gifle. Un homme[8] doit trouver en lui-même la force de ne pas fuir cette douleur, mais d'avoir l'audace de présenter l'autre joue, c'est-à-dire d'entendre et d'accepter plus encore la vérité à son propre sujet. »

Puisque nous ne nous sommes pas exilés de la Source de la même façon, le chemin que nous aurons à emprunter pour y retourner nous sera spécifique. En réalisant combien le monde intérieur de chacun est différent, il devient alors évident qu'il doit être guidé de façon personnelle. Il y a certes des principes généraux, mais d'un élève à l'autre l'ami spirituel pourra s'y prendre de façons diamétralement opposées sur certains aspects. « Swâmiji dit aux gros : "mangez moins !" et dit aux maigres : "mangez plus !" Quel est l'enseignement de Swâmiji ? » S'il y a bien des grandes lois communes concernant la nutrition, votre programme alimentaire vous sera personnel et parfois vos voisins de table pourraient se montrer très surpris, voire sceptiques sur le fait que le même diététicien ait pu vous prescrire pareille nourriture, si différente de celle qu'il leur a recommandée.

▪ ▪ ▪

J'ai oublié avec quelle question précise j'ai abordé ce qui allait être mon dernier entretien avec Arnaud, juste après qu'il

8. L'homme, dans la terminologie de Gurdjieff, est à entendre comme l'être humain : femme ou homme.

nous eut transmis ses réflexions sur le trait principal. Mais en retrouvant mes notes où j'avais transcrit sa réponse, je devine sans mal ce qu'avait dû être ma demande intérieure. Tous ces échanges précédents m'avaient impressionnée et je devais me questionner pour savoir si j'étais à la hauteur d'une remise en cause aussi radicale de l'ego.

Voici ce qu'Arnaud me dit alors : « La voie est pour le héros : *the great vaillant hero*, disait Swâmiji. Mais le héros n'est pas forcément l'idée romantique que l'on s'en fait. Pendant la Seconde Guerre mondiale, de braves pères de famille qui râlaient pour un oui ou pour un non, pour un courant d'air, [...] se sont trouvés engagés à faire pour la Résistance des actes d'une grande bravoure. Ces mêmes hommes pouvaient alors demeurer plusieurs heures dans l'eau glacée jusqu'à la taille, en pleine nuit, pour poser de la dynamite sous un pont. »

La force de l'intention

■

Éric

Lorsqu'on regarde une photographie ou une sculpture d'un moine en posture de méditation, la première chose qui nous frappe le plus souvent est cette impression de dignité, de noblesse, de force impersonnelle et tranquille. L'attitude redressée, verticale, évoque, d'une façon hiératique et parfois même un peu inquiétante, une autre dimension.

Si nous nous sommes engagés sur la Voie, c'est que nous avons été touchés, d'une façon ou d'une autre, par cette dimension verticale, par le sens du sacré ou encore par une réalité d'ordre « spirituel », si on ose ce terme très galvaudé. Nous nous sommes mis en marche parce que nous avons été attirés par « un but différent des buts ordinaires », pour reprendre l'expression du Bouddha. C'est grâce à cette inspiration (ou cette aspiration !) que le mouvement initial a été possible. À ce moment-là, même le plus improbable peut se réaliser : la rencontre avec un maître, un enseignement, une voie.

Dans une perspective à long terme – puisqu'il est raisonnable de postuler une perspective à long terme – la question qui se pose alors est celle de la fidélité à cet élan premier. Je me souviens d'une histoire qu'Arnaud nous a racontée un jour : celle d'un jeune dévot de Krishna qui, un beau matin, voit apparaître, à sa grande stupéfaction, Krishna devant lui. Et Krishna demande à ce jeune serviteur s'il pourrait lui apporter un verre d'eau. Le jeune homme, submergé de dévotion, se prosterne et se dirige vers la rivière la plus proche, mais en chemin, il croise une jeune femme d'une grande beauté et tombe immédiatement amoureux d'elle. Il cherche à la revoir, se met à la courtiser et finalement la demande en mariage.

Les années passent, remplies de joies et de peines ordinaires, de succès et d'échecs. L'homme avait atteint un âge très avancé lorsque, au détour d'un chemin, il vit apparaître brusquement Krishna. D'une voix pleine de douceur, Krishna l'interpella : « As-tu mon verre d'eau ? »

Il y a de nombreuses façons de se détourner subtilement de notre but et de laisser faillir notre motivation première. À notre insu, le cheminement s'enlise peu à peu dans une routine et la pratique, dans une approximation confortable. Notre degré d'exigence se relâche au fur et à mesure que nos « problèmes existentiels » sont résolus ou que notre efficacité dans le monde se développe. Combien de fois ne m'a-t-on pas objecté que, étant donné les circonstances, il n'y avait plus de temps pour la pratique !

En réalité, la confusion est fréquente entre ce qui relève du plan de l'acceptation (de ce qui est) et ce qui relève du plan de l'action, de l'intervention dans le monde. Or, l'acceptation est « a-temporelle » et ne peut donc jamais se « télescoper » avec quoi que ce soit. La vraie question n'est pas celle d'un manque de temps, mais plutôt d'intention. Celle-ci manque trop souvent de force et de clarté. Nous savons que, dans les traditions dualistes, la place faite au souvenir de Dieu, au rappel, est prépondérante. Le moine qui est entré au monastère est habité par une intention précise dont chacun de ses gestes porte le témoignage. Dans une voie non dualiste comme l'Adhyatma Yoga, la même intention doit prévaloir tout en appliquant bien sûr une méthodologie différente. Ainsi, nous ne sommes pas désavantagés par rapport à un « contemplatif de métier » dans la mesure où nous pouvons exercer notre ascèse à plein temps, dans un environnement cependant différent, à savoir le monde ordinaire.

Cet alignement actif et subtil par rapport à la dimension verticale ordonne notre pratique dans l'instant en lui fournissant une énergie sous-jacente, une dynamique vectorielle qui propulse vers l'avant. Lorsque, par exemple, un *karateka* veut briser une planche de bois avec le tranchant de sa main, il regarde au-delà de la planche elle-même et ne peut la traverser que grâce à cette visée qui la dépasse. Sinon, il n'a pas l'élan approprié et il est fort probable que ce soit la main qui se brise, non la planche ! Cet exemple, transposé dans notre pratique, nous donne une indication précieuse.

En ce qui concerne la pratique de l'adhésion elle-même à ce qui est, ici et maintenant, le geste intérieur requis est surtout la dissipation des refus, ce qu'Yvan Amar a appelé « la dénonciation du faux ». Dénoncer veut dire ici annuler, éliminer. Or, cette dénonciation ne peut se faire qu'au nom d'une seule chose : le retour à l'essentiel, la Vérité, *Truth*. Aussi technique que puisse paraître ce geste intérieur d'adhésion en lui-même, il n'est pas isolé et figé, mais s'insère dans une dynamique plus profonde et simultanée. Le traitement « au coup par coup » des refus s'inscrit alors dans un contexte plus vaste, un élan sous-jacent qui alimente en énergie l'opération ponctuelle d'adhésion. Sinon, cela revient à vouloir faire disparaître l'émotion (et souvent seulement parce qu'elle est ressentie comme pénible) sans remettre en cause intrinsèquement son caractère de fausseté. Dans l'Évangile de Jean, le mental, « le Malin », est considéré comme « menteur et père du mensonge » (8, 44.). Le risque, alors, c'est que le mensonge soit traité en tant que production localisée, mais sans que le producteur lui-même soit véritablement démasqué.

L'appareil distributeur de « non » n'est pas enrayé parce que, au fond de nous-même, nous continuons en fait à considérer que l'émotion est justifiée. Il y a donc deux aspects conjoints : d'une part, la transformation du refus en acceptation dans l'instant et, d'autre part, la conviction implicite de la non-légitimité absolue du refus en lui-même.

De la sorte, être engagé sur la Voie veut dire qu'il y a dans l'intimité de notre cœur un souhait insistant : celui de ne pas se complaire dans l'erreur, de l'abréger le plus vite possible lorsqu'elle se produit et de ne pas vouloir la réitérer. Sinon, cela équivaudrait à se retrouver dans la situation d'un écolier qui prétendrait vouloir apprendre la grammaire en faisant des dictées, serait d'accord pour corriger les fautes au fur et à mesure, mais sans jamais être déterminé à ne plus reproduire la même erreur.

Par la force d'inertie des habitudes, nous faisons mécaniquement l'inverse de ce qu'il serait approprié de faire. Lorsque, par exemple, une émotion se présente, nous la refusons (nous lui disons « non ») sur un fond de complaisance et de laxisme (un « oui » de passivité) au lieu d'incarner un « oui » total et conscient à l'émotion, dans un contexte de « non » quant à son bien-fondé. Nous sommes donc « non » et « oui », là où il faudrait être « oui » et « non ». Ce « oui » et ce « non » sont possibles simultanément sans se contredire du fait qu'ils ne se situent pas au même niveau, au même étage, pour ainsi dire. Il y a le geste intérieur dans l'instant et le contexte global au sein duquel prend place ce geste précis en lui-même.

Pour être une voie de connaissance, l'Adhyatma Yoga n'en est pas pour autant une approche exclusivement logique et technique. À défaut d'être enracinée dans le cœur, notre pratique s'apparente à la tentative d'application mécanique, dans notre quotidien, de simples abstractions intellectuelles. Le fait que le domaine psychologique soit sérieusement pris en compte sur cette voie peut d'ailleurs favoriser cette tendance. Or, la transformation intérieure est avant tout affaire de « passion » ! Le moteur et le carburant de la progression sont en quelque sorte de l'ordre du sentiment amoureux à l'égard d'une réalité intangible et mystérieuse qui nous appelle de façon irrépressible. En ce sens, Swâmiji affirmait avec audace : « Mieux vaut être un débauché passionné qu'un homme tiède superficiel qui ne va pas au fond des choses. » Ainsi est-il dit dans les *Yoga-Sûtra* : « C'est très proche de celui qui éprouve une passion intense. »

Selon notre trajectoire propre, ce feu peut parfois s'amoindrir mais les traces sont toujours là. C'est la raison pour laquelle, à travers les années, nous continuons à rester engagés dans la démarche intérieure, quels que soient les aléas de notre existence. Nous sentons la présence d'une dimension verticale – la dimension de l'Être – qui nous invite, nous soutient et nous encourage à rejoindre la source.

Dans une voie qui s'effectue non pas hors du monde – comme celle des moines retirés dans un monastère ou celle des yogis tibétains passant des années dans des grottes ou des retraites fermées –, mais dans le monde, le rôle que joue la relation à l'autre est essentiel. L'autre, entendu au sens large, représente les situations, les conditions et circonstances extérieures, mais aussi et surtout autrui, les autres personnes avec lesquelles nous sommes en relation. On pourrait même résumer : la Voie, c'est la purification dans la relation, puisque tout se joue au cœur même des relations. Celles-ci constituent le test constant me permettant de vérifier quel est mon degré d'ouverture, de réceptivité, de communion ou, au contraire, de fermeture, de résistance et de non-amour du prochain. Dans cette dialectique subtile, la force de l'intention joue un rôle majeur : ai-je vraiment l'intention de me libérer de mon propre mental et, par voie de conséquence, d'accueillir autrui de façon inconditionnelle ?

Le passage obligé va être de se confronter à son monde intérieur, à contester toute émotion dans la mesure où elle est toujours la signature d'un décalage par rapport au réel, et surtout à remettre en cause le mental lui-même, qui est la cause de toute pensée fausse. Comme le dit Jacques Prévert : « Le mental ment monumentalement », et c'est pour cela qu'il faut le détruire *(manonasha)*. Pour faire une distinction entre l'attitude à adopter face aux émotions et celle face au mental, on pourrait prendre comme illustration l'exemple du tir au pigeon d'argile. Une machine est cachée derrière un buisson et envoie sans arrêt dans le ciel des assiettes en argile. Avec notre « fusil de la pratique », nous pouvons devenir des experts et, à chaque fois que nous voyons une assiette qui passe, nous pouvons tirer dessus pour la pulvériser en plein vol. Métaphoriquement, c'est ce qui se passe lorsque nous réussissons à « être un » avec les phénomènes émotionnels au moment même où ils surgissent.

Cependant, la machine continue à être rechargée sans cesse et son fonctionnement consiste à projeter en permanence des assiettes dans l'espace. Nous pouvons donc apprendre à bien viser, à être de plus en plus rapides, de plus en plus précis. Mais quand allons-nous nous décider à tirer sur la machine elle-même ? Une telle intention correspond à un véritable changement de cible : l'émotion se situe dans une trajectoire et il ne s'agit pas de s'arrêter à ce seul phénomène, mais bien de remonter jusqu'à sa racine pour l'extirper définitivement. Le but est avant tout d'être libre et non pas seulement d'apprendre à accueillir, c'est-à-dire accorder une hospitalité intelligente à nos états intérieurs.

Je me souviens qu'un jour, nous étions plusieurs avec Arnaud lors d'un trajet en voiture lorsqu'il fit une remarque qui me parut très étonnante. Il parlait du thème de la comparaison et il disait que d'arriver à se libérer de la comparaison est une réalisation aussi radicale que le fait d'« être libre de l'avoir », pour reprendre une expression de Swâmiji. C'est un thème qui peut être autant explosif que définitif. Et il expliquait qu'à un moment donné il faut en venir à se dire : « La comparaison, j'arrête ! »

Probablement que, même si je dis « j'arrête », le fonctionnement va se poursuivre et je vais continuer à comparer. Mais peut-être qu'un jour, lorsque je dirai : « j'arrête », le système va finir par se conformer à cette décision qui est l'aboutissement de cette dynamique intentionnelle. Mais si, dans mon for intérieur, je n'ai pas l'intention d'arrêter, si je ne suis pas prêt à le faire, si je n'ai pas envie de le faire : est-ce qu'il y a la moindre probabilité pour que ce mécanisme s'arrête ? Non. Par conséquent, la force de l'intention est essentielle.

Par nature, cette intention est d'un autre ordre que celui d'une simple volonté du moi. Ce n'est pas un « je voudrais bien » ou « j'aimerais bien », mais plutôt un « je veux » unifié, conscient. L'intention reste pure parce qu'elle n'est pas contaminée par toutes sortes d'influences extérieures. Elle se distingue des volontés ordinaires comme celle d'être bon élève, de réussir ou encore de plaire à une autorité quelconque. Le risque est cependant réel que des schémas psychologiques viennent se greffer sur cette dynamique et « étouffer » l'intention. Si l'on cherche, par exemple, à donner une bonne image – même à ses propres yeux – à ce moment-là, il s'agit d'une volonté égotique et la dynamique du progrès en est enrayée.

Je pourrais prendre un exemple vécu pour illustrer concrètement comment cela se passe dans le cas d'une difficulté relationnelle qui s'est prolongée durant plusieurs années. J'avais essayé intérieurement toutes sortes d'approches et aussi des tentatives diverses de régulation, sans résultat. Et à un moment donné, j'ai réalisé : ce que je tente avec ma compréhension actuelle, avec ce que j'ai intégré de la pratique, je le tente à l'intérieur d'une logique impeccable, mais j'ai l'intuition que c'est totalement inadéquat. Même avec le plus de sophistication possible, avec des investigations encore plus poussées, à l'intérieur de cette logique, il n'y a aucune issue possible. J'ai mis plusieurs années à tourner en rond dans ce que j'appellerais le même « pot de yaourt ! »

À force de tourner dans tous les sens, il s'est produit – et l'expression va sans doute paraître grandiloquente – un véritable saut quantique. Il s'agit d'un retournement, d'une conversion intérieure au cours de laquelle on réalise que même la bonne volonté ne fonctionne pas et ne fait qu'entretenir l'ancien système.

Quand on est en relation avec quelqu'un (même lorsqu'il ne s'agit pas d'un conflit), il ne faut pas oublier que cela nous renvoie toujours, à un moment ou à un autre, à tel ou tel aspect de nous-même. Alors qu'un élève d'Arnaud avait de fortes réactions émotionnelles à son égard, Arnaud m'avait confié : « On n'a jamais de problèmes avec Arnaud. On a toujours un problème avec le fait de ne pas être allé au bout de soi-même. » L'autre est un miroir, de telle sorte que nous sommes le plus souvent renvoyé à nous-même. Sur un chemin de transformation intérieure, il n'est pas suffisant de vouloir seulement tenter de régler une situation particulière par rapport à une autre personne. Il faut voir toutes les potentialités et tendances qui se trouvent réveillées par la présence de l'autre. Il semble parfois que c'est l'intelligence de la vie elle-même qui nous met en relation avec une personne particulière et nous plonge au cœur d'un scénario idéal pour nous pousser dans nos retranchements et nos protections les plus tenaces. En bref, pour nous mettre au pied du mur de notre propre mental… Ce mental dont on parle beaucoup, il faut avoir l'occasion de mettre la main dessus ! C'est lorsque l'acuité, la pression et la chaleur des circonstances nous mettent au défi que l'on peut se reposer à soi-même quelques questions : Qu'est-ce que tu veux ? Qu'est-ce que tu pratiques ? De quoi veux-tu te libérer intérieurement ? À quoi aspires-tu ?

Lorsqu'on a compris qu'il s'agit d'un dépassement de ses propres limites, c'est-à-dire de sa rigidité et de sa défense névrotique, alors le « travail » dans la relation change de nature. Il n'est plus avant tout question de « poser des gestes », mais de remettre en question l'espace d'où ils émanent. À cet égard, toutes les stratégies de réconciliation, même les plus intelligentes, comme par exemple la communication non-violente, s'avèrent restrictives et parfois même, au nom de la bonne cause, manipulatrices. Il s'agit de passer à un autre plan, radicalement différent et qui correspond à un retournement total au sein de notre être même.

Une telle conversion de notre attitude intime évoque cette instruction qu'Arnaud nous avait donnée : « Je ne vous demande pas de faire des sacrifices à l'intérieur de votre vision, je vous demande de changer de vision. » La nature de cette bascule équivaut à l'effondrement d'un pan de mur entier de notre prison. Elle est à l'opposé du mode de fonctionnement ordinaire.

Bien entendu, une personne de bonne volonté souhaite être en harmonie avec tout le monde : sa famille, ses proches, ses collègues. Mais les comportements stratégiques en vue d'un tel résultat sont insuffisants. Les efforts bien intentionnés vont finir par être décevants parce que c'est le dialogue subtil d'inconscient à inconscient qui va être le plus puissant et qui va saboter la restauration d'une relation harmonieuse. Sans l'intervention d'une forte intention, c'est-à-dire d'une force additionnelle, les chances de succès sont réduites. À l'aspiration de vouloir être libre s'ajoute la prise de conscience profonde que notre attitude est source de souffrance pour autrui et cela devient aussi notre propre souffrance. Le cœur porte alors une intention ardente : se tourner vers l'enseignement, et aussi vers tout ce que représente le maître pour réclamer l'aide dont il a besoin.

Des influences d'un ordre subtil viennent à la rescousse ; l'intervention de ce que Graf Dürkheim a appelé « le Grand Troisième » nous propulse hors de notre champ mental habituel. De ce changement qualitatif qui s'opère dans notre espace intérieur peut émerger une pratique encore plus fine et efficace. Ce n'est certes pas l'illumination, mais on accède à un registre de perception très différent où l'autre est naturellement inclus, avec une légèreté et une fluidité qui nous émerveillent.

C'est ainsi que ma perception de l'autre, très ancrée et chevillée à l'ancien schéma, est devenue, à mes propres yeux, caduque, aberrante et complètement erronée. Dans un dialogue avec l'un de ses disciples, Swâmi Prajnânpad réplique qu'on ne peut pas aimer son ennemi. Pour ma part, je m'étais exercé pendant deux ans, plein de bonne volonté, mais à l'intérieur d'une conception de l'autre qui le réduisait à l'état d'« ennemi », ennemi au sens d'inamical, de déplaisant parce que source de souffrances et de tensions. Je me disais : « Bien que l'autre puisse être pour moi comme une épine dans le pied, je vais essayer de le comprendre car je veux dépasser cela. Jésus n'a-t-il pas dit d'aimer ses ennemis, d'aimer son prochain comme soi-même ? » Tout en tournant en rond dans les mêmes schémas négatifs, je tentais l'impossible pour aller au-delà de ce que je pensais au sujet de cette personne. Il était évident que je me sentais emprisonné et essayais d'en sortir. Je ne pouvais que constater à quel point je laissais mon espace intérieur être envahi par mes pensées, mes opinions, mes justifications.

Dans l'une de ses formules concises résumant l'ensemble du chemin, Swâmiji énonçait : *Other dependant, self dependant, indépendant*, « Dépendant de l'autre, dépendant de soi-même, indépendant ». Dans ce cas précis, j'étais tragiquement dépendant de l'autre, c'est-à-dire esclave de l'idée que je m'en faisais. L'effet de saturation ne donne pourtant pas l'impulsion suffisante pour en sortir et il faut une intention, une aspiration beaucoup plus vaste et profonde.

Si ma liberté passe inexorablement par cette croisée de chemins, je dois à tout prix réussir à la franchir et prendre à bras le corps ce défi particulier. Je ne peux en rester là, tolérer ma non-liberté flagrante et me réfugier dans toute une série de justifications à bon marché.

Dans une perspective plus large – c'est-à-dire non plus fixée sur une personne particulière dans une difficulté relationnelle momentanée –, on peut être amené à réaliser que cette difficulté oblige à franchir une nouvelle étape sur le chemin. Ce qui nous arrive est exactement ce dont nous avons besoin pour faire le travail spirituel, remarquait Gurdjieff en indiquant par là même que la question ne se situe pas entre cette personne et moi, mais entre moi et mon aspiration à être libre. Si la présence de cette personne m'amène à effectuer un changement radical, une transformation de mon univers intérieur, alors cette personne devient une véritable bénédiction ! Elle me donne l'occasion d'accéder à une paix et à une qualité d'amour qui dilate le cœur. C'est sans doute ce que l'on pourrait appeler le véritable pardon. Véritable, parce qu'il n'y a plus aucune identification aux souffrances passées ni aucun reproche à l'égard de l'autre. Il n'y a plus personne qui se voit victime des agissements de quelqu'un.

Un disciple français de Chandra Swâmi, Yvan Amar, a noté avec une grande justesse que « le pardon, c'est quand l'offensé a disparu ». Tant que l'offensé subsiste, le pardon réel est impossible ; il est un simulacre pour faire bonne figure ou tenter de se rassurer à bon compte. Le pardon n'est pas un exercice d'ordre moral destiné à nous leurrer nous-même ! Parfois, certaines personnes me disent : « J'ai complètement pardonné, la preuve, c'est qu'avec ce parent (père ou mère), j'ai maintenant une bonne relation. Je vais voir ma mère et c'est sympathique. »

Et puis, en approfondissant un peu, en allant sous la surface, on découvre que l'offensé continue à hurler, à réclamer son dû, et que la conscience reste encore identifiée au fait d'être offensé. Les dettes ne sont pas le moins du monde déchirées et, comme le dit sarcastiquement Alan Watts : « Aimer ses ennemis ? J'y souscris entièrement, mais je garde quand même la liste ! »

La notion de pardon a même quelque chose de pervers dans la mesure où l'on croit qu'il s'agit de poser un acte grandiose et généreux – à l'intérieur du monde ancien. Le véritable pardon est l'implosion totale de l'offensé, de l'offense… et du pardon lui-même ! C'est de l'ordre de la vision et du lâcher-prise. Il n'y a plus d'ennemi, il n'y a plus de dualité ; seulement une différence qui est transcendée par la communion.

Dans le contexte de la Voie, en restant reliée à l'enseignement, à la pratique et aussi à la gratitude pour tout ce que nous avons reçu du maître, l'intention revêt une puissance sans pareille. Elle est une force transformatrice aussi mystérieuse qu'efficace, car elle contribue de manière déterminante à la croissance de l'être.

Nous sommes tous porteurs d'une dimension sacrée qui ne demande qu'à se révéler. Parfois ce dépôt peut prendre des années, voire des décennies pour se manifester. L'image la plus éloquente pour évoquer ce dépôt sacré, et que l'on retrouve dans les Évangiles, est celle de la graine.

Des archéologues ont trouvé dans les pyramides d'Égypte des graines de blé ancien qui avaient été déposées là depuis des millénaires. En exhumant ces semences, puis en leur donnant la juste quantité d'eau, de lumière et de nutriments, ils ont eu la surprise de constater que ces vieilles graines avaient réussi à germer, engendrant à leur tour de nouveaux grains et assurant ainsi la pérennité d'une variété de blé qu'on croyait perdue.

Il en va de même dans la profondeur de notre être. Le pouvoir germinatif d'une transmission spirituelle demeure intact et n'attend que les conditions propices pour se révéler.

Pour aller plus loin :

En France :
Hauteville : amis-hauteville.fr

Au Québec :
Mangalam : mangalam.ca

Table

7 **Préface de Gilles Farcet** ▪ « Quand l'amour vient en ville… »

20 **Sophie** ▪ De l'impuissance au lâcher-prise

43 **Éric** ▪ Être réceptif

52 **Sophie** ▪ Honorer le désir

80 **Éric** ▪ Le père du mensonge

97 **Sophie** ▪ Émerger de la négativité

124 **Éric** ▪ Se libérer de la culpabilité

132 **Sophie** ▪ Dans la gueule du tigre

140 **Éric** ▪ L'émotion en question

des matières

163 Sophie ▪ Compassion oblige

183 Éric ▪ La voie du cœur

206 Sophie ▪ Leçon de communion

223 Éric ▪ Cultiver la présence

250 Sophie ▪ Émotion, mon amie

271 Éric ▪ Adhyatma yoga et Quatrième Voie

307 Sophie ▪ Sortir de la prison

321 Éric ▪ La force de l'intention

Ouvrages d'Éric Edelmann

L'Homme et sa réalisation, Beauchesne, 1980.

Métaphysique pour un passant, La Table Ronde, 1982.

Éclairs d'éternité, La Table Ronde, 1990.

Plus on est de sages plus on rit, Le Relié, 1992.

Le Bestiaire des sages, Le Fennec, 1994.

Le Sourire de la sagesse, La Table Ronde, 1999.w

Jésus parlait araméen, Le Relié, 2000, et Pocket, 2005.

Mangalam, un parcours auprès d'Arnaud Desjardins, Le Relié, 2007.

En collaboration avec C. Massin et O. Humbert

Swâmi Prajnânpad et les lyings, La Table Ronde, 2000.

Les livres des éditions du Relié

Collection Poche

Aitken Robert, Agir zen, une morale vivante
Amar Yvan, La Pensée comme voie d'éveil – Les Nourritures silencieuses – La Conscience corporelle – L'Obligation de conscience
Ansa Luis, Le Quatrième Royaume
Balsekar Ramesh S., Les Orients de l'être – L'Appel de l'être – Laisser la vie être
Baret Éric, Le Yoga tantrique du Cachemire
Beltzung Alain, Le Traité du regard
Bouchart d'Orval Jean, Patañjali et les Yogas sûtras – Héraclite
Buisset Ariane, Le Maître de la laque
Chandra Swami, Instructions spontanées
Castermane Jacques, Comment peut-on être zen ?
Chytelman Paul, Le Courage d'espérer
Cognard André, Vivre sans ennemi
Cohen Andrew, L'Éveil est un secret – Embrasser le ciel et la terre
Collectif, L'Art de méditer et d'agir
Dalaï-Lama et Fabien Ouaki, Notre vie est à nous
De Souzenelle Annick, Pour une mutation intérieure
De Smedt Evelyne et Mollet Catherine, Les Patriarches du zen
Ram Dass, Vieillir en pleine conscience
Édelmann Éric, Plus on est de sages, plus on rit (contes) – Mangalam, un parcours auprès d'Arnaud Desjardins
Farcet Gilles, Manuel de l'anti-sagesse
Guesné Jeanne, Le Septième Sens, le corps spirituel
Giuliani Bruno, L'Amour de la sagesse
Jourdan Michel, La Maison sur la montagne
Jodorowsky Alejandro, Le Dieu intérieur
Kelen Jacqueline, Les Sept Visages de Marie-Madeleine – Les Femmes de la Bible
Klein Jean, Transmettre la lumière – Qui suis-je ?

Lama Denys Teundroup, Le Dharma et la Vie – L'Entraînement de l'Esprit
Leloup Jean-Yves, Les Profondeurs oubliées du christianisme
Long Barry, Seule meurt la peur – Intuitions sur l'origine
Low Albert, Créer la conscience
Lozowick Lee, L'Alchimie de l'amour et de la sexualité – Pour une éducation consciente – L'Alchimie du réel
Markale Jean, Amours celtes : sexe et magie
Mercier Mario, L'Enseignement de l'arbre maître
Moacanin Radmilla, C. G. Jung et la Sagesse tibétaine
Muller Jean-Marie, Dictionnaire de la non-violence – Désarmer les dieux – Le Courage de la non-violence
Nadeen Satyam, De la prison à l'éveil
Odier Daniel, Le Grand Sommeil des éveillés – L'Incendie du cœur
Osho, L'Évangile de Thomas – Un art de vivre et de mourir
Panikkar Raimon, L'Inévitable Dialogue : Dieu, Yahweh, Allah, Bouddha
Poonja H.W.L, Réveillez-vous et rugissez !
Richard Moss, Paroles des deux mondes
Skali Faouzi, Le Face à face des cœurs
Saint Bonnet Georges, La Joie vous appartient
Taisen Deshimaru, L'Anneau de la voie
Vigne Jacques, L'Inde intérieure
Z'ev ben Shimon Halevi, L'Arbre de vie, selon la Cabale

Collection Livres + CD audio

Desjardins Arnaud, Réponses pour le présent.
De Smedt Marc, Retrouver l'esprit de la méditation
De Souzenelle Annick, Nous sommes coupés en deux
Gougaud Henri, Renaître par les contes
Alejandro Jodorowsky, La Vie est un conte
Kelen Jacqueline, Le Provisoire et L'éternel
Leloup Jean-Yves, Qui est « Je suis » ?
Leloup Jean-Yves, Requiem + CD de Jean-Paul Dessy
Rabhi Pierre, Conscience et Environnement
Rech Roland Yuno, Sûtras + CD Sûtras
Vergely Bertrand, La Foi, une nostalgie de l'admirable

Collection semi-Poche

Aimé Michel, Transfiguration : les phénomènes du mysticisme
Castermane Jacques, La Sagesse exercée
De Souzenelle A. et Albrecht P.-Y., Cheminer avec l'ange
De Souzenelle Annick et Albrecht Pierre-Yves, L'Initiation
During Jean, L'Âme des sons
Édelmann Éric, Jésus parlait araméen
Gu Meisheng, Le Chemin du souffle
Jourdan Michel, Vivre en solitude
Leloup Jean-Yves, Faire la paix – Marie Madeleine à la Sainte-Baume
Levy Patrick, Le Kabbaliste
Muller Jean-Marie, La violence juste n'existe pas
Osho, La Voie de l'Amour
Rabhi Pierre, Ce que nous dit la nature
Rech Roland Yuno, Manuel de méditation zen – Le Champ de la vacuité – L'Illumination silencieuse
Rodière Marie-Jeanne, Construire sa voix
Salomé Jacques, Et si nous inventions notre vie ?
Stan Rougier, La Passion de la rencontre
Vigne Jacques, le Maître et le Thérapeute
Thicht Nat Hanh, Jésus et Boudha sont des fréres

Collection Les grands formats

Allais Danielle et Claude, Retrouver la force de l'amour
Amar Yvan, Les Béatitudes – L'Alchimie de l'homme
Amar Nadège, Cheminer avec la méditation
Ansa Luis (romans), La Nuit des chamans – Le Mystère du Nagual – Les Contes de l'aigle.
Ansa Luis par Robert Eymeri : La Voie du sentir
Bernabeu Yves, Le Monastère planétaire
Bentounès Cheikh, Vivre l'Islam
Billot Benoît, Comment peut-on être chrétien ?
Carrière Jean, Gracq ou les reflets du rivage
Castermane Jacques, La Sagesse exercée
Chandra Swami, Le Chant du silence, T. 1 – En quête de Dieu, T. 2

Chytelman Paul, Le Courage d'espérer
Cicognani Patrick, Vivre en terre indienne
Collectif d'auteurs, La Transmission spirituelle
Collectif d'auteurs, Être heureux et créer du bonheur
Collectif d'auteurs, Karlfried Graf Durckheim
Conty, Patrick, La géométrie du labyrinthe
Coupey Philippe, Zen d'aujourd'hui
Davy Marie-Madeleine, Les Chemins de la profondeur
Dechance Jacques, Aller mieux dedans pour agir mieux dehors (CD + Cartes)
Dechance J. et Grande M., Sans amour qui serions-nous ?
Delourme Alain, La conscience élargie et sa source
Desjardins, Emanuel, Vivre : la guérison spirituelle selon Swâmi Prajnânpad
Desjardins Véronique, Porte donnant sur la voie
Desjardins Véronique, Dans l'intime d'un chemin
Ducrocq Anne, Changer le monde en se transformant
Farcet Gilles, Une boussole dans le brouillard – Allen Ginsberg, poète et bodhisattva beat – La Transmission selon Arnaud Desjardins – Sur la route spirituelle
Flogny Colette, Rencontre avec la vie
Freeman Laurence, Lettres sur la méditation
Gaudin Christian et Roland Rech, Accompagner la fin de vie zen (dessins et textes)
Goldsmith Joël S., La Voie infinie
Gougaud Henri, Kalawaya, Churla, chamane bolivienne
Grosser Dick, Le Bouddha à quatre pattes
Guo Jun, Au cœur du bouddhisme chan
Inandiak Élisabeth D., Les Chants de l'île à dormir debout
Jodorowsky Alejandro, Le Chant du Tarot – Contes paniques – À l'ombre du Yi Jing – 365 Tweets d'amour – Un Évangile pour Guérir/ Le Dieu intérieur
Jourdain Stephen, Une promptitude céleste – Una : un amour philosophal
Kelen Jacqueline, Le Manteau de magnificence
Krishnamurti, L'Aventure de l'éveil
Le Chenic Martine, L'art subversif et sacré du yoga
Leloup Jean-Yves, Un art de l'attention – La Vie de Jésus racontée par un arbre
Leong S. Kenneth, Une lecture zen des Évangiles – Requiem

Levy Patrick, La Ruse de Dieu – Sadhûs – Qui est sage ?, des contes antidotes au fanatisme
Low Albert, Se connaître c'est s'oublier
Lozowick Lee, Éloge de la folle sagesse
Mandala Patrick, Réfléchir sur le cœur des choses, avec Jean-Yves Leloup, Dr Jacques Vigne et Gilles Farcet
Ma Ananda Mayi, Retrouver la joie
Marchal Jean Dr, L'Apocalypse de Jean
Masson Sékiné Nourit, Le Courage de vivre pour mourir
Mesnage Colette, Éloge d'une vieillesse heureuse
Mercier Mario, Voyage au cœur de la force
Moss Richard, Le Mandala de l'être
Muller Jean-Marie, Entrer dans l'âge de la non-violence
Neveux Brigitte-Anne, Yoga enfants
Odier Daniel, Ch'an et Zen
Raphael, Le Feu de la réalisation, Tat Tvam Asi
Roger Marie-Sabine (roman), Le Ciel est immense
Rougier Stan, L'Amour comme un défi
Salomé Jacques, Manuel de survie dans le monde du travail – L'enfant Bouddha (dessins de Cosey)
Sawaki Kodo, Un zen vagabond
Senzaki Nyogen, La Flûte de fer
Simon Danièle, Corps aligné - Corps vivant
Skali Faouzi, Le Souvenir de l'être profond
Shaykh al-Dabbâgh, Paroles d'or
Sœur Catherine, Récits d'une ermite de montagne
Thibaut Kosen, Les Cinq Degrés de l'éveil
Trungpa Chôgyam, Enseignements secrets
Van Eersel Patrice, Tisseurs de paix
Vigne Jacques, La Faim du Vide : réflexions sur l'anorexie et la spiritualité – Ouvrir nos canaux d'énergie par la méditation – Le Mariage intérieur Pratique de la méditation laique – Guérir l'anxiété – Commentaires sur la méditation avec Tenzin Palmo
Vigneron Gérard, Un médecin face à l'invisible – Se Guérir – Renaître
Virelaude Monique, Comment vaincre la peur
Wolff Franklin Merrel, Expérience et Philosophie – Une expérience spirituelle : philosophie de la conscience

Achevé d'imprimer en novembre 2019
sur les presses de la Nouvelle Imprimerie Laballery
58500 Clamecy
Dépôt légal : novembre 2019
Numéro d'impression : 911246

Imprimé en France

La Nouvelle Imprimerie Laballery est titulaire de la marque Imprim'Vert®